# 北京文博

文丛

文化带专刊

北京市文物局　编

北京燕山出版社

图书在版编目（CIP）数据

北京文博文丛. 文化带专刊 / 祁庆国主编. --北京：北京燕山出版社，2018.10

ISBN 978-7-5402-5309-7

Ⅰ.①北… Ⅱ.①祁… Ⅲ.①文物工作–北京–文集 ②博物馆–工作–北京–文集 Ⅳ.①G269.271-53

中国版本图书馆CIP数据核字(2019)第001078号

# 北京文博文丛·文化带专刊

出版发行：北京燕山出版社有限公司

社　　址：北京市丰台区东铁营苇子坑路138号　100079

责任编辑：朱　菁　任　臻

版式设计：肖　晓

印　　刷：北京画中画印刷有限公司

开　　本：787mm×1092mm　1/16

印　　张：9

字　　数：205千字

版　　次：2018年10月第1版

印　　次：2018年10月第1次印刷

ISBN 978-7-5402-5309-7

定　　价：58.00元

# 北京文博

2 　"三个文化带"建设是北京文物保护理念的创新发展
　　王玉伟

7 　大运河文化带建设与北京城市副中心运河文化保护和传承路径探析
　　陈喜波

15 　刘锡信及其《潞城考古录》考论
　　李伟敏

22 　北京市长城保护管理十年回顾
　　李粮企

26 　浅议北京长城文化带的脉络发展及管理机制建设
　　吕忠霖　王宇涵

32 　全力打造中国长城的"金名片"
　　——北京长城文化带延庆段的保护与建设
　　张宝秀　范学新

38 　流淌的乡愁
　　——妫川风情
　　赵万里

46 　北京地区长城修筑沿革述略
　　李卫伟　高　梅　董　良　沈雨辰

56 　北京明代长城敌台建筑述略
　　高　梅

64 　北京地区明长城现存城堡遗址初探
　　王佳音　高　梅

76 　从馆藏石刻文物解读明朝时期的八达岭长城
　　黄丽敬

主办单位：北京市文物局
编辑出版：《北京文博》编辑部
　　　　　北京燕山出版社
网址：http://www.bjmuseumnet.org
邮箱：bjwb1995@126.com

## 目录 | Contents

- 88 　三条古道托起京西文化的根和魂
  ——石景山区在西山永定河文化带建设中的作用
  苗天娥

- 105 　西山永定河文化带上一颗璀璨的明珠
  ——历史文献中的"石景山"
  吕玮莎

- 119 　畅春园恩佑寺与恩慕寺的前生今世
  张 超

- 127 　清代永定河河防工程人事管理制度论略
  李士一

- 135 　西山永定河文化中的线性文化遗产
  安全山

**《北京文博》编辑委员会**

顾　问：李学勤　吕济民
主　任：李伯谦
副主任：舒小峰　孔繁峙　王世仁
　　　　齐　心　马希桂　吴梦麟
　　　　信立祥　葛英会　靳枫毅
　　　　郭小凌

编委会委员：（以姓氏笔画为序）

| 于　平 | 王　丹 | 王　岗 | 王丹江 |
| 王玉伟 | 王有泉 | 王培伍 | 王清林 |
| 卢迎红 | 白　岩 | 向德春 | 刘素凯 |
| 刘超英 | 齐东发 | 关战修 | 许　伟 |
| 许立华 | 宋向光 | 杨玉莲 | 杨曙光 |
| 李　晨 | 李建平 | 肖元春 | 吴志友 |
| 何　沛 | 张德华 | 范　军 | 哈　骏 |
| 侯兆年 | 侯　明 | 郗志群 | 高小龙 |
| 高凯军 | 郭　豹 | 崔国民 | 韩　更 |
| 韩战明 | 谭烈飞 | 薛　俭 | |

## 声 明

为适应我国信息化建设，扩大本辑刊及作者知识信息交流渠道，本辑刊已被《中国学术期刊网络出版总库》及CNKI系列数据库收录，作者文章著作权使用费与本辑刊稿酬一次性给付。免费提供作者文章引用统计分析资料。如作者不同意文章被收录，请在来稿时向本辑刊声明，本辑刊将做适当处理。

主　编：祁庆国
执行主编：韩建识
编辑部主任：高智伟
本辑编辑：韩建识　陈　倩
　　　　　高智伟　康乃瑶　侯海洋

# Beijing Cultural Relics and Museums

## Three Cultural Zones Special Issue

2    The Construction of Three Cultural Zones is the Innovation and Development of Cultural Relics Protection Idea of Beijing
*by* Wang Yuwei

7    Study on the Construction of Grand Canal Cultural Zone and the Protection and Inheritance Path of Canal Culture of the Beijing City Sub Center
*by* Chen Xibo

15    Study and Discussion on Liu Xixin 刘锡信 and His Work of *Record of Archaeology of Lucheng*
*by* Li Weimin

22    Review of the Decade of the Protection and Administration of the Great Wall of Beijing City
*by* Li Liangqi

26    Discussion on the Development of Sequence of Ideas and the Current Management Mechanism Construction of the Great Wall Cultural Zone of Beijing
*by* Lü Zhonglin, Wang Yuhan

32    Try Best to Build the Golden Card of Great Wall of China: Protection and Construction of the Yanqing Section of the Great Wall in Beijing
*by* Zhang Baoxiu, Fan Xuexin

38    Flowing Nostalgia: The Local Color of Guichuan 妫川
*by* Zhao Wanli

46    A Brief Account of the Construction Evolution of the Great Wall in Beijing Area
*by* Li Weiwei, Gao Mei, Dong Liang, Shen Yuchen

56    A Brief Account of the Look-out Tower Architecture of the Great Wall of Ming Dynasty in Beijing
*by* Gao Mei

64    The Primary Exploration of Extant Castle Sites of the Great Wall of Ming Dynasty in Beijing Area
*by* Wang Jiayin, Gao Mei

76    Interpretation of the Badaling Great Wall of Ming Dynasty from the Stone Carved Cultural Relics Collected in the Great Wall Museum of China
*by* Huang Lijing

Organizer: Beijing Municipal Administration Bureau of Cultural Heritage

Edited and Published by the Editorial Department of Beijing Wen Bo, Beijing Yanshan Press

URL: http://www.bjmuseumnet.org

E-mail: bjwb1995@126.com

# 目录 | Contents

88    Three Ancient Roads Support the Culture of the West of Beijing: the Role of Shijingshan District in the Construction of Xishan Yongding River Cultural Zone
        *by* Miao Tian'e

105   A Bright Pearl on the Xishan Yongding River Cultural Zone: "Shijingshan" in the Historical Documents
        *by* Lü WeiSha

119   The Past and Present of Enyou Temple and Enmu Temple of Changchunyuan
        *by* Zhang Chao

127   A Brief Discussion on the Flood Prevention Project Personnel Management System of Yongding River of Qing Dynasty
        *by* Li Shiyi

135   Linear Cultural Heritage in the Xishan Yongding River Culture
        *by* An Quanshan

**Editorial Board of *Beijing Wenbo***

Advisors: Li Xueqin, Lü Jimin

Chairman: Li Boqian

Vice-chairmen:

Shu Xiaofeng, Kong Fanzhi, Wang Shiren, Qi Xin,

Ma Xigui, Wu Menglin, Xin Lixiang, Ge Yinghui,

Jin Fengyi, Guo Xiaoling

Members:

Yu Ping, Wang Dan, Wang Gang,

Wang Danjiang, Wang Yuwei, Wang Youquan,

Wang Peiwu, Wang Qinglin, Lu Yinghong,

Bai Yan, Xiang Dechun, Liu Sukai, Liu Chaoying,

Qi Dongfa, Guan Zhanxiu, Xu Wei, Xu Lihua,

Song Xiangguang, Yang Yulian, Yang Shuguang,

Li Chen, Li Jianping, Xiao Yuanchun, Wu Zhiyou,

He Pei, Zhang Dehua, Fan Jun, Ha Jun,

Hou Zhaonian, Hou Ming, Xi Zhiqun,

Gao Xiaolong, Gao Kaijun, Guo Bao, Cui Guomin,

Han Geng, Han Zhanming, Tan Liefei, Xue Jian

Editor-in-chief: Qi Qingguo

Executive Editor: Han Jianshi

Director of the Editorial Office: Gao Zhiwei

Managing Editors of this Volume:

Han Jianshi, Chen Qian, Gao Zhiwei, Kang Naiyao

Hou Haiyang

**编者按：**

2017年9月29日，《北京城市总体规划（2016年—2035年）》正式发布，在其第四章第一节"构建全覆盖、更完善的历史文化名城保护体系"中，明确提出"推进大运河文化带、长城文化带、西山永定河文化带的保护利用"，并且"加强三条文化带整体保护利用"。

北京有着丰富的古代文化遗存，文物资源总量达到3840处，而且，文物分布有着自己的规律或者从文化内涵上有内在联系，这在北京郊区的文物分布上体现得尤为明显。鉴于此，2015年，在连续数年投入专项资金进行大规模文物修缮工程、腾退不合理占用文物单位、文物的合理利用有所改善的基础上，借助"十三五"规划制定的良好契机，市文物局与市发改委、市委研究室、市委宣传部等部门反复调查研究，提出了"三个文化带"的概念。

大运河文化带建设的重中之重在通州，这里自古即是京城东大门。2014年，京杭大运河成为中国第46个世界文化遗产项目，北京段大运河有南新仓、什刹海等10处点、段被列为全国重点文物保护单位，通惠河北京旧城段、通州段所含5处运河水工遗存，玉河故道、澄清上闸等被列为世界遗产点段。

长城文化带始于北齐，大规模修建在明代，东起平谷，西至门头沟，途经6个区，在京内蜿蜒573公里，其中，红石门段长城有一座最著名的敌楼，是明长城由东向西进入北京的第一个敌楼，敌楼之上有一块京津冀三地界碑，俗称"一脚踏三省"。

西山永定河文化带，西山北以南口附近的关沟为界，南抵房山拒马河谷，西至市界，东临北京小平原，几乎占据了北京市总面积的17%。这里文化资源丰富，包括以清代"三山五园"为代表的特征鲜明的皇家文化，以大觉寺、卧佛寺等为代表的历史悠久的寺庙文化，以妙峰山为代表的传统民俗文化，还有以金陵等为代表的陵墓文化。

从"三个文化带"概念的初步提出，到2017年《北京城市总体规划（2016年—2035年）》中相关要求的明确，"三个文化带"建设已经引起社会各界的广泛关注，人们对"三个文化带"建设的认识也在不断加深，参与意识也逐步高涨。而且，按照京津冀协同发展的要求，三地地域相近、文脉相亲，要统筹推动大运河文化带、长城文化带和西山永定河文化带建设，实现历史文化遗产连片、成线整体保护。

基于上述背景，本刊策划推出"三个文化带"专刊，针对其涉及内容，组织了一系列相关稿件，以期"三个文化带"能得到更广泛的社会关注，使更多的有识之士参与到"三个文化带"的建设中，促进文物保护理念的创新发展。

# "三个文化带"建设是北京文物保护理念的创新发展

王玉伟

2015年,北京市认真总结"十二五"以来文物保护和利用的情况,结合《北京市"十三五"发展规划》和《北京市"十三五"时期加强全国文化中心建设规划》编制,在会同市、区等有关部门反复调查研究的基础上,提出北京构建长城文化带、运河文化带、西山永定河文化带(简称"三个文化带")的设想。

2016年,市发展改革委启动"三个文化带"保护发展规划研究工作,开展"三个文化带"传承发展规划调研。"三个文化带"被列入《北京市"十三五"发展规划(大纲)》。市委宣传部在《北京市"十三五"时期加强全国文化中心建设规划》将推进"三个文化带"保护与利用列入主要任务中。

2017年9月29日,中共中央国务院批复《北京城市总体规划(2016年—2035年)》,要求加强"三个文化带"建设(图一)。北京市全力推进,使之成为北京全国文化中心建设的重要抓手。市委市政府成立北京市全国文化中心建设工作领导小组,下设七个专项领导小组办公室,"三个文化带"是其中重要内容。市、区各有关部门共同参与并陆续成立"三个文化带"建设工作小组,以落实党的十九大报告指出的"要加强文物保护利用和文化遗产传承"的精神。

两年来,"三个文化带"建设引起社会各界的广泛关注,人们对"三个文化带"建设的认识不断加深,各区参与意识高涨,"三个文化带"建设理念在政府部门和社会各界取得了广泛共识(图二、图三)。

《北京城市总体规划(2016年—2035年)》将推进"三个文化带"建设列入完善历史文化名城保护体系的重要内容,因而全

图一 《北京城市总体规划(2016年—2035年)》中的"三个文化带"示意图

图二 门头沟区举办"西山永定河文化带"专题研讨会

力推进"三个文化带"建设对北京历史文化名城走向全面保护具有十分重要的意义。

## 一、北京文物保护实践为"三个文化带"的提出奠定了基础

21世纪,全国社会经济的迅速发展,使得文物保护事业进入空前活跃期。北京第三次全国文物普查新发现文物近1000处,文物资源总量达3840处。

北京以奥运会为契机,投入巨资对数百处文物进行了抢修,扭转了长期以来文物建筑年久失修的被动局面,一大批不合理使用的文物在腾退、修复后实现了对社会开放,文物保护工作取得丰硕成果。

2010年以来,文物保护后的合理利用问题越来越成为社会关注的焦点。一方面,不合理占用文物的腾退因渐入攻坚克难阶段而进展趋缓;另一方面,由于一些历史或政策等方面原因,有些文物修缮后周边环境仍然不尽如人意,呈现出"孤岛"效应。修缮后对社会开放的文物保护单位,有些因文物保护要求和使用条件局限,服务设施简陋,展示形式单调,一直缺乏活力,有些则是因基础配套设施滞后,不具备开放条件而出现闲置的现象,从而使部分文物保护单位修复后的社会经济效益没有得到充分体现。因而在一些人看来,文物保护与建设发展仍然是一对棘手的矛盾。为此,文物部门也曾尝试过在做好保护的前提下,给予文物的管理使用单位一些特殊的政策,有针对性地制定一些标准规范,并探索采取一些主题分类、组群连片等多种保护修缮和利用的方式来努力推动文物保护利用工作。

近些年来,市文物部门创新理念,开拓思路,并主动与市发展改革委、市旅游委、市财政局等有关主管部门及区相关部门进行沟通,集思广益,共同协商,并广泛听取社会各方面的真知灼见,努力在文物保护利用上能取得新的突破。同时,受吴良镛先生提出的"西北郊历史公园"战略构想启发,结合国家建立北京长城国家公园体制试点区和国家文物局关于"十三五"期间建设一批长城保护示范区的要求,以及国际上文化景观、文化线路等超大型文化遗产保护利用的成功案例,北京市文物部门加强研究工作,并组织北京大学、北京市古代建筑研究所等部门认真梳理历史文脉,开展专题调研。这些工作取得了宝贵的成果,使人们越来越深刻

图三 北京市社科联举办"运河文化带专家谈"活动

图四 笔者与市文物局局长舒小峰拜访吴良镛先生

地认识到，文物保护工作不仅是单纯的保护，还要使文物的价值能够发挥出来，并传承好、利用好，更重要的是还要主动地承担起促进社会发展的责任和义务。只有各部门共同携手，整合文物资源，动员全社会参与文物保护利用，使沉睡的文物"活"起来，文物的社会发展价值才能更好地显现出来。为此，我们也多次当面倾听吴良镛先生的意见（图四），逐步形成了建设集文化文物、自然生态环境为一体的大文化带体系的基本构想。

## 二、国际文化遗产保护理念发展的启示

20世纪末，运河遗产、文化线路、文化景观、工业遗产、乡土建筑等一些新型系列性文化遗产进入人们的视野，这使物质文化遗产和非物质文化遗产及自然文化遗产等相互联系部分有机地聚合在一个完整保护体系中，以充分体现文化遗产的真实性和完整性。新型文化遗产保护理念不仅具有跨地域、跨领域等突出特点，还具有利益相关者间沟通与交流、协作与共享的明显特征。

2006年以来，北京在大运河申遗、中轴线申遗及中外文物保护领域的沟通与交流日益增多（北京相继承办中亚地区木结构彩画国际研讨会、北京国际古迹遗址理事会及顾问委员会暨科学委员会等文化遗产保护大型国际会议）。在2015年重新修订《中国文物古迹保护准则》的大背景下，人们对文物的真实性、完整性及合理利用的理解更加清晰，对文物保护的认识不断丰富。从单纯地注重对文物的本体保护向展示利用与保护并举的观念转变，从只重视文物单一的历史遗存价值，逐步发展到全面去认识保护文物及其赖以生存的自然环境、生态特有的美学品质及相关地域文化价值、服务社会的发展价值，以及文物对促进当地历史文化的传承、自然生态保护与经济社会发展的重要作用。人们的文物保护意识迅速向文化遗产保护理念拓展。

正如前联合国教科文组织总干事博科娃在2016年第40届世界遗产大会的开幕致辞中阐明文化遗产保护与可持续发展关系时表示的："……重要的并不是将新的项目列入《世界文化遗产名录》，而是重申人类的价值和权利，治愈受伤的记忆，通过遗产重获信心，恢复并展望未来，使遗产成为创造、革新和可持续发展的推动力量。"通过文物保护实践，我们也更加清楚地认识到，文物的真正价值应该体现在"活"得怎样，而"活"得怎样，更多是体现在用得怎样上。这种新的思路，有助于完成新时期赋予北京文物保护工作的更为复杂和巨大的任务——让文化遗产尽快融入当今社会、融入现代人生活，使保护成果惠及百姓，使社会共享。

## 三、"三个文化带"的特点

"三个文化带"承载着北京的自然文化资源和城市发展的历史，而且涉及地域广泛，文物资源分布集中且相互交织。

长城北京段，主要分布在北京北部和西北部山区，北京长城资源调查结果显

示现存明长城约526公里；目前，涉及平谷、密云、怀柔、延庆、昌平、门头沟等区。据史料记载顺义、通州都曾建有北齐长城，但尚需通过考古工作进一步确定。

运河北京段，全长100多公里，涉及昌平、海淀、西城、东城、朝阳、通州等区。据史料显示丰台、大兴两区曾有隋唐运河故道，也应进一步通过开展考古工作予以考证。

西山永定河区域，主要集中在北京西部太行山及永定河流域，包括昌平、海淀、石景山、门头沟、房山、丰台、大兴等区，如果加上连接老城至"小西山"的长河水系，还包括西城的部分区域。

由此可见，"三个文化带"是北京拥有特殊文化和自然遗产资源的典型代表，构成了北京历史文化名城的三条历史文脉，并具有突出的全域性特征。

北京提出"三个文化带"设想，并非单纯地从自然地理概念上确定一个对三条带状区域文物进行保护的范围，而是通过"三个文化带"建设，倡导全社会参与文物保护，人人共享文物保护成果，推进文物保护向文化遗产保护视野拓展，形成北京历史文化名城全面保护的态势，从而使文物保护融入现代人生活，让人们切实感受到文化遗产成为促进社会发展的一种驱动力量。

## 四、"三个文化带"的重要性

一是北京文物保护机制体制的创新发展。结合首都北京城市功能定位、文化中心建设定位提出"三个文化带"的构想，是适应世界经济一体化迅速发展过程中对世界文化遗产保护理念认识的深化。通过搭建相关行业主管部门、社会利益相关者共同协作平台的方式，充分调动了社会各方面参与文物保护的积极性。完善文物保护单位及所在区域的配套公共基础设施，拓展提升与之相适应的生态休闲空间，使文化遗产三大价值得到保护的同时，"三个文化带"充分发挥其社会效益，并且为北京长城国家公园、长城保护展示示范区建设奠定基础。

二是贯彻中央关于加快文化领域供给侧结构性改革及国家文物局关于结合"十三五"规划使文物工作更好地为国家经济和社会发展服务工作部署的重要举措。加强文物的保护利用，使人们更加全面地认识文化遗产价值，并扩大文物资源向公众开放的程度，增加北京文化交流、展览展示、教育科研等复合式文化活动场所，引导社会文化消费，培育新型文化业态，满足人们日益增长的精神文化和物质文化的需求，使文化文物旅游产业发展成为北京经济社会发展新的增长点，充分展现文物独具特色的可持续发展价值。

三是落实《北京城市总体规划（2016年—2035年）》提出的构建涵盖京津冀的历史文化名城保护体系要求的具体体现措施。借助京津冀地域相连、文脉相通的地缘优势，京津冀三地联合发力，三地水务部门为打通运河航道，实现北运河2020年局部通航，率先签订了战略合作协议。随后三地文化文物部门先后共同签署《京津冀长城保护管理框架协议》和携手推进《大运河文化保护传承利用倡议书》。三地以"三个文化带"为龙头在文化遗产保护利用领域互通有无、互补短板、共克难题、资源共享，携手推进京津冀一体化进程，并取得初步成果。

## 五、工作建议

1. 抓紧组织落实——尽快建立健全市、区统筹协调实施机构。

2. 深入调研——通过考古、查阅史料等工作，进一步丰富文化资源及内涵，充分挖掘和发挥区域文化文物及自然资源优势，结合区域特质文化旅游优势，打造文化品牌。

3. 广泛宣传——每年举办文化和自然遗产日活动，发挥博物馆、遗址公园的资源优势，提高全社会文化遗产保护和参与意识。

4. 整合项目——对文物、古村落、工业遗产等传统文化资源进行梳理，加强保护。落实分工，明确任务，分清责任，加强监管。

5. 统筹规划——确定目标，尽快编制完成文物保护利用、基础服务设施建设、区域环境整治等专项规划。

"三个文化带"是文物保护理念的创新发展，具有划时代的意义。我们应该认识到："保护、保存和介绍遗产的根本目的在于人类发展，各国应尽可能地做到将文化遗产视为国家发展的决定因素，而不是障碍，并以这种认识指导这方面的工作。"这也是我们文物部门为之不懈努力的初衷，"三个文化带"建设将成为北京文物保护史上的又一里程碑。

(作者单位：北京市文物局)

# 大运河文化带建设与北京城市副中心运河文化保护和传承路径探析

陈喜波

随着中国大运河文化带建设成为国家战略,北京市正大力推进运河文化带建设,在北京市政府东迁通州的背景下,运河文化建设更是被赋予了在未来北京城市发展中所承担的神圣历史使命。大运河文化带建设的意义是多重的。北京市政府东迁通州,新址坐落于北运河畔,这是北京城市发展史上的历史巨变,意味着北京城市格局从永定河冲积扇扩展到潮白河冲积扇,大运河文化必将成为未来北京城市发展的文化支撑。同时,北京市提出建设全国文化中心的发展目标,大运河作为中华文明的重要文化载体,必然是文化建设的重点。京津冀地缘相近,人缘相亲,大运河贯穿三省市,自古以来就是连接京津冀的物资和文化交流通道,是实现京津冀协同发展的文化和经济纽带。而通州作为北京市城市副中心,承担着引领未来北京市城市发展和京津冀协同发展的历史使命,通州深厚的运河文化底蕴是北京市城市发展重要的文化支撑,通州丰富的运河文化需要保护和传承,这不仅有利于建立文化自信,更有利于推动中华民族的文化复兴。

## 一、运河文化、文化遗产类型划分和运河文化传承

大运河文化带是以运河文化为主体的多元文化聚合地,除了运河文化以外,还有丰富多彩的地方文化及其他类型的文化,这些文化以各种文化遗产的形式保留在运河沿线。目前关于运河文化缺乏统一界定,现实中出现运河文化遗产保护与其他文化遗产保护混同的现象,出现运河文化遗产没有得到应有保护的现象。为了更好地保护和传承运河文化,需要厘清运河文化和非运河文化的关系,确定运河文化遗产和非运河文化遗产,使运河文化遗产保护和传承得到正确的理解和贯彻。

1. 运河文化和运河文化遗产

目前关于文化的定义多种多样,没有一个统一的标准,文化定义的模糊性和涵盖内容的广泛性,无疑增加了对于文化理解的难度,从而导致现实生活中关于文化研究和管理存在各种混淆现象。为了更好地探讨运河文化,需要对运河文化进行界定。运河文化是运河作为文化源出现以后对其周边自然或人文事项所产生的影响或改变的文化现象。那些在历史上因运河漕运、河道治理、商品交流、人员交流等影响而积淀了一定文化内涵的历史遗迹或遗物,则称为运河文化遗产。运河文化遗产是运河文化的载体,没有文化遗产的保护和传承,运河文化建设无从谈起。运河的全称是运粮河,运河开凿的目的是为了运送漕粮,围绕着漕粮运输,形成了河道治理、漕运组织、漕运设施与设备、漕运管理制度等一系列庞大的系统工程。除了漕运以外,运河也承担着客运功能和商品运输功能,这反映了运河本身的多功能属性。通过大运河的连接作用,全国各地之

间能够建立起紧密的经济文化联系，便利了各地区物资交流和人员交往，并由此形成了大运河沿线丰富多彩的商业、民俗、城市、庙宇、村落等文化遗产。运河文化作为一种特殊的文化类型，在运河沿线，自然会分布有许多体现运河文化的遗产。但需要注意的是，运河沿线的文化遗产并非都是运河文化遗产，还有不受运河文化影响的地方性文化遗产或其他类型的文化遗产存在。界定运河文化和非运河文化的目的并不是使二者之间截然分开、彼此独立，实际上，由于文化之间相互作用，有些地方文化会受运河文化影响而具有运河文化成分，比如通州的燃灯塔。燃灯塔是通州古城的象征，本身是佛教文化的产物，但因位于大运河北端，长期以来成为运河北端的一座标志性建筑，具有一定的运河文化色彩。有些运河文化也会受地方影响而具有地方因素，如里二泗佑民观，最初为元代的天妃宫，后来在民间文化的影响下，逐渐向送子娘娘转变，兼具地方文化功能。这类兼具运河文化元素和地方文化元素的文化，可以看作是介于运河文化和地方文化之间的过渡性文化。

明晰运河文化的内涵是运河文化遗产保护的出发点。从运河文化带的角度来说，运河沿线分布有丰富的文化遗产，而运河文化遗产保护需要明确哪些是运河文化遗产，哪些不是运河文化遗产，这是运河文化遗产保护和传承的最基础性工作。只有这样，才能在实际工作中正确评价遗产价值，分清主次，突出保护和传承的重点内容并确定保护的类别和先后次序。如果这个工作不到位，在实际工作中就不能有效辨别那些体现运河的原真性文化遗产，其遗产价值无法得到正确评估，保护力度就会大打折扣；不仅如此，运河文化概念的不明晰还会导致这样一种现象，即把位于运河沿线的其他文化遗产当成运河文化来保护和传承，出现张冠李戴式的错误。

2. 运河文化遗产类型划分

运河文化遗产保护首先需要充分理解运河文化的内涵，在实际工作中能够确定运河文化遗产的价值。到底哪些文化遗产属于运河文化范畴，哪些文化遗产属于非运河文化范畴，这需要从文化遗产的产生和发展过程进行全面细致的考察。从运河长期以来形成的巨大影响力来看，运河文化带很多文化遗产都印有运河文化烙印，但还有一些文化遗产能够保持完整的独立性而没有受到运河文化影响。依据运河文化和非运河文化二者之间的关系，可以归纳出运河文化带区域的三种文化遗产类型：核心性运河文化遗产、次核心性运河文化遗产、非运河文化遗产。

**核心性运河文化遗产**：能够直接体现运河漕运文化的物质和非物质文化遗产，如古河道、码头、仓场、闸坝、漕运会馆、漕运管理机构、漕运设施与设备、漕运信仰和民俗等。通州的石坝、土坝是南方各省交漕之处，仓场为验粮收粮之地，是运河漕运的终点，通州漕运码头的城市形象就是基于石坝和土坝而产生的，因此，石坝和土坝是代表运河文化的最为核心的物质文化遗产之一。张家湾客运码头是京城最重要的人员往来之处，来自国内外的人员在此登陆或登船，在国内外具有重要影响，如张家湾琉球国人墓，就显示了历史上琉球与清政府之间友好交往的历史。张家湾因漕运兴盛而拥有"京东第一大码头"的称谓，运河文化遗产较多。核心性运河文化的界定是基于河流的专用漕运功能，其文化要素为漕运所必需。在空间上，核心性运河文化遗产多分布在河道上或运河边，其文化重要性突出表现为运河漕运属性。

**次核心性运河文化遗产**：能够间接体现运河文化并具有地方文化意义的物质和非物质文化遗产，如与运河有密切关系的河流、桥梁、城池及受运河文化影响大的街巷、庙宇、驿站、民俗等。以通州为例，通州城的商业完全依托于运河而繁荣，其中东大街有著名的"通州夜市"景观，康熙年间曾列入"燕京九景"之一。

东大街就是体现通州商业特色和运河文化的最为典型的运河文化遗产。次核心性运河文化是基于河流的普通属性，其文化要素是依托漕运而非为漕运所必需而形成。次核心性运河文化遗产一般分布在运河附近，其运河文化的重要性通过地方属性和运河属性来体现。

非运河文化遗产：这类文化遗产主要以地方文化遗产为主，指的是能够直接体现地方文化特征、受运河文化影响小、与运河仅仅具有空间相关性的物质和非物质文化遗产，如与运河关系不大或没有关系的河流、桥梁、闸坝、普通市镇、村落、普通寺庙、地方民俗以及与运河文化无关的其他文化类型等。通州还有辽代和元代的游猎文化，保留有部分游猎文化遗产，这些也属于非运河文化遗产类型。

需要说明的是，本文以运河文化为标准划分文化类型，仅仅是为了学术讨论，服务于运河文化带建设，本身并不代表哪种类型重要或哪种类型不重要。

## 二、运河文化带建设与运河文化遗产保护和传承的关系

运河文化代表了中华民族生生不息的文化精神，是中华文明的"金名片"，因此，运河文化带建设的中心应当突出运河文化。中国大运河贯穿东部六省市，连接钱塘江、长江、淮河、黄河、海河五大水系，进而与全国各地连接起来，对国家兴旺发展、民族交流融合都起到了巨大促进作用。大运河促进了沿线地区人员往来和物资交流活动，丰富了人民生产生活，推动了沿线各地商业的发展、城乡的繁荣、风俗信仰的形成，由此形成了丰富多元的运河文化。界定运河文化带区域运河文化类型，主要目的就是对文化遗产进行梳理，找出最能代表运河文化的物质和非物质文化遗产，进行重点保护并予以有效传承。国内大运河沿线地区在运河文化建设中，由于没有对运河文化遗产进行有效分类，导致文化遗产保护和传承出现较大问题。以通州为例，由于生活中人们不太区分运河文化和非运河文化，常常把位于运河两岸的与运河文化没有多大关系的文物遗存当作运河文化遗产，以致出现张冠李戴的现象，如把燃灯塔、文庙建筑群等看成是代表运河文化的核心文化遗产，就是一种认知错误。燃灯塔出现于运河漕运之前，是佛教文化产物，后成为通州典型的文化标志物，当然因位于运河边，成为运河北端的标志，为大运河四大名塔之一，可以算作是融合地方文化与运河文化的文化遗产类型，但究其本身，并非是体现运河文化的核心文化遗产。最近考古挖掘的西汉路县故城，因位于运河之畔，在媒体不加分析的宣传报道下，大有成为运河文化遗产的趋势。西汉路县故城是通州最早的建制起源地，是通州早期历史发展的文化见证，当时运河还未出现，路县故城考古遗址中也没有体现运河文化的文物，仅仅在空间上靠近运河，因此不能作为运河文化的代表物。由于核心性运河文化遗产多位于运河上或河边，多以遗址的形式存在，如土坝、石坝遗址，或存在形式在视觉上不明显，如闸坝等，因而在生产生活中的被关注度不高，并且与其他文化遗产类型混在一起，特别容易受到忽视，不利于保护和传承。

运河文化建设的核心和依托是文化，没有文化，运河就是一条自然河流，与其他地方的河流没有任何差别，运河需要文化遗产来衬托，如何保护运河文化遗产是运河文化带建设的最紧要问题。通州区北运河段运河文化遗产因经济建设等原因保留较少，现存运河两岸基本上没有了运河文化遗迹，一眼望去与其他自然河流无异，这样的状态说其是拥有千年历史的大运河，明显证据不足。另外，这些年为了打造运河文化，许多地方一味地营造现代景观，造型各异的桥梁、光怪陆离的霓虹灯光，处处流光溢彩，现代感十足，却没有古代运河文化遗产的衬托，不能给人以

运河那博大深沉的历史厚重感，运河的文化品位严重不足。

文化展现是大运河文化带建设的基础和前提，通州作为北京城市副中心，必须保护好、传承好和利用好运河文化遗产，必须抓好运河文化的展示工作，加强运河文化的梳理，区分好运河文化和地方文化，哪些代表运河文化，哪些代表地方文化，哪些是展示的重点，如何展现历史发展脉络。如果没有整体的设计，文化建设必然陷入"眉毛胡子一把抓"乃至混乱不堪的境地，甚至出现"捡了芝麻，丢了西瓜"的现象。运河文化带建设，首要的工作是寻找那些真正代表运河文化的文化遗产，并以其为中心进行规划设计，把运河文化最关键、最重要的文化展现出来。

## 三、运河文化带建设和通州运河文化遗产保护和传承途径

十九大报告指出："加强文物保护利用和文化遗产保护传承。"对于通州来说，核心性运河文化遗产类型是体现通州运河文化名城的最核心资源，应加强基础研究，予以重点保护，对于现存的文化遗产，要加倍爱惜和保护，对于已经破坏的特别重要的运河文化遗产，应及时采取抢救措施予以保护。虽然大运河已经是世界文化遗产，但遗产点都集中于运河支流通惠河上，北运河作为运河干线，一处遗产点都没有，这是一个巨大的缺憾。北京运河文化带建设，应结合运河文化特点和通州地域文脉特征，采取有效的办法，保护和传承运河文化。下面，本文提出四种保护和传承途径，具体如下：

1. 结合漕运码头城市形象，保护石坝和土坝

自金代实行潞水漕运以来，通州就以大运河北端漕运重镇的城市形象而著称于世。由于北京地区自然河流水系原因，漕粮运至通州后，无法直达北京城，因此自金元以来，漕运制度基本上以通州为漕运终点。按照明清漕运制度，漕粮从各省起运，至淮安由漕运总督盘验，在通州交漕，仓场负责收验漕粮，然后分别转运进北京仓和通州仓。漕运制度上有漕船"过淮抵通"的程限规定，即漕船每日行程远近和日期均有相应规定，每年抵达通州有一定期限。《天府广记》记载："凡米至京仓，月旦为期。三月一日，北直隶、河南、山东卫所至，五月一日，南直隶、凤阳等卫所至，六月一日，南直隶、浙江、湖广各卫所至。"并且规定各省完粮时间为三个月，每年石坝、土坝、码头行粮时间从三月上旬至九月，漕船于十月运河封河之前返还。清代《漕运全书》记录漕船抵通定限："山东、河南限三月初一日到通，江北限四月初一日到通，江南限五月初一日到通，浙江、江西、湖广限六月初一日到通。各省粮船到通俱限三月内完粮。"根据《光绪顺天府志》记载，清代中后期，通漕省份增加了奉天省，共有九省交纳漕粮。通州是各省运军交纳漕粮之地，由仓场负责在通州收纳漕粮，然后组织土石二坝运粮经纪将漕粮运进京通二仓。在各类漕运文献当中，"抵通"是一个高频词，各省漕粮均至通州交漕，如《天府广记》记载明代漕运制度说："粮储抵通，分贮京通二仓。"[1]各省漕帮抵通之后，前往通州坐粮厅投文（报到）、坐拨（派定仓廒），然后经过对同、过斛、装袋、封印等验收程序，再经过土坝、石坝分别转运进京仓和通仓。近年来，有很多人把大通桥当成漕运终点码头，这是对漕运制度不了解的缘故，入京仓的漕粮经通惠河运至大通桥，大通桥监督检验后，再陆运进京仓或经护城河运至朝阳门再车运进京仓。大通桥只是入京仓漕粮路线当中的一个检查点，不具备通州石坝和土坝终结性收纳漕粮功能。

漕运终点码头并非固定的。明嘉靖七年（1528）以前，漕运终点在张家湾，嘉靖七年，吴仲重开通惠河，漕船可直达通州城的石坝和土坝，张家湾码头的漕粮

转运功能北移至通州城。石坝、土坝成为漕粮交漕之地，石坝为京粮转运码头，土坝为通粮转运码头。为确保漕粮收验与入仓，避免民船、商船与漕船占用码头，朝廷在两坝之南另辟有民用码头，并在漕运码头和民用码头之间建立黄亭一座以界分码头功能，凡民间客货船只，一律不许越过黄亭北上。通州城漕运码头形象就是建立于石坝和土坝这两个朝廷专用漕粮码头之上的，建议对通州北关石坝码头予以保护，与规划部门协商能否在规划层面对东关土坝码头予以某种形式的纪念和保留。这两个码头是体现通州城市形象的原真性历史文化遗产，应予以高度重视（图一）。张家湾是京东最大的码头，有上码头、中码头和下码头三个码头群，应加强对张家湾东侧运河故道沿线的考古勘察工作，及时保护古代运河码头遗存。

2. 结合京杭大运河北端的标志性节点，恢复运河历史景观

京杭大运河是代表古老中华文明的最典型的物质载体，其北端应起始于北京地区，但关于其北端点的确定，目前还存在着学术争议。有人认为大运河北端从北京大通桥开始，也有人认为应从通州开始，到底应以哪一个为准？这需要依据历史原则和漕运制度来确定。根据运河治理古籍和漕运书籍记载，明代漕河运道多以通州（或张家湾）至扬州之瓜州、仪征为主，黄仁宇在《明代的漕运》一书中指出明代漕运河道"指的就是大运河运输主干线"[2]。《漕河图志》称漕河为"漕运水路自通州至仪真三千里"[3]，《治水筌蹄》称漕河"自张家湾南迄瓜、仪"[4]，均明确大运河以通州为北部端点，《明史》明确说"漕河之别，曰白漕、卫漕、闸漕、河漕、湖漕、江漕、浙漕。因地为号，流俗所通称也"[5]。张鹏翮《治河全书》也以通州为漕运北端点，"江南、浙江、江西、湖广等省之漕运，于水次受兑后依限开帮，经长江进瓜仪入扬州运河，衔尾过淮，俱出清口进中河，由山东迦河历济宁、东昌、临清、德州、天津以达通州"[6]。由此可见，漕河北段是以白河（北运河）为主，明清时期各省漕船沿北运河北上抵通交漕，完粮南下回空。按明清漕运制度，漕粮在通州交漕后，即由仓场负责将一部分漕粮运进通州仓，一部分漕粮经通惠河运入北京仓。明代通州设赁运分司，赁运军粮在运军交漕后，即利用温榆河、潮白河运至昌平、密云。可见，通惠河、温榆河、潮白河是干线漕运的次级运道，属于支线运输。因此，北运河的起点就是京杭大运河的北端点，其地理景观标志就是通州八景之一"二水汇流"。若将大运河北端定位为大通桥，将通惠河本身作为京杭大运河的一段，这无论从历史角度说，还是从现实河道规模尺度来说，都十分不妥。首先，按照古代漕运制度，漕粮自通州验收交纳后，漕运即已完成，通惠河运输属于入仓运输路线，本不属于古代3700里（古代统计数字）漕运河道运

图一 通州城石坝和土坝位置

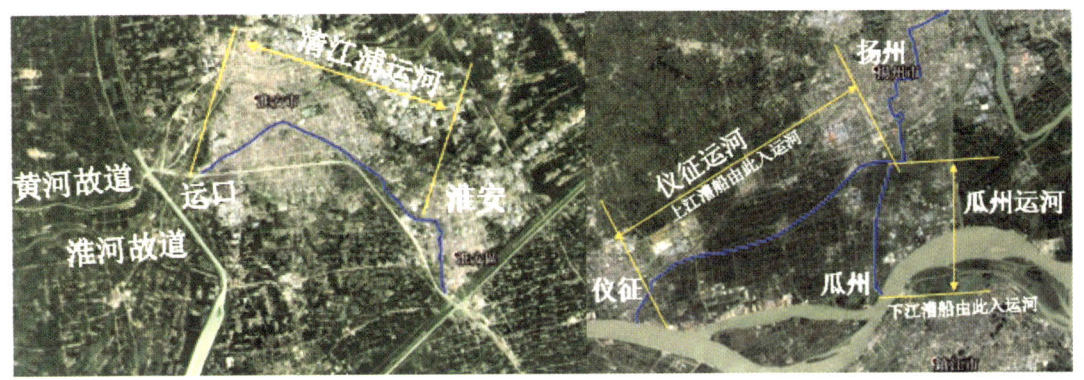

图二　清江浦运河和瓜仪运河

输主干线的一部分。其次，京杭大运河各个河段均为大型河流，长度均在几百里以上，最短的北运河段也在180公里左右，通惠河仅以20公里河道骈列其中，无论规模等级还是划分尺度都不匹配。如果以通惠河临近京师、地位重要作为依据，恐怕也不合适，淮安清江浦河道也长达40里，会黄、淮、运三河交汇之处，其治理难度远远大于通惠河，在重要性上不次于通惠河，如果通惠河单列一段，那么清江浦也完全可以单列一段。既然清江浦没有单列为京杭运河组成河段，那么通惠河同样也不应单列为京杭运河组成河段。同样，扬州以南之仪征运河和瓜州运河，其长度与通惠河大致相仿，为漕船自长江进入运河之河道，其治理难度也比较大，但也没有单列为河段（图二）。因此，将大通桥列为大运河北端点于情于理都是说不过去的。

根据古籍记载，潮白河和温榆河汇合点以下为北运河，而潮白河和温榆河汇合点为通州八景之一——"二水汇流"，古诗有"白富会处运河由"的诗句，说明潮白河和温榆河汇合处即为运河起始点，加上此处为通州著名的"二水汇流"景观，是具有节点意义和全国性文化意义的地标区，不能仅立碑标示，而应重新进行景观设计，对现状河道进行治理，恢复古代"二水汇流"的自然景观（图三）。大运河北端点以南，就是明清各省漕船抵通交漕的大运河北端漕运码头——土石二坝。

由此可见，此处集国家层面大运河北端点、跨省区层面北运河起点和通州区域层面"二水汇流"景观层面于一体。"二水汇流"处以南则为石坝码头，为明清大运河最北段漕运码头，历史悠久，文化内涵丰富，地理标志清楚，地标意义突出，理应进行重点设计，使其成为展现中华运河文明的一个重要文化地标区，作为北京城市副中心的一个建设成就，也是北京市大运河文化带建设面向全国的示范区。

3.结合古河道保护，展现运河治理的中国智慧

在副中心规划区155平方公里范围内的绿心地块，从小圣庙、上码头，到皇木厂、张家湾一线，沿今天萧太后河北岸下行至瓜厂村，沿瓜厂村以下是小盐河，这条线是1808年以前的北运河故道。规划区以外自里二泗以东过今北运河至夏店、崔

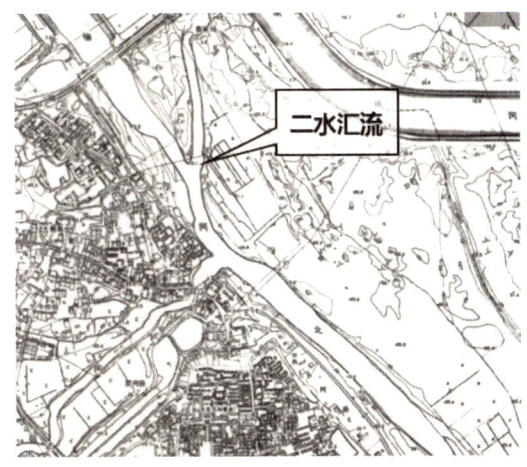

图三　1964年通州城北关的"二水汇流"点

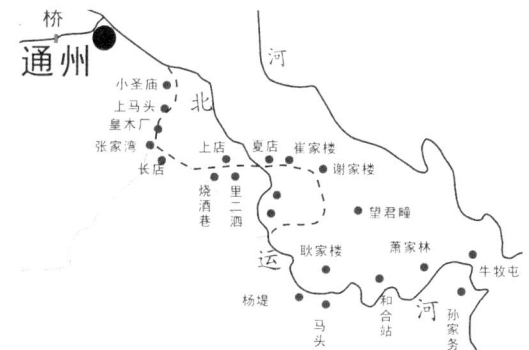

图四 北运河现状河道和故道（虚线）

家楼、谢家楼、西马坊、任辛庄、供给店、儒林一线也是曾经的北运河故道（图四）。这两条故道连起来形成两个大的弯环，这是古代为了漕运而对运河河道进行治理的结果。漕船载重有一定的吃水深度，运河必须保持一定的水位，从明清漕船规制来看，漕船航行对河道水深要求需要维持在4尺以上。北京至天津地势较陡，若河道顺直，则水流迅速，河道中难以存水，这对航运不利。北运河由于河道不稳定，河道易于迁移，因此难以在河道上修建闸坝。这就决定了北运河治理只能采用保持弯环形状，增加河流的长度，达到减少纵比降的目的，从而减缓河流的流速，使河道中得以存蓄足够的水量用于航行。关于北运河治理之法，《光绪顺天府志》中有非常精辟的见解："疏之道三：宣下口，其首务也；高滩老坎，弗治则决，浚中泓次之；枝津一渎，弗容则溢，开支河又次之。就河言，疏北运河宜曲，资蓄水也；永定、清河、子牙诸水宜直，免顶冲也。"⑦书中明确指出，北运河因蓄水通航的需要，其治理以保持河流弯曲度为主要特征。成书于民国时期的《河北五大河概况》说："（潮白河）至通县会榆河，水势乃盛，惟水流湍急，不利于上行之舟，故以人工迫河曲流以期减杀速率，此为一时交通计，诚善矣。"因此，古人治理河道时，有意维持河道的弯曲，保证河道有足够的存水用于航行，此为中国水利治理工程当中的科学原理，隐藏着古人的高度智慧，是值得今天大书特书、向全世界展示的重要文化遗产。因此，运河文化带建设应从宏观层面对北运河故道予以先行保护，探明古河道位置所在，在规划上进行留白，城市规划建设应避免在设计上影响古河道或历史水系格局。

4.建议通惠河通航，在现实中传承和弘扬运河文化

现实中，传承运河文化的最好方法，莫如实现运河通航。虽然北京内河航运已经停止，但曾经作为航道的水系格局并没有太大的变化，北运河、通惠河、温榆河道等众多河道至今还完整保留。北京是我国运河文化名城，拥有深厚的运河文化底蕴。正是在大运河的滋养下，北京城才得以成长壮大和繁荣发展。发展现代化的城市航运，不仅能够再现北京古代水运的辉煌盛景，更能在现实社会中有效传承运河文化。

随着通州行政副中心城市建设的快速发展，北京与通州之间的联系越来越紧密，交通日益繁忙。京通快速路及其辅路是北京市最为拥堵的路段之一，而与运力紧张的京通快速路平行的通惠河却一直没有得到有效利用。在目前京通之间运力高度紧张的情况下，非常有必要开展通惠河航运，缓解陆地交通运力紧张状态。现朝阳区东便门至高碑店的通惠河段，长约8公里，由于建闸蓄水，水位较高，河面较宽，可以进行疏浚、建设码头等航运设施，利用再生水或夏季雨洪增加河道蓄水量，先行试行航运。通惠河通航运河道需建闸使用梯级运输，若依据2014年《内河通航标准》中天然和渠化河流航道尺度三级河道标准，结合通惠河现状，采用河宽60米、水深2.4米的标准，通惠河长度为21公里，静水航行用水量约为0.03亿立方米，考虑到在实际使用中船闸启闭产生的径流，以及蒸发渗漏损失，其用水上限绝对不会超过目前的年径流量0.1亿立方米。相比较而言，通惠河航运用水量仅占北京市当前再生水年生产量的1%左右。按

照通惠河现状河道基础，若加以整治，未来完全能够实现1958年时的设计标准，即达到中国国家三级运河标准，设计可通过最大1000吨的驳船或双层客轮。通惠河历经金元明清四朝，作为维系京师命脉的运河一直得以开发利用，在科学技术高度发达的今天，北京城市再生水利用手段日益提高，河道航运用水有了可靠保证，实现通航来日可期，通惠河也将再现昔日的航运盛景。

20世纪80年代以来，北京市水资源不足的问题日趋严重。基于此，人们理所当然地认为北京市不能发展航运，其实这种看法已经落后于时代了。北京市水资源短缺主要是缺原生水，而现代再生水资源开发技术已经使城市航运用水摆脱了依靠自然水源的短板。元明时代，通惠河同样面临缺水情况，但在当时的科技条件下依然实现了通航，在今天北京市再生水生产能力已经足够满足通惠河航运用水的条件下，实现通惠河通航已经不是技术层面的问题，而是能否在决策层面打破因循旧习和突破利益藩篱的问题。

## 四、结论

习近平总书记在十九大报告中说："文化自信是一个国家、一个民族发展中更基本、更深沉、更持久的力量。"大运河能够带给我们文化自豪感，提高中华民族凝聚力，对于社会经济文化发展也是最为基本的持续推动力。通州被确立为北京城市副中心，不仅赋予通州更高的城市地位，更是利用通州所具有的运河文化，建立北京未来发展的文化自信，促进京津冀协同发展。在北京的城市规划中，通州被赋予了承担运河文化带建设的重任，北京提出建设全国文化中心，通州运河文化带建设首当其冲应发挥时代引领作用。习总书记指出北京应在运河文化建设方面走在全国前列，为全国做出示范效应，因此通州运河文化带建设更是关系到国家文化形象的大问题。大运河本身是享誉世界的"金名片"，是树立中华民族文化自信的坚强基石，建设大运河文化带，其实质就是弘扬大运河文化具有的和谐、开放、共享、务实、奋进、创新精神，推动中国经济社会进一步繁荣发展，进而实现中华民族伟大复兴。"文化是一个国家、一个民族的灵魂。文化兴国运兴，文化强民族强。没有高度的文化自信，没有文化的繁荣兴盛，就没有中华民族伟大复兴。"十九大的召开，标志着一个新时代的开始。运河文化是能够反映中华民族精神的重要文化载体，运河文化带的建设意义，就是重振全体人民的文化自信，投入到新时代社会主义的伟大建设当中去。通州作为北京地区最重要的运河文化遗产地，应深入挖掘、保护运河文化遗产，在北京城市副中心建设中，高水平设计、高标准建设，将运河文化带建设成为展现时代特征的能够树立文化自信、振奋人心的伟大的文化精品工程。

---

① （清）孙承泽：《天府广记》卷14《仓场》，北京古籍出版社，1984年，第169页。

② 〔美〕黄仁宇：《明代的漕运》，新星出版社，2005年，第21页。

③ （明）王琼：《漕河图志》卷3《漕河水程》。

④ （明）万恭著，朱更翎整编：《治水筌蹄》卷2《运河》，水利电力出版社，1985年，第68页。

⑤ 《明史》卷85《河渠三》。

⑥ （清）张鹏翮：《治河全书》卷3《运河图总说》，天津古籍出版社，2007年，第362页。

⑦ （清）周家楣、缪荃孙：《光绪顺天府志·河渠志五·河工一》，北京古籍出版社，1987年，第1403页。

（作者单位：北京物资学院运河文化研究所）

# 刘锡信及其《潞城考古录》考论

## 李伟敏

通州位于北京市东南部，西汉始称"路县"，东汉时以县临水，改称"潞县"。金天德三年（1151）海陵王决定迁都燕京，因潞县为该地区的漕运孔道，取"漕运通济"之义改称"通州"。明永乐迁都北京之后，随着漕运的疏通，通州成为南粮北调的集散地，"舟车之所辐辏，冠盖之所往来，实水陆之要会，为畿辅之襟喉"[①]，享有"北京水上门户"和"漕运仓储重地"的盛誉，并以其京东水陆门户和运河北源头的地位逐渐发展成运河沿岸繁荣的商业城市。历史上对通州的文献记载，明以前较为少见。入明以后，关于通州的历史文献不断出现，其中保存至今且最为重要的是明清时期编撰的通州地方志，如嘉靖《通州志略》、康熙《通州志》、雍正《通州新志》、乾隆《通州志》、光绪《通州志》、民国《通州志要》等，但这些方志多为官修。明清时期有关通州的私家著述，首推乾隆时期通州学者刘锡信所著的《潞城考古录》。《潞城考古录》所记为通州历史地理和古迹风物，征引繁富，考订详实。但迄今为止，学界针对《潞城考古录》本身及作者刘锡信进行的研究尚不多见，本文拟对刘锡信生平及《潞城考古录》的编撰、版本、内容和文献价值等方面加以考述，以期引发学界关注并就教于方家。

## 一、作者刘锡信生平

《潞城考古录》作者为清乾嘉时期通州学者刘锡信。关于刘锡信的生平事迹，目前仅见于光绪《通州志》，此外《潞城考古录》自序及跋文中可探知其经历之一二。

刘锡信，榜名锡侯，字桐村，生卒年不详。刘锡信出生于通州一个颇有声望的书香之家，刘氏家族明末由浙江绍兴迁徙至通州。祖父刘文灿，字公著，生性孝友，尤勇于义，年十五补诸生，此后屡次应乡试不第，光绪《通州志》有传。康熙五十三年（1714）参加甲午科乡试，同考官以刘文灿排名第一荐给主考，因遭主考排挤而落榜，自此以诸生终老。雍正九年（1731），静海水灾，村中男妇衣食俱尽，时任直隶总督顾琮、静海县令韩国赞勘灾至木厂，刘文灿请以自家田地所获七百余斛粮食赈济附近村落，解救饥民数百人。直隶总督顾琮依士民捐赈逾三百石者授七品散官之例，为刘文灿请官，他极力推辞。后顾琮奏请旌表，赐匾额曰"敦仁好义"，静海县令韩国赞亦书"义重燕山"匾额为赠。刘锡信之父刘埙，为诸生，亦多隐德，官至陕西三水县知县[②]。

刘锡信自幼聪慧过人，理解力强，喜好读书。成人后博览群书，淹通史传，尤其擅长考据之学。虽然刘锡信自幼颖异，然仕途并不平坦。乾隆三十年（1765）参加顺天乡试，中乙酉科举人。其后刘锡信多次入京参加会试，但均未得中进士，直至乾隆六十年（1795）才以举人身份出任山东即墨知县[③]。这三十年间刘锡信的经历可从《潞城考古录》自序及跋文中探知一二。据龄椿在《潞城考古录》跋文中记载："先大夫宫詹公以乾隆己丑成进士，是科入词馆者二十九人。先大夫于同年中，与潞河刘淳斋先生称莫逆，既而同办院事，同提调四库全书，相得益深。先大夫因椿学业未成，欲延师。淳斋年伯盛推服从兄桐村先生，先君子延之于家，命椿受业。"④潞河刘淳斋先生即刘锡嘏，为刘锡信从兄，"字纯斋，一字淳斋，号拙存，顺天通州人，乾隆己丑进士，官江苏淮徐道。画梅法张天瓶，笔墨苍秀，气味醇古，尤精书法，有《十砚斋集》"⑤。宫詹公即龄椿之父嵩庆，与刘锡嘏同为乾隆三十四年（1769）进士，且同任《四库全书》翰林院提调官。由此可知，刘锡信因其从兄刘锡嘏推荐，进入时任詹事府詹事的嵩庆家中担任塾师，为其子龄椿授业。另据刘锡信《潞城考古录》自序载："近奉明诏，命馆臣详加考订，朱筠河先生实司总纂，先生谬谓信（指刘锡信本人）留心此事，爰以京畿门之通州、漷县诸卷见属。"⑥所谓"近奉明诏，命馆臣详加考订，朱筠河先生实司总纂"是指乾隆三十八年（1773）六月乾隆帝下谕旨开始编修《日下旧闻考》，朱筠河即朱筠，入四库馆充当纂修官，主办各省采进遗书，并总纂《日下旧闻考》。刘锡信因受《日下旧闻考》总纂朱筠的赏识，协助朱筠编撰是书，主要承担了该书京畿门通州、漷县诸卷的撰写⑦。另据乾隆《通州志》记载，乾隆四十六年（1781），刘锡信以举人、候选知县身份受邀参与编撰《通州志》，任采访⑧。乾隆六十年（1795），刘锡信出任山东即墨知县，其后因颇有政声援例补任户部湖广司员外郎。至于此后刘锡信居官及相关经历，因资料的缺乏，已经很难详细再现。

刘锡信自乾隆三十年（1765）中举至乾隆六十年（1795）出任山东即墨知县期间，主要在嵩庆家任塾师，同时也从事著述，并因其从兄刘锡嘏、嵩庆均任职《四库全书》翰林院提调官的缘故，得以结识了一部分四库馆臣，并以其自身才学得到了其时很多学者的赏识。刘锡信因自身学识、精于考据得其从兄刘锡嘏、嵩庆的推崇和赏识，常与嵩庆"谭今搉古"。另据其授业门生龄椿所言，刘锡信"淹通史学，尤长于考据，直欲跻顾、朱诸君之堂而窥其室"。著名学者、曾任《日下旧闻考》总纂官朱筠对刘锡信"深为叹服"，称其为"北方第一学者"。乾隆时期任四库全书纂修官的翰林院编修程晋芳、湖南布政使叶佩荪、广西巡抚周升桓等诸名流，均"雅相推重"⑨。由此可知，刘锡信与朱筠、程晋芳、叶佩荪、周升桓等人应时有文化交流上的往来。综观以上与刘锡信有过交往的文人，他们的社会地位都高于只是一介举人的刘锡信，并且在学术及文化上也都有着一定的成就，刘锡信能够以下层文人身份进入这样的文化交流圈，凭借的只能是真才实学。而这种文人间的相互交流对刘锡信学术背景的形成及《潞城考古录》的成书，不能不说是一种积淀。

刘锡信从政之暇笔耕不辍，生平著作极富，考核精详。除《潞城考古录》外，还有《历代讳名考》《煮石山房存稿》《菱溪笔记》等书，光绪《通州志》评价其"生平不务声华，深自韬晦，穷达一委之命，而其耄年嗜学，尤人所罕及"。此外，刘锡信曾计划仿宋代学者王应麟《汉艺文志考证》之体例，以诸史地理志为本，参稽史传，旁征金石文字及古今水道舆地诸书，考订其讹舛，编撰一部《历代地理志考证》，终因卷帙浩繁，未能成书。刘锡信卒年七十岁，故去后，他的"吉光片羽，人多珍藏焉"⑩。

## 二、《潞城考古录》的成书动因及过程

《潞城考古录》的编撰与乾嘉时期考据学的兴盛有关。刘锡信身处考据风盛行的乾嘉时期，难免受到当时学风的影响，这从他"直欲跻顾、朱诸君之堂而窥其室"的治学路径可以看出。乾嘉时期，考

据之风占据显要地位，历史考据学成为私家史学的大宗，史家把主要精力用于校注古籍、辑佚古书、改补旧史、考证史实，并取得了相当辉煌的成就。乾嘉史家编撰史书，注重考辨史料真伪，撰写考史札记。刘锡信受乾嘉史家影响，治学方面最为服膺顾炎武、朱彝尊等学者，强调以求真求实的史学意识发覆纠谬，征实考信。刘锡信认为京畿地区的考古之书，首推顺治中顾炎武所撰《京东考古录》及康熙年间朱彝尊所撰《日下旧闻》，两书各有所长，《京东考古录》考据精确，《日下旧闻》则征引繁富，证据确切。两书亦各有不足，《京东考古录》有关通州的考据较为简略，如潞河驿为京东第一驿站，但《京东考古录》中反从略，《日下旧闻》中舛讹者亦颇有之[11]。作为通州本地人的刘锡信既重视乡帮文献的收集整理，又下很大力量考证了有关故乡的历史地理，为《潞城考古录》的编撰奠定了基础。

《潞城考古录》与《日下旧闻考》的编撰有直接关系。《日下旧闻》是北京史志文献资料典籍，由朱彝尊于康熙年间从一千六百余种史籍中将有关北京地方的历史、地理、城市、衙署、风俗、名胜等史料摘录、整理并加以考订汇辑成书。乾隆三十八年（1773），乾隆帝下旨编撰《四库全书》，在全国广求遗书，一时之间全国各地官私所藏善本真籍纷纷被采纳进京，使得朱彝尊在编纂《日下旧闻》时未能见到的记载北京的典籍出现，增补《日下旧闻》便成为可行之事。此外，乾隆统治中期与康熙中叶相比，北京城池、宫殿，尤其是皇家园囿变化较大，为使天下万世知皇都闳丽，信而有征，乾隆帝敕命编纂《日下旧闻考》。乾隆三十八年，安徽学政朱筠入四库馆充当纂修官，办理各省送到遗书，并总纂《日下旧闻考》。《日下旧闻考》自乾隆三十八年开始编撰，至乾隆四十七年（1782）成书，是迄今所见清代官修的规模最大的北京史志文献资料集。《日下旧闻考》编撰期间，总纂朱筠出于对刘锡信学识的欣赏，嘱其留心此事，随后又"以京畿门之通州、潨县诸卷见属"，即委托刘锡信参与《日下旧闻考》的编纂工作，主要承担"京畿门"通州部分的编纂。刘锡信遂"不揣谫陋，是正数十条，详加按语，于原书所未备者，采摭各史及说部杂记并诸家诗文集，以补其缺遗，以复于先生"。朱筠对刘锡信的成果大为赞许，在其基础上加以裁定并交付史馆。在编纂"京畿门"通州部分的过程中，刘锡信涉猎群书，并随手做札记，日积月累，收集了大量资料，在交付史馆稿件的基础上增辑了若干条目，而且这些内容未见于朱彝尊的《日下旧闻》。

此外，刘锡信又对康熙、雍正《通州志》"沿伪袭谬"之处，以及方舆吉要诸书中有关通州的条目，进行考证修订，最终将所有内容厘定为三卷，仿顾炎武《京东考古录》之名定书名为《潞城考古录》。刘锡信自谦，认为自己"见闻孤陋，证据单疏，本无足存"，仅"聊以备一州之故事，虽窃取亭林先生旧名，而续貂之诮，实滋愧已"。由此可知，刘锡信《潞城考古录》始于《日下旧闻考》的编纂，最终于乾隆四十三年（1778）五月成书[12]。

## 三、《潞城考古录》的版本

据刘锡信《潞城考古录》自序可知，《潞城考古录》虽成书于乾隆四十三年，但成书后是否刊刻则未可知。据笔者调查，现存著录为乾隆四十三年《潞城考古录》的刻本有两种：第一种是上海图书馆所藏乾隆四十三年刻本（以下简称"上图本"），一册三卷，半叶九行，行二十字，黑口，无鱼尾，四周单边。版心刻有书名、卷次、页码。卷名下题"里人刘锡信桐村辑"，卷首有刘锡信乾隆四十三年自序，卷尾有刘锡信授业门生龄椿跋记。"上图本"自序首页右上角钤有"合众图书馆印"朱文方印。上卷首页依次钤有"曾藏叶氏遐庵""叶恭绰奉赠""合众图书馆印""双峰饶氏开卷珍藏"四枚朱文印章。第二种是首都图书馆所藏乾隆四十三年刻本（以下简称"首图本"），一册三卷，半叶九行，行二十字，黑口，无鱼尾，四周单边。版心刻有书名、卷次、页码。卷名下题"里人刘锡信桐村辑"，卷首有刘锡信乾隆四十三年自序，卷尾无跋记。"首图本"上卷首页右上角钤有"云自在龛"朱文印章，右下角钤"江阴缪荃孙藏书记"朱文印章。

笔者对"上图本"与"首图本"进行比勘，二者的主要差异在于："首图本"卷尾仅题"受业王志沂、龄椿校"，无刘锡信授业门生龄椿的跋记；下卷卷尾缺刘锡信辑录诗词缘由的后记，其余与"上图本"相同。由此推测上述"上图本"与"首图本"应属同一刻板，只是先后应当刊印过两次。但"上图本"与"首图本"为乾隆四十三年刻本的提法则不足为信。首先，两种藏本卷首刘锡信自序末署"乾隆四十三年岁在著雍阉茂皋月里人刘锡信序"，但自序是否为该本刊行所作之序，则不能下定论。其次，两种藏本卷尾均题"受业王志沂、龄椿校"，表明该版本为刘锡信授业门生龄椿、王志沂校订。第三，"上图本"卷末龄椿题跋表明该版本应为嘉庆十五年（1810）刻本。跋文云："年来椿由御史蒙恩受吏垣给事，奉命巡视通州漕务，取是书覆读之，此州之沿革、古迹、水道了如指掌，益切服膺。因走请函丈，颁十许部来通以公同志，爰缀数言于简末。嘉庆庚午仲春白山受业龄椿谨跋于潞河使院。"[13]由跋文并结合卷尾所题"受业王志沂、龄椿校"可推测，龄椿于嘉庆庚午即嘉庆十五年以吏科给事中巡视通州漕务，他认为《潞城考古录》对了解通州历史沿革多有助益，因此与同样受业于刘锡信的王志沂共同校订后刊行，龄椿亦因此在书末题写跋文。因此笔者认为该版本应为嘉庆十五年刻本。此外笔者据跋文推测，《潞城考古录》成书后应有刻本流传，因龄椿曾言，《潞城考古录》与《历代讳名考》为刘锡信"中年手订之

书"，他巡视通州时更请老师刘锡信送十余部书给其同僚，但该刻本是否为乾隆四十三年刊刻尚不清楚。

除上海图书馆、首都图书馆所藏版本外，《潞城考古录》还有两种版本：一是清光绪年间定州王氏谦德堂畿辅丛书初编本，上、下两卷，半叶十行，行二十二字，黑口，无鱼尾，四周单边。版心刻有书名、卷次、页码。卷名下题"通州刘锡信撰"，该版本卷首无刘锡信自序，卷尾也无跋记。二是丛书集成初编本，该版本源于畿辅丛书初编本，上、下两卷，乃据畿辅丛书初编本排印。

由此可知，《潞城考古录》版本流传情况分为两个系统，即嘉庆十五年刻本与光绪定州王氏谦德堂畿辅丛书初编本。目前两种版本系统的主要差别在于：其一，卷数不同。嘉庆十五年刻本较丛书本多出一卷，内容为刘锡信辑录的自金代以来诸家诗集中与通州有关的诗文。其二，嘉庆十五年刻本上卷较丛书本上卷多出五个条目，内容为潞县金石、《唐瀛州景城县主簿彭君权殡志铭》《故莫州长丰县令李君墓志铭》、补通职官、补潞职官。

## 四、《潞城考古录》的主要内容及价值

《潞城考古录》篇幅不长，全书约3万余字，除卷首刘锡信自序和卷尾其门生龄椿所作跋文外，分上、中、下三卷，涉及内容十分广泛。

上卷40篇，主要是考证和补遗，涉及遗址、郡县之治、四境、水道、地名、文物、人物、职官、封爵等。考证内容丰富，既有对潞县故城、通潞亭、州城、渔阳郡治、安乐故城、潞县治所、潞县四境等通州历史地理的考证，也有对鲍邱水、蓟运河、高梁水等河流、水道的考证，还对康熙、雍正《通州志》中富河、潞河、鲍邱河的相关错误内容进行了考辨。刘锡信以通州旧志职官、人物多有缺漏，根据

出土墓志、史籍及诗文集等资料补充了《通州志》中通州、漷县的职官表及人物志，还提出"郡邑前代有封爵者，志乘中当编列一表，而州志缺焉"，根据史传资料补充了《封爵考》。刘锡信还采集收录了乾隆年间通州出土的部分墓志。

中卷为史事，主要内容为补遗。"史事已载朱氏《日下旧闻》二十六七卷及通州吴、黄二志者（注：吴、黄二志指康熙《通州志》、雍正《通州新志》，因康熙《通州志》由通州知州吴存礼主持编撰，而雍正《通州新志》由通州知州黄成章主持纂修，故称），概不再录，州志与史事小有异同者，仍录。"[14]史事部分根据内容分为事迹、设官、灾异、漕运税课、遗事、水道六目。事迹主要据《后汉书》《三国志》《水经注》《北齐书》《唐书》《河洛春秋》《续通鉴纲目》《东都事略》《辽史》《金史》《元史》《明史》《明史纪事本末》《方舆纪要》《续太常考》《广舆记》补充；设官据《续文献通考》补充；灾异据《明史·五行志》《明史纪事本末》补充；漕运税课据《元史》《明史·食货志》补充；遗事据元马祖常《石田集》、明杨士奇《北京纪行录》和《南归纪行录》、王直《抑庵后集》、清周亮工《闽小纪》、朱彝尊《曝书亭集》、王士禛《香祖笔记》和《居易录》补充；水道据《水经注》补充。

下卷为诗词，刘锡信认为"词章本无关于考订，然名流过客或浏览山川、或登临城郭。或凭吊荒阡古墓、或留题精舍伽蓝，发为咏歌，纪诸篇什。后之考古者未始不可因其诗以验风景之盛衰，辨古迹之存没，于考核地理藉资证据。"因此他"采金源氏以来迄国朝诸家集中有涉通潞者辑为一卷"[15]。刘锡信主要补充了朱彝尊《日下旧闻》及康熙、雍正《通州志》未收录的有关通州的诗词，其中辑录金代诗人2人、诗2首，宋代诗人1人、诗2首，元代诗人3人、诗4首，明代诗人11人、诗35首，清代诗人15人、诗35首，共计收录诗词78首。

刘锡信受乾嘉考据学派的影响，精于考辨，治学严谨，其目的在于给当世和后世学者留下可信度较高的史料，因此《潞城考古录》不仅征引文献种类繁多，汇辑史料极为丰富，而且考据精详，是汇辑通州历史地理的专书，为研究通州历史、地理提供了最翔实的史料，具有无可替代的史料价值。

第一，《潞城考古录》为研究通州历史提供了历史地理材料。《潞城考古录》对通州历史上重要的城址，如潞县故城、州城、安乐故城、潞县县治、渔阳郡治、潞县四境等情况进行了详细的考证辨误，为后人研究通州历史提供了历史地理材料。如《潞县故城考》一文，刘锡信根据亲自考察并结合乾隆二十七年（1762）古城北出土的《唐景城主簿彭君墓志铭》，考证通州潞河东八里的古城为汉潞县故城，并根据《水经注》《续汉书·五行志》等相关文献记载，认为终东汉之世，渔阳郡俱治潞县。刘锡信还详细记载了当时古城遗址概况，"周围四里许，遗址约高五尺，东、西、北三面俱存，惟南面近官道，已成陆地，西北隅废堞独高丈余"。2016年，考古工作者在配合北京城市副中心建设的考古工作中发现了潞县故城，印证了刘锡信的考证。如《州城考》指出《重修通州新城记》《日下旧闻》《通州志》中有关通州城池的记载有误。《重修通州新城记》云通州明以前无城，其有城自洪武初孙兴祖始，《通州志》《日下旧闻》等关于通州城池的记载与此略同。刘锡信根据《水经注》中"（鲍邱水）迳潞县故城西"推断北魏中叶潞县县治已移治其他地方；另据乾隆时州城南出土的《唐长丰令李君墓志铭》所载"葬于县之南三里"，可知唐时潞县县治已迁至州城所在地。刘锡信广泛征引《资治通鉴》《元史》《鸿猷录》《明史纪事本末》等文献记载，认为通州历代俱有城，州志等有关元以前无城的说法有误。《通州长城考》则根据出土的唐代李丕墓志中"屹然孤坟，长城之东"的记载及有关文献资料，考证通州西北四里有北齐古长城遗址。

第二，《潞城考古录》为通州保存了珍贵的文献资料。通州自西汉置县至今绵延发展已有两千多年，可谓历史悠久，但有关通州的文献记载却较为少见，以致通州历史研究文献较为匮乏。刘锡信《潞城考古录》是引用、综合、考辨众多前人文献资料而成，辑录了散见于各种古籍中有关通州的史料，如碑刻、诗文等，都是研究通州历史的珍贵资料，为保存通州历史文献资料发挥了重要作用。《潞城考古录》全书仅三卷，据笔者初步统计，其中所涉及史料或出现在文中的典籍则有八十余种，这些史料主要引自史部和集部，其中史部类包括正史、编年、纪事本末、杂史、地理、政书、类书等类。使用方式包括引用原文且注明来源的引用和仅提其观点的考辨。刘锡信在编撰《潞城考古录》的过程中并不是简单意义上的抄撮他书，而是取舍有致，重点突出，详加考证，尽其所能为后人留下准确详实的资料。在选取史料时，注重史料来源的可靠性，还有他自己实地考察收集的资料，无疑增加了文献内容的精准度，对保存通州史料具有重要作用。如上卷中刘锡信搜访所得的《唐长丰令李君墓志》和《唐景城主簿彭君墓志》两方唐代墓志；刘锡信还根据出土墓志、各类史籍及诗文集等资料补充了《通州志》中的职官表、人物传记、前代封爵表。中卷则根据大量史部文献补充了事迹、设官、灾异、漕运税课、遗事、水道六类史事。下卷诗词补充了朱彝尊《日下旧闻》及康熙、雍正《通州志》二志中没有收录的诗词78首。如杨士奇《通州》描绘了明代通州因漕运兴盛的繁华景象，其诗云："城倚红云下，门临绿水滨。宝鞍驰骏马，多是帝京人。清浅潞河水，常维万里舟。越箩将蜀锦，充满潞滨楼。"清人尤侗的《通州口号》则让人领略了通州美丽的夜景，诗云："通州新俗小燕京，车马东西蹀躞行。好似江南瓜步夜，满街灯火管弦声。"⑯

第三，《潞城考古录》纠正了历代文献的谬误，给通州历史研究留下了可信度较高的史料。古代各种文献在经过历代的转抄、加注、编纂之后，往往存在不少疏漏，如错字、遗漏或正文和注文混淆等情况，因此对各种文献史籍中的一些资料进行校勘、疏证颇为重要。刘锡信有感于历代文献及通州各种地方志中"舛讹者亦颇有之"，对其中谬误之处进行了细致的考辨、纠正和补遗，力求给后来研究者提供精确的历史资料。上卷中对《通州志》中有关富河、潞河、鲍邱河的记载进行考证与辨谬。如《通州志》载富河在州城北，源出瓮山，自白羊口经榆河下流为沙河，由顺义县界南流至州城东北，与白河汇。刘锡信指出州志指瓮山为富河之源似属牵混，瓮山实为通惠河上源。又如《通州志》"潞河"条沿袭吴道南《河渠志》及《漕河考》之讹，称白河发源于灵雾山。刘锡信结合《昌平山水记》及《水道提纲》相关记载指出：灵雾山乃潮河经由之地，潮河经密云、怀柔至牛栏山与白河汇合，潮河、白河各有源流，其后乃汇于一，不可将潮河上源混为白河上源。此外还对一些具有权威性质的史部地理类书籍及作者评价颇高的《读史方舆纪要》《日下旧闻》等书也都进行了考证。对于书中所提到的讹误之处，虽然刘锡信的考证与纠谬并不一定全部正确，但他考证与辨谬的过程，却是经过认真推敲之后得出的，并且其中大部分是有其道理的。

《潞城考古录》是在清代考据学风的影响下，刘锡信以通州本地知识分子的身份完成的一部关于通州历史的重要文献，其丰富的内容、翔实的史料，以及对文献谬误的推考，对研究通州历史具有无可替代的史料价值，故光绪《通州志》曾评价《潞城考古录》"订异参同，足备文献之缺，通州旧志多所采择"⑰。《潞城考古录》之于通州历史研究的价值远不止笔者所探讨的几个方面，充分挖掘《潞城考古录》各方面的价值，必将有助于推动通州历史、地理研究的深入和繁荣。

---

① （明）杨行中：（嘉靖）《通州志略》卷一《形胜》，《通州方志集成》，北京联合出版公司，2017年。

② （清）高建勋等修、王维珍纂：（光绪）《通州志》卷八《人物·乡贤》，《通州方志集成》，北京联合出版公司，2017年。

③⑩⑰ （清）高建勋等修、王维珍纂：（光绪）《通州志》卷八《人物·文学》，《通州方志集成》，北京联合出版公司，2017年。

④⑨⑬ （清）龄椿：《潞城考古录》跋文，载（清）刘锡信：《潞城考古录》卷尾。

⑤ （清）李濬之：《清画家诗史》丁下，载周骏富辑：《清代传记丛刊》第75辑，明文书局，1985年。

⑥⑦⑪⑫ （清）刘锡信：《潞城考古录》自序。

⑧ （清）高天凤修、金梅纂：（乾隆）《通州志》卷首，通州志新修姓氏，《通州方志集成》，北京联合出版公司，2017年。

⑭ （清）刘锡信：《潞城考古录》卷中。

⑮⑯ （清）刘锡信：《潞城考古录》卷下。

（作者单位：北京市文物研究所）

# 北京市长城保护管理十年回顾

李粮企

北京是伟大祖国的首都,是封建社会晚期特别是明、清两朝的定都之所,文化遗产的保有量丰富、类型多样。长城作为北京最负盛名的古代军事工程,在历史上曾承担起拱卫京师的重要作用,并因其修造工艺之美观、质量高超、雄伟壮观而闻名于世。

## 一、北京市长城文化遗产概况

长城是中国古代军事防御工程,由烽火台和墩台等单体建筑发展而来,后用城墙把它们联系起来。北京地区的长城始于战国时期的燕国,目的是为了抵御东胡、山戎等游牧民族的侵扰。秦代以后的许多朝代都在北京地区修建过长城,但长城修筑工程最为浩大壮观的非明代莫属,因为明代北京城的北面就是国防前线。为了巩固国防,明代统治者将修筑该段长城当作国家大事,使之在规模、质量和布防密度等方面都十分出色。现存长城北京段以明代长城为主体,自北京城的东北绕至西北,分布于现在的平谷区、密云区、怀柔区、延庆区、昌平区、门头沟区境内。2006年起在全国范围启动长城资源调查,北京地区合计调查长城段落共447段,现存墙体总长度为573公里,其中明长城526公里,另有关堡147座,其他单体建筑1742座,相关设施6处。1984年,北京市人民政府将北京段长城公布为北京市文物保护单位。2006年,万里长城北京段被国务院公布为全国重点文物保护单位。

北京域内的长城墙体及与长城不可分割的各单体建筑、附属设施、相关遗存中,约超过半数已处于严重损毁甚至濒临消亡的状态,还有约40%保存状态相对一般的,也因常年失于及时修整而隐患重重,很难挡御风雨年复一年的摧残,剩下不到10%的长城本体、附属设施、相关遗存,基本属于已得到抢险性修缮或已开发利用段落(图一)。

近些年随着政府及相关主管部门对长城保护宣传力度的不断加强,保护机构逐步完善,保护责任层层落实,文物保护意识深入人心。同时,党中央提出构筑和谐社会、惠利与民,老百姓生活水平逐年提高,使得人为地、大规模损毁长城的短视、私利行为得到有效扼制。长城保护财政资金投入呈上升趋势,长城保护理念逐渐清晰,长城保护工作正面临崭新的局面。

图一 八达岭镇砖石长城第三段15号楼及A段边墙前

## 二、北京市长城保护十年主要工作回顾

**（一）全面贯彻落实《长城保护条例》，划定长城保护范围和建设控制地带**

2006年10月，国务院颁布《长城保护条例》。为贯彻该条例，全面推动长城保护工作，北京市文物局于2006年委托北京城市规划设计研究院、北京市古代建筑研究所和北京市测绘设计研究院联合编制、划定长城的保护范围和建设控制地带。该划定成果于2011年5月15日正式公布实施。从此，北京段长城的建设控制地带面积达到3000平方公里，其中保护范围约500平方公里。

北京市公布长城保护范围和建设控制地带不仅为加快制定长城文物保护规划创造了条件，同时也使北京长城周边环境保护工作有法可依，违法建设得到有效控制。部分长城或城堡通过环境整治、文物修缮，长城安全隐患得到有效消减，历史景观不断得到恢复。

**（二）开展长城资源调查，启动长城保护规划编制工作**

2006年，国家文物局印发《"长城保护工程（2005—2014年）"总体工作方案》，明确了长城保护工程的总任务和总目标：争取用最短的时间摸清长城家底，建立健全相关法规制度，理顺管理体制，在统一规划的指导下，科学安排长城保护维修、合理利用等工作，并依法加强监管，从根本上遏制对长城的破坏，为长城保护管理工作的良性发展打下坚实基础。

北京市文物局、北京市测绘设计研究院共同组织并实施长城资源调查工作。通过开展调查培训、实地测量及数据采集、编制长城记录档案、撰写调查报告、整合长城资源调查与测量数据、建设长城资源信息系统等工作，于2010年初步完成调查工作并建立长城资源信息数据库。

在长城资源调查摸清"家底"、进一步完善长城"四有"资料的基础上，北京市于2008年启动了北京市长城文物保护规划的编制工作，现规划文本（报审稿）已正式报送国家文物局审批。

**（三）各级政府重视，加大长城保护投入**

经统计，2007年至2016年的10年间，北京市累计投入资金3.74亿元用于长城的修缮和保护，重点修缮了怀柔河防口、九渡河、青龙峡长城、密云古北口长城、延庆九眼楼、八达岭长城、平谷红石门长城、昌平流村长城、门头沟沿河城长城等。2015年是纪念反法西斯战争胜利70周年，北京市高度重视长城沿线抗战遗址的保护工作，陆续对爆发古北口战役和南口战役的密云古北口长城卧虎山段、蟠龙山铁门关段、昌平区南口流村段长城进行了抢险加固和修缮（图二），使长城抗战遗迹得到了有效保护。

2016年，北京市启动了怀柔区箭扣146～150号敌台（"天梯"至"鹰飞倒仰"）段修缮工程，2017年完工（图三）。2017年，还利用中国文物保护基金会平台，使用社会公募基金启动怀柔区箭

图二 密云古北口镇蟠龙山段306敌台

图三 箭扣长城"天梯"到"鹰飞倒仰"段

扣151~154号敌台段修缮工程。

**（四）依托长城文化资源，有效利用和带动社会效益**

多年来，北京市在注重做好长城保护工作的同时，也积极探索发挥长城社会效益、带动长城沿线社会经济发展和文化交流的有效途径。八达岭长城自1958年对社会开放以来，共接待世界各国元首500余位，国内外游客达2亿余人次。我们还以八达岭长城为依托，举办了世界文化遗产保护与发展高峰论坛、奥运火炬传递仪式、国际龙文化节等国际、国内大型活动千余次。同时，2014年APEC会议依托青龙峡、河防口段长城点缀风景；2019年"世园会"，也将依托延庆区丰富的长城历史文化资源，这些都对当地社会经济发展起到良好的促进作用。

**（五）强化巡查监督机制，鼓励社会力量宣传保护长城**

1989年，北京市政府出台了《北京市文物保护单位巡视检查报告制度暂行规定》，对全市行政区域内的文物保护单位分层级实行巡视检查和报告制度。长城作为本体最长、规模最大的文物，一直是我市巡视检查的重点。

同时，北京市还积极鼓励社会力量参与长城的保护监督工作，并发动社会志愿者进行长城的保护宣传，起到了良好的监督作用。目前，我市在册长城保护员421名。2016年8月，由北京市文物局、北京市慈善义工联合会主办，中共北京市委社会工作委员会、北京市文化局、北京市文学艺术界联合会、北京人民艺术剧院、北京市互联网信息办公室、北京市密云区人民政府共同主办，北京市慈善义工联合会、北京市密云区文化委员会、北京市密云区古北口镇人民政府承办的"守护瑰宝·筑梦长城——文物安全保护志愿服务系列活动"启动仪式在密云区古北口镇蟠龙山长城脚下举行。至此，在全市成立了"北京长城保护志愿服务总队"。

**（六）建立京津冀长城协同保护、联合执法检查合作机制**

为了进一步贯彻落实习近平总书记关于长城保护的重要批示精神及国务院长城保护座谈会议精神，结合京津冀协同发展规划，加强京津冀三地长城保护力度，完善长城保护机制，构建三地长城保护协调合作机制，北京市文物局、天津市文物局、河北省文物局于2015年共同签订《京津冀三地长城保护框架协议》。

2016年3月28日，北京市文物局、天津市文化市场行政执法总队、河北省文物局在北京签署《京津冀文物执法协作体框架协议》，三地通过片区协作打造文物执法全方位战略协作关系，共同探索长城文物执法工作资源共享的途径，开展三地交界文物保护单位及其他文物遗存的联合巡视检查和执法监督，协助查处文物违法案件；调动三地专家资源，共同培养专业人才，选派专业人员赴比较有优势的地区委托培养；打造三地文物执法工作宣传平台，实现互联互通等。在保障机制上，三地建立片区联席会议制度，每年定期就合作发展中的重点事项进行集体磋商，统一部署落实，共同研究制定下一年度专项协作计划和实施方案。

## 三、未来北京市长城保护和综合利用工作

一是认真贯彻落实习近平总书记的重要批示精神，认真落实刘延东副总理重要讲话精神及国务院关于文物工作的指导意见，认真学习兄弟省市在长城保护工作中的经验，提高认识，加强领导，完善机制，进一步加强全市的长城保护工作。

二是加快制定和完善北京市长城保护规划。我们将结合"十三五"时期国民经济和社会发展规划，加快制定和完善长城保护规划，长城沿线各区、各乡镇在制定各项规划中，要积极落实长城保护规划的相关内容。

三是落实长城保护的各项责任。进一步落实全市辖区内长城沿线各区、各乡镇政府在长城保护工作中的主体责任，强化市政府有关部门的监管职责，鼓励全市单位和个人以各种形式参与长城保护工作。

四是推动京津冀三地共同构建长城保护协调合作机制，做好京津冀三地长城文物保护规划的衔接，共同制订三地辖区范围内长城的整体保护计划。同时，建立三地长城保护宣传互通互联平台，加强执法合作，加强长城历史研究，加强人才交流、培养等方面的合作，共同解决长城保护工作中出现的各类问题。

五是进一步加大政府投入力度。长城文化带的保护与利用是全市文物保护工作的重要内容，长城抢险修缮已被列入"十三五"文物保护重大工程项目，将进一步加大资金投入，进一步推进昌平南口、密云古北口、怀柔箭扣长城等地的抢险加固工程。

六是结合长城国家公园体制试点工作，探索在现有开放的长城段落基础上，整合周边村庄和自然资源，统筹开展协同保护和利用，包括建立统一的游客中心，悬挂统一制作的标识，加强各景区间的道路交通联系，增添卫生间、果皮箱等必要的服务设施，设计合理的旅游路线，引导游客出行等。

七是结合"十三五"规划纲要，配合市发展改革委编制"长城文化带规划"，大力推进基础设施和服务设施建设，重点提高生态旅游服务内容及质量，向高端旅游服务发展。

八是在指导项目单位编制和申报长城保护工程技术方案中，借鉴长城保护的优秀案例，保护并优化长城文物的特定景观，多视角地提升长城景观的游览体验。

九是进一步加大长城保护宣传力度。我们将进一步加强长城遗址、史迹的研究和宣传，加大长城保护宣传教育力度。加强对长城保护法律法规知识的普及，通过对长城历史文化价值的研究和阐释，增强全社会特别是当地群众保护长城的自觉性和使命感。

长城是我国重要的地理和文化标识，是中华民族的精神象征。北京市政府高度重视长城文物保护工作，在国家文物局的支持和指导下，在长城保护方面取得了一定成效。保护长城对增强民族自豪感和凝聚力、提升国家文化软实力有着重要意义。北京市将认真落实中央领导的批示精神，不断完善政策措施，强化工作机制，为进一步做好长城保护工作而不懈努力！

（作者单位：北京市文物局）

# 浅议北京长城文化带的脉络发展及管理机制建设

吕忠霖　王宇涵

## 一、长城文化带的提出背景

为落实京津冀协同发展战略，发挥文物资源优势，加强文物、特别是世界文化遗产整体保护和利用，使文物和文化遗产成为推动区域社会、经济发展的重要推手，将北京文化中心建设工作落到实处，由北京市文物局率先提出长城文化带、运河文化带、西山永定河文化带文化遗产整体保护思路，这一思路被概括为"三个文化带"建设的工作目标。

2016年6月13日，北京市人民政府正式发布《北京市"十三五"时期加强全国文化中心建设规划》，提出了"两轴、两核、三带、多点"的历史文化名城保护格局，"三带"就是指"北部长城文化带、东部运河文化带、西部西山永定河文化带"。

2017年，新制定的《北京城市总体规划（2016—2030）草案》中又提出"四个层次、两大重点区域、三条文化带、九个方面"的历史文化名城保护体系。四个层次，即北京旧城、中心城区、市域和区域四个空间层次范围。两大重点区域，即北京旧城、三山五园。三条文化带，即长城文化带、运河文化带、西山永定河文化带。这也是"三个文化带"首次进入北京市城市总体规划。

2017年8月18日，北京市推进全国文化中心建设领导小组第一次会议召开，宣布依据北京市第十二次党代会提出，北京市将坚持走中国特色社会主义文化发展道路，以坚定的文化自信和文化自觉，推进全国文化中心建设。市委决定成立北京市推进全国文化中心建设领导小组，统筹全国文化中心建设各项工作，并成立七个专项工作组，分别是：老城保护组、大运河文化带建设组、长城文化带建设组、西山永定河文化带建设组、文化内涵挖掘组、文化建设组、产业发展组。

2017年9月，中共中央、国务院批复同意《北京城市总体规划（2016年—2035年）》，明确指出北京的城市战略定位是全国政治中心、文化中心、国际交往中心、科技创新中心。其中，文化中心建设要充分利用北京文脉底蕴深厚和文化资源集聚的优势，要加强历史文化名城保护，强化首都风范、古都风韵、时代风貌的城市特色。

由此可见，长城文化带建设是北京市推进全国文化中心建设的重点，是落实北京市"十三五"规划纲要提出的精神的需要，是北京城市文化发展的需要，是实现北京市推进全国文化中心建设的城市战略目标的需要。

## 二、北京长城文化带的概念

北京长城文化带是指在北京市区域内长城沿线所途经的六个行政区域，以长城为依托，在长城保护范围及辐射周边一定范围内，由人、文化和自然环境等各种要

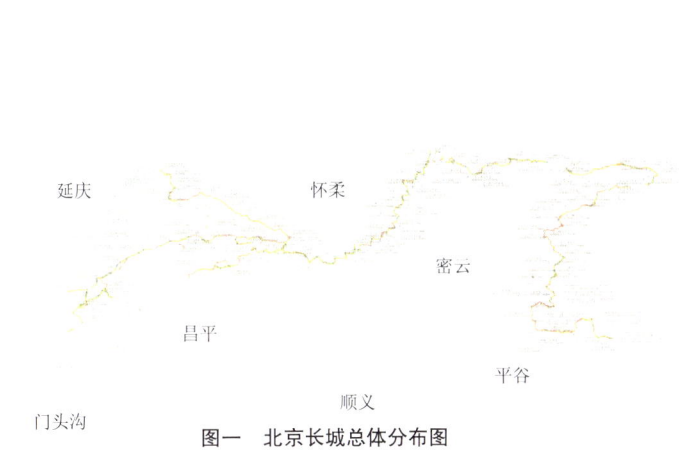

图一 北京长城总体分布图

素之间相互作用产生的相似文化类型和文化模式,这种相似地域下产生的共性文化要素统称为长城文化带。

本文所要研究的就是长城文化带历史脉络的形成与发展,以及探讨这种文化区域性协同发展所带来的管理机制和建设问题。

## 三、长城的价值

长城是中华文明的象征,是中国人民智慧的结晶。长城是我国现存体量最大、分布最广的文化遗产,是人类历史上宏伟壮丽的建筑奇迹和无与伦比的历史文化景观。它作为具有军事防御功能的物质实体,不仅见证了农耕文化与游牧文化之间的碰撞与融合,还记录着中华民族文明发展的历史,体现了我国古代建筑工程技术的伟大成就。1987年12月,长城被联合国教科文组织列入《世界遗产名录》。

根据《中国长城保护报告》,我国历代长城资源分布15个省(自治区、直辖市),404个县(市、区),总长度21196.18公里,各类长城资源遗存总数43721处(座/段)。

### (一)长城最初的价值

北京地区有史可考的长城可以分为三个时期或者是三次大规模营建高潮时期。第一次是燕秦时期;第二次是在北朝晚期;第三次是在明代。战国时期的燕国,其北部边界时常受到东胡的袭扰,为了防御便修筑了这道长城。燕国之后秦始皇所修筑长城更是规模空前,主要目的也是为了保卫都城和防御北部的袭扰。北周、隋和唐时期,虽也有长城修筑但都不在北京境内。宋、辽、金时期,北京地区一直处于辽、金的控制范围,也没有长城修筑。元代更是因其强大的军事力量,不需要构筑长城防御外族的入侵。

直到明代才开始在北京境内又一次修筑长城,也是我国历史上最后一次大规模修筑长城,其投入的资金和力量都远远超过了历朝历代。主要目的是为了防御蒙元残余势力和其他外族袭扰,起到保卫京城和皇家陵寝的防卫。明代长城防线在全国逐渐形成"九边十一镇"的防卫布局,北京地区则主要处于宣府镇、蓟镇、昌镇和真保镇的一小部分。这四镇的长城边墙、关城和营堡修筑精良,是明代长城中的精华部分。

清代对北方民族采取怀柔政策,恩威并施,控制了长城以北的广大地区。纵观清代的北部防御,中国北方基本平安无恙,长城戍边的功能基本失去作用。但由于北京的特殊地位,清代对明长城重要地段仍加以利用,派兵驻守长城的主要关口、城堡,并对长城进行了维修。

纵观中国的历史,长城作为一个特定历史条件下诞生的建筑物,最初的价值体现在军事防御体系上,起到了保护统治政权、阻止外来势力的侵扰和形成完备防御体系的重要作用,为北京地区古代政治、军事、经济、社会的发展和稳定做出了巨大的贡献。

## （二）北京现存的长城

现存北京段长城分布于六个区，自北京城的东北绕至西北，分布于现在的平谷区、密云区、怀柔区、延庆区、昌平区、门头沟区境内（图一）。遗存2356处，包括北齐长城遗存24处和明长城遗存2332处。北京段长城墙体全长520.77公里，其中北齐长城墙体46.71公里（14段），明长城墙体474.06公里（447段）。单体建筑1742座，关堡147处。

北京地域内的长城以险峻著称，营建工程较为坚固，因此保存也相对完整，是长城中最为著名的地段之一。北京长城包括北齐和明两个历史时期的遗存。

1. 北齐长城：始建于天保年间，距今1500余年，是目前发现的北京境内修筑最早的长城，在平谷区、密云区、怀柔区、延庆区、昌平区和门头沟区均有分布，现有遗存可初步辨别一些长城墙体、敌台和烽火台遗迹。这段长城为南北朝历史的研究，尤其是北齐的政治、军事、社会文化研究提供了难得的实物资料。

2. 明长城：是我国最具代表性的长城遗存，其修筑贯穿了明代不同历史阶段，属"九边十一镇"中的蓟镇、昌镇、真保镇和宣府镇。其中，蓟镇、昌镇和真保镇在明初合为九边中的蓟州镇，明嘉靖年间，为加强京城防务和保护帝陵，增设昌镇和真保镇。明初，主要是洪武和永乐年间，在蓟州镇长城沿线修筑了大量关隘和城堡等军事聚落，形成点式网状的防御体系。"土木之变"后，明王朝把修筑长城边墙作为当务之急，在嘉靖至万历年间集中修筑了大量长城边墙，极大提升了长城的整体防御效果。明后期，主要为长城的维修、重建和改线，总兵戚继光在蓟镇长城上始建空心敌台，两台相应，左右相救，增强了兵力进驻，使得长城的防御性能显著加强。

蓟镇长城东起山海关、西抵亓连口，北京境内属蓟镇长城西段，分布于平谷区、密云区和怀柔区；昌镇长城东起慕田峪，西抵居庸关镇边城，大部分分布于怀柔区、昌平区和延庆区；真保镇长城东起沿河口，西抵故关鹿路口，北京境内属真保镇长城东段，分布于门头沟区；宣府镇长城东起昌镇界火焰山，西抵大同镇平远堡，北京境内属宣府镇长城东路，分布于延庆区。

1984年，北京市人民政府将北京段长城公布为北京市文物保护单位。1987年，长城被列为世界文化遗产。2006年，北京段长城被国务院公布为全国重点文物保护单位。

## （三）衍生的长城文化

各朝代视长城为抵御外族入侵的重要防线，派重兵把守关口、城堡和关隘。明代时期，开始大规模修筑边墙、增设堡垒、添置墩台、加固边塞城堡，在北京地区长城周边更是设置了城堡用于屯驻军民，永乐皇帝更是将内地居民大量迁往边塞建立屯堡，充实防御力量。至宣德五年（1430）再次"增置口北缘诸堡……"。军民屯驻使得长城周边地区人口集聚，逐渐形成生活聚集区，戍边聚落与长城一起作为军事防御的设施存在，随着军户的迁入，城堡被赋予生机。随着驻防人口增多，戍边聚落既成为军民居住、生活、休息和进行各种社会活动的场所，也成为人们进行生产的场所。军户世代繁衍稳定下来，这里便聚集了一类特定人群，这类特定的人群长期居住在长城周边及沿线，长城沿线以南主要居住着汉族，以农耕经济为主。长城沿线以北主要居住着北方少数民族，以畜牧业经济为主。不同的民族和生活方式、经济类型在长城一线展开，农耕文化与游牧民族文化交织在一起，相互依存，聚落文化与长城各民族文化相互冲突、交融，逐渐形成了特色的文化，这种文化逐渐衍生为"长城带状文化"，也可以称之为最早期长城文化带状形态下的政治、经济、军事等文化冲突与交融方式。

## （四）长城文化载体的分析

聚落是人们居住、生活、休息和进行

各种社会活动的场所，也是人们进行生产的场所。长城戍边聚落是明朝军户生活的载体，同时也是社会组织结构和社会关系的体现，长城戍边聚落与长城唇齿相依，形成长城文化的一部分。长城塑造了戍边聚落，聚落也成为长城文化的重要载体。

长城是静止的而人是活动的，二者均处在动态变化的过程，其中人起到主导作用。这些戍边的驻军生活和社会生活状态反映在聚落形态上，边地军民贸易和蒙汉之间贸易，推动了长城地带以民族贸易为主体的商业经济的进一步发展，同时也推动了长城地带农、牧业发展和荒地的开发。长城带状文化涵盖了整个旱作农业经济发展带和畜牧业经济发展带的大部分，构成一个完整独立的经济体系。

长城是为维护阶级统治、保卫中央政权而存在的一种军事防御手段，起到了保护统治政权、阻止外来势力侵扰的重要作用。它构成了完备的军事防御体系，同时也交织着民族矛盾和军事斗争。

长城沿线的少数民族，如匈奴、氐、羌、鲜卑、突厥、契丹、女真、蒙古族等反复聚集在长城沿线一带，逐鹿中原，形成古代民族发展的一个又一个高峰，进行一次次民族融合，在融合的过程中，一些民族实体消失，又一些新的民族实体诞生，构成长城带状文化下的当代民族多元一体格局。

因此，在特定的历史条件下，有着相似地理单位的文化区域、文化类型、文化特点和文化模式形成一定意义上的带状文化，早期的长城带状文化就是这样形成的。

**（五）长城文化带资源构成**

在北京北部燕山山脉和西部太行山山脉构成的大尺度自然地理单元里，长城沿线区域在历史积淀过程中形成了以长城文化遗产资源为价值主体，长城文化遗产、生态景观价值、民俗文化价值三类要素共存，并与区域经济、景观环境、民俗文化、旅游开发、新农村建设等资源整合，建立起各要素相互依存、相互融合的稳定结构和发展趋势，在区域经济协同发展的框架下，由单一到整体、由低级到高级的立体空间架构。

## 四、长城文化带现存问题分析

三个文化带发展战略方向已经明确，但如何实施操作还处于不断探索阶段，现就长城文化带管理目前存在的问题浅析如下。

**（一）政策法规尚需不断健全**

长城文化带内各类资源的管理涉及文物、建设、国土资源、林业、农业、水利等6个部门，各类资源的管控应符合国家及北京市各项法规及部门管理规章。

涉及长城遗产及长城文化资源中的文物资源管理，须按照《中华人民共和国文物保护法》《中华人民共和国文物保护法实施条例》《长城保护条例》《北京市文物保护管理条例》《北京市长城保护管理办法（2018年修订版）》等实施管控。其中，八达岭作为世界遗产，还须按照《世界文化遗产保护管理办法》和《中国世界文化遗产监测巡视管理办法》实施管控。2016年，北京市"十三五规划"将"北部长城文化带保护利用"作为重点任务之一，明确了责任主体，研究了实施路径和具体措施。相关法规制度虽已明确，但是缺少针对长城文化带的专项规划。目前，由市文物局牵头编制的《北京市长城保护规划》已经上报国家文物局审批；《北京市长城文化带保护发展规划（2018—2035）》已经上报北京市推进全国文化中心建设领导小组办公室审议；《北京市长城文化带五年行动计划（2018—2022）》正在编制中。

**（二）多头管理导致保护管理效力削弱**

中国作为自然和文化遗产大国，设立了多种类型的保护地，包括自然保护区、全国重点文物保护单位、风景名胜区、国家地质公园、森林公园等。但由于这些保护地归属不同的部门、不同的属地管理，条块分割、一地多牌的问题突出，造成保护管理的效力低下。由于管理权限不统一，造成文化遗产之间很难形成合力。各种遗产保护规划存在相互重合的区域、相互矛盾的划分，协调统筹好彼此之间的关系难度仍然很大。

北京长城现约有20%以长城中心线作为北京市与天津市、河北省的行政区划边界，跨界共同管理的具体工作还有待进一步落实。同时，北京长城的保护管理现主要由各区文物行政管理部门负责，由于复杂的管理权限、使用权归属和部门间事权划分等问题，市、区、乡镇间协调和部门间协调难度较高。

**（三）长城抢险修缮形势紧迫**

长城文化带保护发展应遵循文化遗产保护与生态涵养并重原则，紧紧围绕长城本体保护为重点来打造。过去由于对长城整体保存情况掌握不足，保护工程多以开放景区的抢险加固和重点修缮为主，通过2006—2012年的长城资源调查，已初步摸清家底，但也发现大量长城点（段）结构安全性不足以抵御自然风雨侵蚀，有坍塌风险，近几年也不断出现各种险情。因此，现行的长城修缮理念为"先救命、后治病"。但是长城保护是一项系统性工程，涉及理念、政策、资金、技术等诸多方面，任何方面的工作缺失都可能影响长城的整体保护效果。目前，在保护技术、标准定额、遗产监测、保护队伍、基础研究等方面还处于起步阶段，政策支持、资金投入及公众参与等方面仍有较大改善和提升空间。

**（四）文化遗产的保护和利用水平不高**

传承长城文化及长城遗产展示方式和手段等措施不多，文化内涵挖掘不深，文物资源利用率不高，文化惠民基础比较薄弱。长城文化带区域内现代公共文化服务体系尚不完善，长城遗产的价值尚需系统性、全面性的论述和提升。同时，长城文化带所处区域多为生态涵养区和文物保护区，建设开发受到很大限制，可供广大民众和游人休闲游憩功能的近郊绿色文化空间甚少，配套设施相对匮乏。文化产品和服务性生产经营活动也受到限制，这也在一定程度上限制了文化产业的发展。

**（五）创新管理模式尚需探索**

目前，长城主要由各区及文物部门管理，市级层面的统筹相对薄弱，协同管理力度有待加强，涉及文物保护、生态涵养、新农村建设、旅游开发等各方面的政策衔接不足，无法形成合力。同时，北京市长城现有20%以长城中心线作为京津冀行政区划边界，跨界共同管理的很多具体工作还有待进一步落实。

## 五、长城文化带保护发展的几点建议

**（一）落实责任，完善管理体制**

长城文化带建设涉及六个行政区和多个权责单位，落实好责任主体是至关重要的环节，明确主体、明确工作分工和发展规划，才能确保长城文化带整体风貌保护与文脉传承。

目前，为加强对包括长城文化带在内的"三个文化带"建设的统筹协调，市级层面成立了北京市推进全国文化中心建设领导小组，明确长城文化带建设组牵头单位为北京市文物局，制定《北京市长城文化带保护发展规划（2018—2035）》，同时与北京城市总体规划、长城总体保护规划等加强衔接，实现"多规合一"。

各区已经明确本区长城文化带建设工作组牵头单位，切实履行好主体责任，把各项工作落实到位，积极推进本区长城文化带建设工作。同时，长城本体的保护责任制也得到落实，长城沿线的镇、村都是长城保护的责任单位，健全长城管护队伍和专职"长城保护员"长效机制。

**（二）摸清家底，挖掘文化内涵**

积极探索建立长城文化带数据库，实行统一管理、动态更新，深入挖掘与长城相关的历史故事、民间传说、诗词歌赋等文化资源，通过整体标识设计、举办主题展览、编创大型实景演出、开展文化节等多种方式展示长城的文化内涵，提升整体文化价值。相关产业发展应整合资源、组团开发，主要是以交通基础设施和服务设施完善为突破口，发展高端旅游服务业，按照"长城+"的模式，推动形成司马台—古北口、慕田峪—箭扣—黄花城、红石门—将军关等多个长城旅游团组，提升沿线区域经济社会发展水平。打造长城文化创新创意示范中心，连接文化创意产业的现代化发展，成为长城文化带建设的有机组成部分。

**（三）阐述长城价值，提升长城展示水平**

长城作为大型线性遗产，有其独特的历史内涵和价值体系，北京市各段长城的开放展示缺乏有机联系，未能充分展示长城遗产的整体价值和分段特征。应推动建立长城整体的价值阐释体系，推进延庆区"中国长城博物馆"建设工作，明确北京市现有的长城博物馆及陈列馆定位及展示方式，解决博物馆内容展示相对单一等问题。

**（四）促进京津冀三地协调发展**

天津长城位于天津市蓟州区北部山区，全长40.28公里，与平谷红石门长城相连；河北长城总长度2437.16公里，与密云、昌平、延庆等区相连。北京主动对接京津冀协同发展战略，做好京津冀三地长城文物保护规划的衔接，共同制订辖区范围内长城的整体保护计划，积极探索研究开放段长城管理保护的标准、机制等问题。2016年3月，三地共同签署了《京津冀文物执法协作体框架协议》，在协议指导下，北京与天津、河北两地开展长城安全联合执法工作，共同推进京津冀三地长城文化带保护利用工作和三地历史文化遗产整体保护工作。

**（五）充分发挥长城文化带带动作用**

长城在人类文明史上具有突出的普遍价值，具有见证历史、弘扬传统的重要功能，可成为公众认识和理解中华民族文明和文化特征的重要基地，对于增强民族凝聚力、提高民族自信心具有重要的现实意义，其对北京北部山区社会、文化、经济的整体带动作用应进一步发挥。

# 六、结语

当今北京，文化已不仅仅是推动历史发展的软实力，更是推动社会经济发展的硬支撑。推进北京全国文化中心建设，要以新的发展理念推进长城文化带建设，它不仅仅是一个区域概念，更是文物保护利用、文化经济驱动、区域协同发展的一种新理念和新模式。北京市长城文化带建设的核心是长城遗址的保护，由长城各点（段）的抢险修缮串连起整个长城一线，形成带状保护，由"带"带动"面"的发展，建设的关键是带动区域经济发展，成为带动北京市经济、文化发展的新引擎，成为北京市构建和谐宜居之都的新动力。

（作者单位：北京市文物局、北京师范大学附属实验中学）

# 全力打造中国长城的"金名片"

## ——北京长城文化带延庆段的保护与建设

张宝秀　范学新

2017年6月19日，北京市委书记蔡奇在市第十二次党代会上所做报告《更加紧密团结在以习近平同志为核心的党中央周围　为建设国际一流的和谐宜居之都而努力奋斗》中指出，要传承保护好北京的历史文脉，推进全国文化中心建设，构建涵盖老城、中心城区、市域和京津冀的历史文化名城保护体系，统筹长城文化带、大运河文化带、西山永定河文化带建设，精心保护好世界遗产，凸显北京历史文化的整体价值，强化"首都风范、古都风韵、时代风貌"的城市特色。

北京三个文化带的保护利用，最早是在2015年11月25日中国共产党北京市第十一届委员会第八次全体会议通过的《中共北京市委关于制定北京市国民经济和社会发展第十三个五年规划的建议》中提出的。2016年3月发布的《北京市国民经济和社会发展第十三个五年规划纲要》，提出要保护好北京历史文化名城这张中华文明的"金名片"，系统梳理历史文化资源，在加强旧城保护的基础上，实施好历史文化名城整体保护，推进区域文化遗产连片、成线保护利用，挖掘区域文化遗产整体价值，制定实施北部长城文化带、东部运河文化带、西部西山文化带保护利用规划。北京市第十二次党代会报告中，三个文化带进一步丰富，并被提升为长城文化带、大运河文化带、西山永定河文化带。

为了深入学习贯彻习近平总书记两次视察北京的重要讲话精神，落实市第十二次党代会精神，北京市成立了推进全国文化中心建设领导小组，并于2017年8月18日召开了第一次会议，明确了建设全国文化中心将重点抓好"一核一城三带两区"，即以培育和弘扬社会主义核心价值观为引领，以老城区、大运河文化带、长城文化带、西山永定河文化带为主要抓手和空间承载区，推动公共文化服务体系示范区和文化创意产业引领区建设。

## 一、深刻领会北京长城文化带提出的背景、目的和意义

北京市经济社会发展"十三五"规划纲要提出制定实施三个文化带保护利用规划，主要目的是加强北京历史文化名城保护体系的整体设计，推进区域文化遗产连片、成线保护利用，系统梳理历史文化资源，挖掘区域文化遗产整体价值，保护好北京历史文化名城这张中华文明的"金名片"。北京市将在三个文化带所涉及区域的自然和文化遗产保护、周边环境整治和生态环境建设、基础设施改善、文化创意产业发展、特色小镇建设等方面加大资金投入和政策支持，促进北京历史文化整体价值的凸显和区域生态价值的提升，推动强区富民，实现服务首都功能和持续发展目标。

长城、大运河、西山永定河三个文化带，共同作为北京城周围的辅助性、服

务性区域，环抱京城，控扼冲要，是在北京城市诞生、发展及其地位不断提升和民族文化融合不断深入的历史过程中逐步形成和发展的，与北京城关系密切，不可分割。三个文化带是北京历史文化名城的有机组成部分，对其保护、传承、利用的提出具有十分重要的战略意义，是传承保护好北京历史文脉、推进全国文化中心建设的有力抓手，是落实好首都全国政治中心、文化中心、国际交往中心、科技创新中心城市战略定位和履行好首都职责的需要，是凸显北京历史文化的整体价值、强化"首都风范、古都风韵、时代风貌"的城市特色、助推京津冀协同发展的需要，更是树立中华民族伟大复兴良好文化形象、增强文化自信的需要。

中国的万里长城是人类文明史上最伟大的建筑工程之一，如今已成为中华民族的精神象征，具有深刻的文化内涵和很高的文化价值。长城文化带是三个文化带的重要组成部分，是北京市推进全国文化中心建设和落实京津冀协同发展国家重大战略的重要空间载体和文化纽带之一。保护和建设好长城文化带，有利于为北京全国文化中心建设注入鲜活的文化内涵，为实现中华民族伟大复兴的中国梦打通历史文脉、奠定文化底蕴、提供精神动力，为北京国际一流和谐宜居之都建设添加亮丽的长城画卷。

## 二、充分认识延庆段长城在北京长城文化带中的地位和价值

文化带，即带状文化区，是具有共同生态文化基础和历史文化属性的带状空间单元。文化带是一类地域综合体，在生态、历史、文化、经济、社会、政治等方面具有独特的统一体功能。文化带形式有利于区域文化遗产连片、成线保护利用。

北京长城文化带是以北京地区长城为依托，以长城精神为纽带，融合自然生态要素和社会经济文化要素，传承历史、创造未来的带状文化区，是一个整体性的文化地域综合体。北京长城文化带行政区包括延庆、昌平、怀柔、密云、平谷和门头沟的全部或部分地区。

1. 延庆段长城是北京长城中最经典的段落。延庆北连朔漠，南扼居庸，地处京师畿辅要地，西控京师北大门，自古为兵家必争之地。古代著名的"太行八陉"中的"军都陉"就指的是经居庸关通往延庆的关沟古道，是古代北京通往西北的最重要的交通要道。延庆一直是中原汉民族与北方民族相互冲突、融合的过渡地区。延庆自古就是北方民族活跃的区域，比如东周时期的山戎部族，两汉时期的乌桓、鲜卑，辽金元时期的契丹、女真、蒙古等都曾在此生息繁衍。尤其是辽、金、元三朝，延庆是三朝皇帝四时捺钵巡幸、驻跸之地。元代，延庆作为"腹里"之地，其政治地位得到前所未有的提高，境内建有香水园、瓮山、流杯池行殿、车坊官园等皇家园囿。因元仁宗皇帝生于延庆香水园，其即位后于延祐三年（1316）升缙山县为龙庆州。明王朝建立后，为了防御北元的残余势力和其他游牧民族的侵扰，先后在明朝的北部防线设置了九个军事重镇，称为"九边"或"九镇"。明嘉靖年间，为加强京城的防务和保护帝陵（明十三陵）的需要，又在北京西北从蓟镇中分设了昌镇、在北京西南分设了真保镇，共计为十一镇，合称为"九边十一镇"。延庆地处蓟镇、昌镇、宣镇三镇接合部，在境内修筑了多道长城，形成了一个纵深严密的防御体系。其中关沟古道沿线以八达岭为代表的长城段落修筑得最为高大坚固，质量最好，成为长城建筑中的经典之作。

2. 延庆段长城是国际交往窗口。众所周知，延庆境内的八达岭长城是中华人民共和国成立后最早进行修缮和对外开放的长城段落。从开放至今，已累计接待中外游客逾2亿人次，年接待游客近850万人次，累计接待世界各国元首、政府首脑

513位，部长级以上官员8000多位，是世界国宾接待第一景区，成为中国重要的国际政务接待平台和国际交往窗口。八达岭长城曾代表中国长城接受了联合国教科文组织颁发的世界文化遗产证书，接受了"世界新七大奇迹"的证书，成为中国长城的形象代表。

3.延庆段长城为两项世界级盛会提供文化支撑。2019年将在延庆举办中国北京世界园艺博览会，2022年北京和张家口将联合举办第24届冬季奥运会，延庆将作为重要赛事举办地。这两件世界级盛事使延庆成为全世界瞩目的地方。"长城脚下的世园会"和"长城脚下的冬奥会"成为办园和办会的宣传语和理念。目前，延庆区正全力以赴地投入到世园会和冬奥会的建设当中。将长城文化引入世园、冬奥，在场馆和赛区周边营造长城文化氛围，在展会和赛事期间开展一系列具有浓郁地方特色和长城文化特色的文化展览展示和演出，向世人展示延庆深厚的文化底蕴和丰富内涵，长城文化将成为不可或缺的要素。

4.延庆段长城是京津冀协同发展的重要纽带。在京津冀协调发展、京张两地共同举办2022年冬奥会的大背景下，北京市第十二次党代会提出了共建"京张文化体育旅游带"的构想。京张两地"地缘相接、人缘相亲，地域一体、文化一脉"，延庆地域文化与张家口地区一脉相承，尤其是长城文化，延庆地跨明代"九边十一镇"中的宣镇和昌镇，与张家口长城体系相连，长城文化相近，具有很多共同特征，在长城保护、研究、利用等方面有着广阔的合作空间。北京长城文化带延庆段尤其是八达岭长城及附近位于昌平境内的居庸关、南口是北京长城的精华所在，具有很高的遗产价值，"居庸之险，不在关城，而在八达岭"，这里的长城扼控京师西北咽喉，历史上是华北平原、东北平原、内蒙古高原民族交往、文化融合的纽带，是发挥军事防御、贸易往来、文化交流、民族融合作用最充分的地段，在北京地区历史最悠久、体系最复杂、遗存最丰富，集中保存着历史上长城军事防御体系和民族贸易往来最为宝贵的文化遗产资源，将在京津冀协同发展、京张文化体育旅游带建设过程中发挥更加重要的桥梁和纽带作用。

综上所述，无论从长城历史价值、长城的知名度来看，还是从面临举办世园会和冬奥会，以及京津冀协同发展来看，延庆都处于北京长城文化带建设的关键节点，应该在长城文化带建设中发挥龙头引领作用。延庆长城文化是北京历史文化名城的有机组成部分，是京津冀协同发展的重要空间载体和文化纽带，承载着天人合一、国家一统、民族融合、厚德包容的文化内涵，集中体现着中华民族政治国脉、历史文脉、生态山脉、经贸动脉、社会人脉"五位一体"的长城文化价值。

## 三、清晰确定延庆长城文化带建设的定位与目标

党的十九大报告中，再次强调"文化是一个国家、一个民族的灵魂。文化兴国运兴，文化强民族强。没有高度的文化自信，没有文化的繁荣兴盛，就没有中华民族伟大复兴。要坚持中国特色社会主义文化发展道路，激发全民族文化创新创造活力，建设社会主义文化强国"。延庆作为首都北京的一部分，在全国文化中心建设过程中，更是要紧紧抓住长城文化带建设的历史机遇，找准目标和定位，在长城保护、内涵挖掘、文化传承等方面寻求突破，打造中国长城的"金名片"。

延庆处于北京长城文化带和京张文化体育旅游带的重要历史地理节点，在北京长城文化带建设的大格局中，具有"贯通南北、横跨东西、俯仰古今、传承未来"的桥梁和纽带作用。因此，延庆应该围绕"一路、两园、三带、五城、多点"的发展思路将长城文化带建设向纵深发展，成

为北京长城文化带建设的枢纽。"一路"是指依托现有的公路路网和正在建设的南山环线、昌赤路等，建设围绕长城沿线的慢行交通系统。"两园"指北京长城国家公园和大庄科冶铁遗址公园，重点围绕八达岭、大庄科冶铁遗址和长城文物保护、长城生态环境保护，推进国家公园体制和大遗址公园建设。"三带"指石峡—帮水峪沟域经济带、以大庄科"后七村"为核心的红色旅游带、九眼楼长城观光体验带。"五城"指做好榆林堡城、岔道城、柳沟城、永宁城、周四沟城的保护与利用。"多点"指做好长城沿线的小张家口、三司、营城、香屯、大观头、营盘、东边等传统村落文化挖掘、长城遗迹保护工作，逐步将延庆长城文化带建设成为覆盖全区的长城生态保护带、长城经济带和长城旅游带。

力争通过五年的不懈努力，对八达岭、柳沟、九眼楼等重要的长城段落和谷家营烽火台、下阪泉烽火台等长城附属文物进行保护修缮，使延庆长城体系的重要遗存得到有效保护。通过打造有国际影响的长城文化论坛、编排长城文化题材文艺作品等品牌活动，使延庆长城文化得到深入挖掘和弘扬。通过实施浅山区扩大绿色空间绿化工程和对直接与长城相连的40多个村庄进行环境提升，建设美丽乡村，使长城沿线的生态环境质量得到进一步提升。通过打造八达岭长城文化创意产业平台、京张铁路文化园、九眼楼长城文化景区等，使以长城文化为依托的产业获得良性发展。

## 四、科学选择延庆长城文化带建设的路径与措施

为了有序推进"一路、两园、三带、五城、多点"的长城文化带建设，我们提出具体保护和建设路径、措施建议如下：

第一，提高认识，深化理解。延庆区各层面、各方面相关人士都需要提高认识，全面跟进、主动融入北京长城文化带的保护和利用工作中，尤其是需要加强干部、公务员教育和思想动员，撰写《延庆长城文化带》读本等系列出版物，将北京落实"四个中心"战略定位，特别是以长城文化带为重要抓手之一、推进全国文化中心建设的相关内容，作为北京历史文化课程引入区级党校干部培训和公务员培训课程中，加强对长城文化带是首都政治、文化、生态、经济、社会五位一体功能聚合区的认识，深入理解其在首都整体功能发挥和全国文化中心建设中的综合价值、历史地位和发展定位，形成意识，达成共识。同时，加大宣传推广力度，加强群众尤其是学生文化遗产保护和生态文化教育，持续提升公众文化遗产、生态环境保护意识和对长城文化带的情感关注度、实践参与度。面向当地公众和外来游客推出以八达岭为首的延庆长城旅游APP等，利用新媒体技术将系统信息转化为文化资源传播出去，有助于人们熟悉延庆长城，深入了解长城遗产、深刻理解长城文化，并把中华民族的长城精神传承下去。

第二，创新体制，协同发展。注意加强延庆与八达岭长城的关联度，强化公众认知，努力擦亮"延庆八达岭"这张"金名片"，积极协助市级有关部门推进八达岭北京长城国家公园建设试点项目，主动参与相关工作，优先享用升级管理、创新体制、理顺机制、创新投融资模式和绿色发展激励约束机制等国家（文化）公园建设经验，下一步争取首先将长城国家公园范围和管理体制拓展到整个延庆区长城范围，进而拓展到整个北京长城文化带范围，协调各方、形成合力，推动构建成片连线的长城文化遗产保护和传承利用体系。延庆应率先树立北京全市及京津冀长城文化带协同保护理念，带头推动建立北京长城文化带保护与利用联盟，成立北京长城文化发展研究院，将联盟秘书处设在研究院，积极主动协助北京市有关部门把北京长城文化带所涵盖六个区的政府部

门、专家资源、企业力量、社会志愿者汇聚到一个平台上，积极推动文化带的真正形成，组织开展长城文化带联合调研，在长城保护员和志愿者的帮助下保持统一信息系统数据的动态更新，定期举办"长城文化学术沙龙"，深入开展长城文化挖掘研究，出版长城研究专著和普及读物，举办长城文化展览，创编一批以长城文化、京张文化为主题的文艺作品，组织以长城为主题的文化演出，拍摄以长城为主题的专题片，举办以长城文化为主题的京张书画"笔会"和展览等，营造北京及京张长城文化圈，积极为北京长城文化带整体及京津冀协同保护与建设做出贡献，为延庆—张家口长城文化带、整个京津冀长城文化带协同发展及整个万里长城的保护利用起到示范和引领作用。

第三，统筹规划，落到实处。抓住北京2019年举办世界园艺博览会和2022年举办冬奥会延庆主场的历史机遇，做好长城文化带保护与建设的顶层设计，编制高水平的《北京长城文化带延庆段保护与建设规划》和《北京长城文化带延庆段保护与建设五年行动计划》，做好年度工作安排，注意与国务院已经批复的《北京城市总体规划（2016年—2035年）》《北京长城文化带保护与建设规划》《北京长城文化带保护与建设五年行动计划》的有机衔接，并注意与张家口地区联动，坚持遗产保护和资源开发统筹规划，环境整治、文化设施建设、基础设施完善升级和文化产业发展相结合，与世园会和冬奥会需要相结合，整体推进，城镇、乡村等建设均需服从长城文化带国家公园整体建设规划。切实将规划落到实处，发挥好长城文化带的生态功能和文化功能，为首都北京建设全国文化中心做贡献，以首都国家公园管理体制为抓手，以推动区域整体发展惠及百姓为中心，以推进文化遗产保护与活化为重点，以发展旅游休闲产业为主线，积极打造长城生态文化休闲新区，引导北部地区转型发展，提升区域竞争力。

第四，保护遗产，传承文脉。坚持"保护为主、抢救第一、合理利用、加强管理"的文物保护方针，加大延庆地区长城体系的保护力度，处理好整体保护与重点保护之间的关系，提升部分重要物质和非物质文化遗产的级别，提高保护标准，为传承保护好北京历史文脉、推进全国文化中心建设做出贡献。围绕世园会和冬奥会筹办工作，加快推进石峡关长城、西拨子土边墙等长城本体的保护项目，对马营城遗址及其附近烽火台遗址、下阪泉烽火台等长城附属文物进行保护修缮。做好长城沿线古村落、古民居保护试点工程。在完成《延庆区古村落总体保护利用规划》的基础上，在长城沿线选取有代表性的古村落或民居进行深化设计和试点修缮。同时，加快长城沿线景观提升工程和生态环境修复，加强市政市容、交通组织、旅游集散等方面的整治措施，解决长城文化带沿线文物景观周边违章建设，保持长城内外优良的生态环境和人文环境。同时，注意保护近代工业文化遗产，打造京张铁路文化高地，依托现有詹天佑纪念馆建设京张高铁展览馆，充分发挥康庄站历史悠久、文化深厚、空间充足的优势，借助"开往春天的列车"的知名度，建设中国铁路博览园和铁路文化带。

第五，活化利用，发展产业。在有力保护长城遗产的基础上，深度活化、充分利用长城文化带延庆段丰富的文化遗产资源，有计划地将更多长城段落向游客开放。以文化创意产业为支撑，重点发展文化经济，建设内部设施现代化的特色旅游小镇和乡村，将文化遗产保护与利用、传统村落保护与发展、区域生态环境修复与涵养、首都市民休闲度假区建设、旅游开发、京郊经济发展、民生条件改善、强区富民等工作有机结合起来，实现区域统筹发展和产业转型升级。在建设国家公园体系和打造有世界影响力文化景观思路的指导下，强化长城资源要素的空间联系，以八达岭为核心统筹设计北京及延庆—张家口长城文化带主题旅游活动，在京津冀三地及国内外联合开展精品段营销、推广活动，构建长城防御体系、抗战遗迹、名人足迹、特色村镇民俗文化等各类专题旅游线路和特色休闲度假片区，分不同地段，设计各有侧重的主题，线上线下相结合，并与休闲健身、体育赛事等项目相结合，挖掘文化，传承文脉，促进保护与发展同步。还可选择适当地点设计长城大型实景演出节目。建设八达岭长城文化创意产业平台，建立延庆长城文化发展基金，广泛吸收社会资金参与长城文化带建设，鼓励延庆长城文化创意产品开发，资助长城文化研究成果转化，奖励保护长城有功的人员或组织，扶持青年创业人员或小微企业在长城创意文化方面的创业等，同时建设长城文化创意展示区，打造文化创意产业平台，进而提升长城文化内涵和核心竞争力。开发以长城文化为特色的文创旅游纪念品，建立特色旅游商品的研发、推广和销售体系。

第六，整治环境，建设设施。以长城沿线及周边环境综合治理、特色乡村环境提升和交通廊道环境景观治理等为重点，积极争取北京市长城文化带保护与建设资金的投入，突出重点，统筹规划，整体推进，加大环境整治和生态景观保护、修复、美化力度，改善卫生条件，完善旅游环境，实现绿色发展，提升绿色福利，推广典型示范区，创建生态文明教育基地，发挥生态建设示范和生态辐射效应。同时，以长城文化带保护与建设为契机，大力提高区域市政基础设施配套支持能力，引入智慧城市设施，率先实现数字化管理，统一规划、统筹建设，加快基础设施建设进度，将北京长城文化带延庆段建设成智慧文化带、绿色文化带的示范区和引领区。当然，基础设施的修建和完善，需要进行深入研究和科学设计，不能破坏长城景观和生态环境。与改善民生工程相结合，构建长城文化带旅游交通网络，建设快速交通工程，打造综合交通枢纽和交通旅游节点，完善长城体系自驾游线路和山地自行车行驶线路，提高路网通行能力，同时建设绿色游览步道和景区微循环交通，提高可进入性。统筹布局、加大力度建设食宿接待、信息网络设施等基础设施，增强可驻留性。以国际标准、世界眼光提升中国长城博物馆建设等级和水平，丰富文化内涵，引进生态博物馆理念，将其打造成国际一流的长城展示、学术研究、文化交流中心。

（作者单位：北京联合大学应用文理学院、延庆区文化委员会）

# 流淌的乡愁

## ——妫川风情

赵万里

延庆地处华北北部，居庸关—八达岭外，历史上是草原文化与中原文化冲突、融合之地，是西北草原通往中原的便捷通道和军事屏障。自明初以来，随着北方多地居民向延庆的迁徙和聚居，在延庆形成了包容、广泛、具有独特地方特色的传统文化，这种文化涵盖百姓日常生活的各个方面。长久以来，这种独具地方特色、有别于他地的文化现象，被称为妫川文化。

## 一、多彩的民间花会艺术

民间花会，延庆人称之为"玩意儿"，民间花会表演，被称为"玩儿玩意儿"。

延庆地方的民间花会历史悠久，明嘉靖《隆庆志》就有元宵节"张灯置会"的记载。清代和民国期间延庆花会不下百档，其中高跷、狮子、龙灯、竹马、旱船、老秧歌最具代表性，除此之外，还有小车、跑驴、老汉背妻、怕老婆顶灯等。

传统上，延庆的花会表演刚柔相济，贴近俗俚。按种类特点区分，有的追求惟妙惟肖，有的追求铿锵热烈。按人物形象界定，男演员追求火爆，表演夸张幽默；女演员追求俊俏，动作惟妙惟肖。延庆传统花会表演，突出的特点就是"逗"，演员和演员逗，演员和观众逗，有时观众还和演员逗。在逗趣中形成互动，在逗趣中产生共鸣。

有的民间花会，不是简单呈现程式化的表演，还有故事，有情节，有人物，一档花会就是半台戏。如老秧歌，表现的是唐代武则天排斥异己，把一个李姓太子驱逐出宫，太子和一帮朝臣、宫女、太监一路艰辛来到永宁寒食屯的故事，所表现内容就是这些人沿途奔波的情景。再如竹马，演绎的是"昭君出塞"的故事，人物扮相有宫女、太监、兵俑和车马等。还有旱船，表现的是梁红玉抗金兵的故事，等等。好的艺人可以把人物演绎得惟妙惟肖。延庆的旱船和竹马，被收入北京市级非物质文化遗产名录。

延庆的民间花会组织一般以村为单位。一般花会叫"会"，或叫"老会"，会的组织者和领导人被称为"会头"。民间花会的参与者主要有两部分人构成，一是演员，二是乐队。由于花会表演都是程式化的简单动作，对演员来讲，表演激情比表演水平的要求似乎更高，这就更能吸引群众的广泛参与。

延庆的民间花会一般在三种情况下演出，一是农历正月里，二是庙会期间，三是庆典或开业仪式上，但以正月里的活动最为普遍和活跃，持续时间也长。在旧时的很多乡村，从正月初一到正月十六，每天都有"玩意儿"，但"玩儿玩意儿"的高潮是在元宵节的晚上。按照延庆的习俗，正月里的"玩意儿"大致可分为两个阶段，正月十三前为花会拜年时间，正月十四至十六三天为集中展演时间。

正月里花会拜年，主要是在本村拜

年，也可到邻村"团拜"。拜年或"团拜"，都是在会头带领下单独完成的。在"玩儿玩意儿"之前，先由会头本人或委派代表到所拜的家庭或单位下帖。"帖"类似演出通知单；在得到被拜访者允许的情况下，"玩意儿"才能去"玩儿"。

花会拜年时，被拜访者要摆桌设茶，经济条件好的甚至还要提供糕点。一般"玩意儿""玩儿"过后，被拜访者要向拜年的花会队伍赠送实物或金钱作为酬谢。

民间花会，不像戏剧那样场场有新意、幕幕各不同。民间花会的乐曲演奏和表演套路都比较简单，只要是健康人，有热情，就可以参与。而观众们在意的似乎也不是演员们的表演技巧，更多的是看人头、凑热闹。尽管如此，观众的热情依然高涨。一般"玩意儿"从早上出场到晚上收摊，总有成百上千的人紧随其后，往往是走动时一条人龙，表演时一片人海。

在延庆旧志中有"村中百姓对各种会档的支持直接影响地方，官给赏赐，绅士名流不甘落后，沿街大小买卖铺店都有茶水、礼品"的记述。

正月十四前，各村的"玩意儿"迎来送往，为元宵节城镇"玩意儿"大集会做好准备和铺垫。大规模的花会表演集中于元宵节前后三天。正月十四叫"踩街"，正月十五叫"闹元宵"，正月十六的夜晚叫"熬蜡头"。从锣鼓家伙为主的音乐，到火爆热烈的表演，再到沸腾的围观观众，场面突出的就是一个"闹"字。表演的"逗"和场面的"闹"，是千百年来"玩意儿"生存的生命力所在。

旧时元宵节的夜晚，灯会和"玩意儿"构成了延庆民间社火表演的主要形式。每到元宵节夜晚，家家挂灯笼，城镇布街灯，孩子提灯笼，"玩意儿"艺人更是人手一盏灯，小车、旱船等道具上张灯结彩，城镇乡村到处是一片灯的海洋。平时在田间劳作的农民，穿上彩衣彩裤，扮上头饰脸谱，在烛光下"混上灯影子"，脸上皱纹里的泥抹平了，脖子上的皱不见了，草鸡变成了凤凰，满街的耀眼和热闹，使人精神振奋，对生活充满信心！

元宵节社火活动要设一名灯官儿，是灯会和花会活动的总负责人，专司社火活动的筹备和实施工作。社火期间，灯官一上任，"诸神退位"，就连职官也成了看客。

明朝初年建设延庆城和永宁城时，在延庆和永宁城的中心位置分设玉皇阁，是城市的最高建筑物。玉皇阁，延庆人称为"阁儿"，作为旧时城市的景观和辅助设施，主要起到兼顾城市地标性建筑物的作用，还具有观察火情、匪情，观赏城市景观，发布开集开市等功能，另外还是中秋节赏月，元宵节观赏灯会、社火的重要设施。

延庆城、永宁城玉皇阁，分设四孔，通过十字街直达城的四门。宽敞的街道，除了满足城市交通的需要外，也是元宵节"玩儿玩意儿"的场所。旧时，每到元宵夜，延、永两城的地方职官，便邀请相邻地区职官、本地豪绅或地方名士，到玉皇阁上观灯、观赏社火。可以想象，在那鼓乐喧天、人声鼎沸、灯火辉煌的十字长街上，在流光溢彩的灯光里，在铿锵乐器的伴奏下，在人山人海的喝彩中，正进行着一场万人空巷的节日狂欢。那真是一幅美丽壮观的民俗画卷！

## 二、独特的地方饮食

延庆地处华北北部，地势较高，冬冷夏凉，又多处于山区或浅山区，历史上延庆地区的农作物多以高粱、谷子及豆类杂粮为主，不种植冬小麦，与华北其他地区相比，玉米引种也较晚。任何地区的饮食都和其农作物种植史及地方人类史相关，延庆也不例外。特殊的地理、气候环境和人员构成，形成了具有本地区特色的饮食文化，这种文化也是妫川文化的重要组成部分。

延庆地区的特色饮食，主要由三部分构成：一是以杂粮为原料的地方"土著"饭食，二是以小麦粉为原料的地方特色食品，三是以本地农作物为原料，引用域外烹饪方式的饮食。

以杂粮为原料的地方"土著"饭食，是延庆地方饮食的主流，这类饮食数量多，且烹饪方式独特，是延庆地方饮食的代表。"傀儡（kuī lei）"、水饭、杏仁粥、血夹菜、凉粉鱼儿等，从这些饮食的名称中就可以看出它们的独特性。

"傀儡"以高粱面、玉米面、莜麦面等为原料，配以土豆、白菜等北方大路蔬菜，加适量的水和盐一锅蒸（烩）熟，成熟后加锅底油，再用葱花炝锅翻炒，营养综合，色味俱佳。由于它是延庆的"土著"饮食，尚无标准的书写用字，就连口头传承的称谓，也因地域和个人发音习惯的不同而有所变化。第一个字音"傀"，发音基本统一，但无表达本义的汉字；第二个字，亦没有表示的汉字，且有"里"（lǐ）、"拎"（lìn）、"垒"（lěi）、"累"（lèi）、"列"（liè）、"律"（lǜ）等多种发音或轻音变化。"傀儡"是主食、蔬菜加盐一锅烩的饭食，制作省时省力，以前还被延庆人称为"光棍饭"。过去人们生活拮据，食"傀儡"多为蒸熟即食。其实"傀儡"蒸熟后添油、加热、炝葱花翻炒，这样就有了葱花的香味，比不炝锅味道要好得多。延庆人食"傀儡"讲究配咸菜，外加一盆小米粥或炒米水饭更适口。"傀儡"也称"打魁律"，这里有一个与长城相关的故事。相传"魁律"是明代一个蒙古部族将领。一天，在长城戍边的明朝士兵做好了一种简便、实惠的饭食，准备开饭时魁律领兵来犯，士兵们没来得及开饭就去打魁律。等明朝士兵得胜而归，要吃饭时，可还不知道这种饭食的名称，有人提出叫"打魁律"，大家认为合理，就叫它"打魁律"了。

炒米水饭是延庆人广泛食用的特色饮食，具有饮品效果。每到炎热季节，穿堂过户，总会闻到炒米的芳香。制作炒米水饭，通常用小米与适量黄豆混合炒熟，再放水煮至黄豆、小米熟软适口。水饭既有小米、黄豆的香气，又因原料炒熟不至溶烂，食来清香爽口，是夏秋季节消暑解渴的极佳食品，尤其是晾凉后食用，口感更好。延庆历史上盛产小米和黄豆，原料极为普遍。炒米水饭是他地鲜见的饮食。

杏仁粥是延庆地区一种特色粥食。延庆民间流传"杏仁粥热三遍，白面饺子也不换"的说法，足见百姓对杏仁粥的偏爱。熬制杏仁粥的原料有小米、豆角、土豆、苦杏仁和盐等。米淘净，豆角断段，土豆切条，苦杏仁捣碎、浸泡，去除其中的毒性和苦味，然后添加适量的水进行熬制。关键环节是苦杏仁的发酵与量的掌控。熬制杏仁粥前七八个小时，要将适量的苦杏仁捣碎，用凉水浸泡，并在其间更换几次清水。苦杏仁中含有一种叫氰甙的毒素，入肠道水解后可致人呕吐、头痛、心悸、胸闷，重者可因呼吸麻痹致人死亡。但苦杏仁又有止咳平喘、润肠通便的功效，具有很好的食疗作用。杏仁粥美味可口，又有疗补作用，食后口中香味悠长。

延庆历史上不产冬小麦，但不乏以小麦粉为原料制作的地方特色食品，如火勺、脂油饼等。

火勺是延庆最著名的特色小吃，由半发面的白面制成，通过发面、擀皮、填馅、烙、烤几道程序，最终成为火勺。火勺不仅有油盐花椒的香味，且将油裹在面皮里边，使其不外露、不浪费、不粘黏、好携带。烙和烤两种程序，成就了火勺外焦里嫩、瓤鲜皮脆的特性，能最大限度地保存诱惑味觉的魅力。延庆的火勺不同于其他地区的火烧，一个"勺"字，不仅仅因为用字的独特而成为延庆饮食的标志，主要是和它的形成特点有关。火勺，首先是皮呈勺状，一块滋润的面剂，用火勺槌擀成勺状，再往里填夹花椒盐面馅；其次是烤熟后呈勺状，刚出炉的火勺，由于馅皮分离形成空心，内部的空气受热膨胀，恰似两只对扣的勺头；再就是夹馅食用时呈勺状，延庆人食火勺喜欢往里夹馅，从一侧掰开，使其张开"嘴"，形成勺头状。食用火勺时，可夹肉、鱼、蛋、蔬菜、油饼、豆皮等。火勺的用料及师傅的制作技艺，都有固定程式。制作过程称为"打"。打火勺是门技术，也是艺术，和面、翻烙、烘烤都是手艺活儿。打火勺所使"杂杂槌"乃专用工具，多用枣木制成，半尺长，两头尖、中间宽。巧匠打火勺更讲究，每道工序间歇，都在面案上弹要敲击火勺槌，槌肚发声浑厚、沉实，槌把声音轻逸、脆生，敲击起来抑扬顿挫，煞是好听，以此替代叫卖吆喝，让人觉得火勺的香味儿不是烤出来而是敲出来似的。"打"得好的上品火勺，以手轻摇，内瓤碰外皮能有响动；掰开火勺，"瓤"能"跳"出来，散发出清新的椒盐味儿。

相传，火勺是当年修筑长城时人们发明和食用的食品，一直流传至今日，在延庆落地生根，成为人们日常食用的饭食和外出远行携带的干粮。

用小麦粉制作的食品，最奢侈的当属脂油饼了，它是延庆特色饮食中的"贵族"。脂油饼做法简单，和制作葱花饼的程序没有什么不同，只是脂油饼制作原料十分挑剔，它做馅的葱花里，要拌入黄豆粒大小的猪板油。猪板油，要求是上等油；如果猪板油的质量差，脂油饼烙熟后，猪油就不能很好地熔化，这样的脂油饼既腻人，口感也逊色。当然更不能把猪的肠油拿来滥竽充数，肠油烙的脂油饼，油不能熔化还在其次，主要是带有一股熘肥肠的味道。脂油饼烙好了，猪板油也基本熔化了，饼里沁透了猪油和葱花的香气，这是脂油饼的妙处。烙好的脂油饼色泽鹅黄，层次分明，清香味美，松嫩爽口，能够充分满足味觉的渴求，是一道人人向往的居家美食。

在延庆的特色饮食中，还有一些是以本地农作物为原料，引用、借鉴域外烹饪方式制作的饮食，如艾糕、火盆锅、八八席等。

艾糕是延庆地方独有的特色小吃。据说艾糕源于东北饮食艾窝窝，名称又引自朝鲜族食品。《辽史·礼志六·嘉仪下》中就有关于"艾糕"的记载，称"艾糕，加艾制成的糕饼"。据称，艾糕是朝鲜人（或朝鲜族）喜欢吃的风味美食。而朝鲜风味的艾糕原料为"白米面、麦面、玉米面等各类谷类面"，延庆艾糕的原料则仅为黄米面。两种艾糕名称相同，口味却相去甚远。延庆人惯做喜吃的艾糕，其原料和做法近似于北京著名小吃驴打滚。驴打滚盛行于两个地区，一是北京，二是承德。两地的驴打滚从原料、做法、形状到口感，同出一辙，都是熟黄米糕擀皮，沾熟黄豆面，卷豆沙馅或红糖。北京和承德，在清代联系紧密。清朝定都北京以后，清政府为了安置满人，"加惠旗人，环京师五百里俱有旗民地"，延庆地区也划出了几块满人居住区，这些满人在落户延庆的同时，也带来了外来文化，其中就包括大量的饮食文化。延庆的艾糕是将黄米面和适量的玉米面发酵，蒸熟成黏糕；黄豆炒熟碾成细面，掺入适量的糖；糕分成适量的小块儿，用手掌将面糕在豆面中反复折叠挤压，最终成为毛头纸装的薄片，再撕成大小不一的碎片，盛入碗中，供人享用。延庆的艾糕黏软不粘，香甜爽口。

延庆的火盆也很知名，且历史悠久，是延庆地区的特色菜肴。火盆锅源于火盆。据说，火盆起源于三国时期，最早流行于黑龙江一带，在过去以土炕取暖的东北、华北、关东和西北的部分地区，每到冬季，火盆便成了家庭取暖的主要设备。火盆由两部分构成，一部分为火盆桌，也就是火盆的外包装；另一部分就是火盆的"胆"，即火盆。火盆有泥质、陶质、铁质、铜质的多种，最常见的是泥质的。火盆在民间有红红火火和幸福、温暖的寓意，在旧习俗中就有新娘子过门迈火盆的环节和闺女出嫁陪嫁火盆的风俗。火盆锅一般为砂锅。火盆的主要燃料是木炭。在过去的延庆农家，常将食火盆锅看作是一顿丰盛的家庭宴席，因为火盆锅的主料除白菜外，还有熏肉、炸豆腐、鲜粉条、炸丸子等，这些都是旧时农家平日不多见的东西。如今延庆最知名的当属柳沟的火盆锅、豆腐宴。柳沟火盆锅基本延续了旧时农家火盆锅的风格。火盆锅具有营养综合、口味醇厚、屡食不厌的特点。特别是熏肉，味道鲜美，肥而不腻。

八八席，据说是当年满族人圈地落户延庆时带入的宴席，是简化了的满汉全席。所谓"八八"，既指菜肴的数量，即八个小碗、八个大碗，也有吉祥、吉顺之意。延庆传统宴席菜肴的品种，是根据地域冬季蔬菜的特点而约定俗成的，并成为一种固定程式。旧时的延庆，由于受自然气候的影响，时令鲜菜品种有限，特别到了冬季，多以储存蔬菜为主，煎炒烹炸各种烹饪方式俱全。由于原料和烹饪手段的原因，制作出的菜肴汤剂较多，因此习惯上就以碗为装菜的器皿。除菜肴的数量和品种有一套程式化的规定外，延庆的宴席在上菜的顺序上也有不成文的规矩。高档次的宴席要先上糕点和茶水，延庆人称之为"抓茶"。茶点撤下后上"压桌"，所谓压桌就是凉菜，也叫凉碟。凉碟一共9个，定为"三干""三鲜""三冷荤"。凉碟上完开始上小碗儿，接着上大碗儿。小碗儿和大碗儿为主菜，上主菜之前要上一碟大咸菜，延庆人称为"菜头"。主菜一般由葫芦条、豆角干、茄皮干、蘑菇、甘蓝、萝卜、白菜、豆腐等和猪肉搭配，以及排骨、鸡、鸭、鱼、鸡蛋等。家庭生活状况好的，也有海参、鱿鱼等海鲜产品。每家宴席菜肴的品种构成虽不同，但宴席的程序和规矩却相同。八八席是延庆传统饮食文化的典型代表。

## 三、独有的方言

延庆方言，由于受特定自然环境和居民构成的影响，在语音上形成了低声慢语、语音厚重平直和轻声、儿化音较多的特点。延庆虽属北京市，但历史上多与张家口地区同属一个行政区划，延庆话与北京及周边河北地区的语言有明显的区别。延庆方言仅限于在现代延庆行政区域内流行和使用，其具体标志是共同将"什么""啥"等疑问词说成"涮儿（shuànr）"。"涮儿"是延庆方言的标志性发音，由于它在日常生活中经常使用，且发音独一无二，已成为延庆话的固有象征。

延庆居民是由三部分构成的，一是最初的移民，主要是明朝永乐年间从山西迁徙来的居民；二是清朝满族人圈地入住延庆的居民；三是后来零散入住的居民。别看好多居民是"零散"入住，可他们是延庆现有居民的绝大多数，但这些"绝大多数"讲的语言也被延庆话所"同化"。延庆方言正是由这些基本来源构成的。

一是山西方言的影响，形成了延庆话发音和用字的基础。我们知道，延庆话在汉语拼音a、o、e、ai、ei、ao、ou、an、en、ang、eng这11个单独发音的韵母上，较汉语普通话多出"n""ng"两个辅音。这正是受了山西方言发音的影响。在用字上，延庆话有极深的山西方言的烙印。例如将"搞不清楚"说成"闹不机密"，这正是从山西方言中过渡来的。再如将鼻涕说成"能（néng）带（dài）"，将大前额说成"奔儿喽"，将恶心说成"各（gè）应（yìng）"，将搅和说成"各（gè）搅"等，还有发音重音前置的特点。如"鸡（jī）蛋（dan）""垃（lā）圾（ji）""苹（píng）果（guo）"等。这种影响是深刻的。二是受东北方言和满语影响。对于东北方言和汉化了的满语，我们很难区别彼此，历史上的延庆人也就囫囵吞枣地应用了很多。如"鹅链"一词，满语意为水的印迹，延庆人也说"鹅链"，且完整地理解了词义。再如裤裆，东北人和延庆人都说"卡巴裆",还有将注意称为"挀(lǔ)忽(hū)",将小声吵吵或说闲话称为"叽咕",将软物散开或事物将成未成称为"秃噜",还有"五脊六兽""扬得二症""匹儿片儿"等等,延庆话和东北方言有着大面积的相似。三是北京方言的影响,如"一筏子""二来来""三青子""四白落地""五方六月"等,它们与北京方言有广泛的相同之处。四是受张家口、赤城、怀来等相邻地区方言的影响。历史上延庆和上述地区长期属于一个行政区划,语言上受其影响也是深刻的。如称耳光为"逼斗",称胡须为"胡菜",称乞丐为"讨吃"等。特别是在日常用语上也有很多契合和默契,如"今儿个""明儿个""后儿个""里头屋""外地下"等。第五种就是延庆人自己发明的"土著"语了。

延庆方言中的"土著",词汇丰富、语言生动、表达细腻、言能尽意,很多"经典"词汇是其他语言中没有的。例如,在汉语普通话中,人们只能从"上下振动"的感受中,找到"颠簸"一词,而颠簸并快乐的感受就无法表达了。而在延庆话中就有这种感受的词汇表达方式,这个词就是"落(luò)彩(cāi)"。再如延庆方言中的"煞(shà)裹(guo)"一词,它是一个专门用于赞誉女性的词,词义是夸奖女人干净、利落(利索)。干净、利落(利索)有两种体现,一种是干活干得好、干得快,干净、利落,另一种是穿着打扮得干净、利落。"煞裹"一词,对女人的这两个方面均可以用于表达。在延庆话中,除赞誉女人的专有名词外,还有专门赞誉小伙子干活干得好、干得快,且肯卖力气的词汇,这个词叫"彪(biāo)"。"彪"在东北方言中是一个纯粹的贬义词,但在这里则是一个纯粹的褒义词。比如说"这小伙子,干活真'彪'"或"这小伙子真'彪'",都是纯粹的赞誉。在延庆话中还有一个和"彪"近义的词,叫"勿(wù)拉(lā)"。但"勿拉"表现的只是人做事时肯卖力气的一面,而没有了效果好的一面,只能说是一个中性词。如说"他干活真'勿拉'",只能说明此人干活肯卖力气,但未必有好的效果。另外,"勿拉"还有出蛮力,把工作环境弄得很乱、很糟的一面等。可见延庆方言表达得细腻。

在延庆方言中,还有大量的四字格成语,使语言更加凝练、准确、妙趣横生。比如延庆人常说"打鼓连槌"一词,其意有两层,一是由于时间紧迫,显得十分匆忙,即打鼓时一槌连着一槌,没有喘息之机;二是比喻带的东西多,显得很累赘,十分拖累,即打鼓时既要带鼓,还要带鼓槌。再如延庆人在贬低一件衣服或一块布料的质地差或颜色不丰富时,会用一个很直观的词,叫"匹差落色"。再比如,延庆话中有一个不够文雅的词,叫"屁股喧天"。从字面意思来讲,应该有两种解释,一是屁股本来是私密处,现在毫无遮掩地露出来了;二是响声才能"喧",在此可理解为"屁声喧天"。无论屁股也好,屁声也罢,总归是私密的,不可告人的东西让人知道了。其注解应为将且闻昭示天下,等等。

除词的应用外,在延庆方言中,还存在着海量的字词变音和变调。仅在动词上,就有如下变音现象。如跑,在延庆话中称为"chě(扯)"。"扯"在汉语字典中有一种解释叫"闲扯",如"不要把话题扯远了"。这里说的是"话"或"话题",并没有"人"什么事儿,但旧时的延庆人硬是把"话题""扯"到"人"身上,变为了"跑"。再如藏,被延庆人称为"tái(抬)",如要说"把东西藏起来",就说成"把东西抬起来"。还有抛、扔、丢、弃等动词,在延庆土语中均被称为"rōu"。"rōu"没有同音汉字,可能是"丢"的变音。还有推,延庆方言中变为"hǎng";抓,在多数情况下被说成"nāo(发'孬'音)"等。

另外,延庆方言中还存在着大量的

后缀词和形容词前缀。后缀词，如表达味觉感受的"酸吧唧儿"，表达视觉感受的"绿巴英儿"，表达听觉感受的"吵巴轰"，表达触觉感受的"苏硌咧"，表达心理感受的"白蔫蔫""白皮硌叽""糊涂六咧""糊涂玛番""愣巴症"等；形容词前缀，如"流光""齁咸""懋甜""煞口儿咸""裂牙儿酸""撒沿儿满"等。

由于延庆地处八达岭长城脚下，境内有170余公里各种形制的长城，因此受长城文化的影响深刻。这种影响体现在方言上，就是以战争名词代替日常用语。如延庆人将揭开谜底、秘密公之于众，叫"揭盖"；将一件事物引起众人强烈反应或激烈争论，叫"炸营"；将小孩子哭闹，叫"闹营"；将一件事情让人闹心、上火，叫"上阵"；将较劲、较真，叫"叫阵"，等等。

各地方言有一个普遍特点，就是重视发音而轻视用字。延庆方言中也存在着大量有音无字的现象。

## 四、延庆的传统住宅建筑

延庆地区现存最古老的住宅建于清代，以后各时期的建筑渐近渐多，明代的建筑已难寻踪迹，但明代奠定了延庆住宅建筑格局的基础，以后的传统住宅建筑，多是参照明代住宅格局建设的。

延庆地区和我国北方大部分地区一样，因受气候、自然地理环境的影响，多以北房为主，且注重冬暖夏凉、排水通畅和居住安全。延庆地处八达岭长城以北，明代经常受北元势力的袭扰，在住宅建筑上，更强调防匪防盗、居住安全。很多村庄、民宅的建筑，都从安全考虑，凸显了防御功能。

先说说村落的建设。延庆的古村落，始建于明永乐年间。最初的村落建设，首先强调的是安全性。据统计，延庆在明代共修建城堡47座。这些城堡可分为三种形制，一是人员密集的城镇建城堡，如延庆城、永宁城。二是修建军事堡垒，允许民宿，军民两用，如柳沟城、四海冶、周四沟城等。三是纯粹的民屯，如双营城、白老屯、米粮屯等。民屯也修建城墙，形成堡垒，有的还有护城河等设施。如白老屯，建村时便开始建城，城墙外有护城河，东西各设城门，城门外有吊桥。每天傍晚，村民们从田里收工回家，便收起吊桥，城门紧闭，以保村人无虞。

除城堡外，延庆的传统民居建筑也十分重视防御和安全。有专家说，"延庆地区的民居，结合了华北地区和晋南建筑的特点，其典型建筑是布局紧凑、格局小巧的四合院"。"布局紧凑、格局小巧的四合院"，只是民居建筑的一般特征，延庆的传统住宅还有防御性的明显特征。

首先，延庆的传统四合院讲究高墙、小门，封闭严实。延庆的四合院，注重四面房屋齐整，"户岔"与屋檐平齐。这样夜晚关上门，一座小院就是一座堡垒。

其次，延庆的传统民宅，讲究生活区与生产区分开，这样就有效地保证了主人居住的安全和生活的私密性。按照延庆标准四合院的布局，住宅除院落外，一定还要有一处后院或跨院，并与院落分离。这个区域有堆放柴草的窝棚和厕所、鸡窝、猪圈、牲口棚、筒子窖、菜窖等，生活富裕的大户还有水井、碾坊、磨房等设施，再富裕一些的地主会在这个区域盖一些居住房，供长工、短工们居住。这块区域也是一个家庭最有生机的所在。这里除了鸡鸣狗跳、人欢马叫外，一般还要种几棵果树，或一片菜园，正如鲁迅先生笔下的"百草园"那样。值得提及的是，延庆的传统四合院讲究青砖墁地，这样生活区里就没有了树的一席之地。"后园"在延庆可代谓厕所。为了避讳入厕的不雅，旧时的妇女们要入厕时会说"去后园"或"去后头"。即使没有后院，或在前院就可以解决，她们也会这么说，这说明厕所一定设在"后园"里。历史上，一个延庆家庭的标志性住宅格局是一套四合院（高档次的是几进院）外加一个后院或跨院，这才是标准的住宅建筑格局。

在延庆的四合院布局中，有很多讲究和禁忌，这也是建筑文化的重要组成部分。

延庆的四合院，由街道的走向、院落的位置及院落的地势来决定哪个朝向的房屋为正房。如东西走向的街道，四合院建在路北，在院落的东南角开门，这样的院以北房为正房，这也是延庆居民住宅最基本、最标准的布局。如东西走向的街道，四合院建在路南，在院落的西北角开北门，这样的院落南房为正房。也就是说，出门的方向为配房，对门的房屋为正房。其他走向的门均以北房为正房，这是延庆住宅的基本布局，也是延庆四合院的主流。还有一部分四合院，又以地形地势为条件，哪面地势高，哪面为正房，因此就出现了东房或西房为正房的个别现象。正房一般为三间或五间建筑。三间式建筑每间开间，以门相连，东西两头为寝室（根据居住需要，有的西头屋为杂物间），中间一间为堂屋（延庆人称为"外头屋"），堂屋对外开堂户门，堂屋专司厨房。五间式建筑也分成东头屋、堂屋、西头屋三部分，东头两间为寝室，无隔断墙，以木柁支撑（延庆人将此柁称为"掏空柁"），有的出于起居方便、生活私密的需要，在柁下打简易隔断墙，分里外屋；外头屋亦为两间，用掏空柁支撑；西头屋为一间，或为寝室，或为杂物间。三面配房要考量正房的款式和规格建造，其高度、间数和质量不得超过正房。北房和东西房都是窗户向院自然朝向，而南房不能只开北窗，这样会常年不见光。南房讲究"倒打装修"，既开北窗也开南窗。如果南房的南窗贴近前面（另一家）北房的后山墙，就设一道"户差"透光；如果宅基地宽绰，就留出南院，并在南房的西山墙外开一条走道，又形成一个院落。如果南院再盖东西南房，就形成了几进的四合院。

风俗是文化的重要组成部分。风俗的本质，说白了，就是倡导和禁忌。在延庆，论起住宅的讲究和禁忌，可谓纷繁复杂。延庆人家的宅院，在大布局上讲究南北长、东西宽，呈"日"字形，如果是几进院落，就呈几个"日"字，长久的生活，就成了过"日"子。延庆人在选择宅基地时，要选不犯水、不是"鬼抬轿"、不靠"五鬼头"的地方，这些是最基本的宗旨。另外还要避开寺庙，延庆有"宁住坟，不住庙"的说法。当然，这主要指的是旅途投宿，但住宅也一样。人们普遍认为，教堂、庙宇阴气重，是阴灵聚集之地。如果实在避不开寺庙，延庆人又有了"宁住庙前，不住庙后；宁住庙左，不住庙右"的俗语。当然，还有邻居好、出入方便等条件。这里面有风水的需要，也有居住安全和生活方便的需要。

传统上修建住宅，一定会把风俗中禁忌的元素考虑进去。但地不好选，邻不好择，真要遇到"犯明净（犯忌）"的事儿，还得有个破法，这也就形成了住宅的禁忌和建筑文化。

（作者单位：延庆区文联）

# 北京地区长城修筑沿革述略

李卫伟　高　梅　董　良　沈雨辰

## 一、北京地区明以前的长城

北京地区有史可考的长城修筑期可以分为三个时期，或者也叫三次（也有学者认为是二次）大规模营建高潮。第一次是燕秦时期；第二次是北朝晚期；第三次是明代。长城始筑于战国时期的燕国（有学者认为燕国在北京没有修筑），即燕北长城，为燕昭王时期修筑。当时燕国北部边界时常受到东胡的袭扰，为了防御便修筑了这道长城。文献载："燕有贤将秦开，为质于胡，胡颇信之。归而袭破走东胡，东胡却千余里。与荆轲刺秦王秦舞阳者，开之孙也。燕亦筑长城，自造阳至襄平，置上谷、渔阳、右北平、辽西、辽东郡以拒胡。"①据此可知，燕北长城西端以造阳为起点，东端以襄平为终点。据裴骃《史记集解》引韦昭云："造阳'地名，在上谷'"，又张守节《史记正义》云："按，上谷郡，今妫州"，故可知作为燕北长城起点的造阳在汉代属上谷郡治，唐代则在妫州境内。另《中国古今地名大辞典》载造阳"战国燕邑，今……直隶怀来县"，又载襄平"战国燕地，筑长城自造阳至此。汉置县，为辽东郡治。后汉晋皆为郡治。永嘉后属慕容氏，亦谓之辽东城。……后入高句丽。故城在今辽宁辽阳县北七十里"，从而确定了燕北长城的确切位置。

此外据《史记》记载，燕国修筑长城的同时还设立了上谷、渔阳、右北平、辽西、辽东五郡，以便于防御。其中上谷郡所辖包括今延庆区和昌平区部分地域，渔阳郡治渔阳县在今密云区西南，故燕北长城应穿过北京境内的北部地区。又史志载："古长城在州南二十余里，即燕塞，燕昭王用秦开谋，置上谷塞，自上谷以北至辽西，秦始皇因其旧址而大筑之，至今岔道以北迤逦而永宁一带遗址犹存。"②以上史料显示出了燕北长城在北京境内的位置及走向。根据笔者现场踏勘，今延庆区境内岔道城以北至永宁一带确实仍依稀可见一段长城墙体遗址。如果能进行一次考古发掘，看是否有燕国时期的地层或遗物，或将能揭开燕长城的修筑问题。

燕国之后，虽然秦汉时期也有长城修筑，尤其是秦始皇所修筑长城更是规模空前，但是北京地区这时期长城修筑却趋于沉寂。直至北魏太武帝拓跋焘太平真君七年（446），为了保卫其都城和防御北方柔然的袭扰再度在北京兴建长城。文献载："丙戌，发司、幽、定、冀四州十万人筑畿上塞围，起上谷，西至于河，广袤皆千里。"③根据记载，北魏修建的这段长城名叫"畿上塞围"，东起上谷军都山（即八达岭一带），西至黄河岸。后北魏分裂为东魏和西魏，其中东魏虽筑有长城，却不在北京境内，而是自马陵戍（今山西省静乐县西北）到土墱（今山西省崞阳镇西北），呈西南到东北走向，这样修筑的主要目的是防御西魏。

东魏武定八年（550）五月，高洋篡夺东魏政权，建立北齐，建元天保，史称文宣帝。他在位期间曾多次修筑长城，其中与北京有关的主要是天保六年（555）所筑长城。

据文献载："是年（北齐天保六年），发夫一百八十万人筑长城，自幽州北夏口至恒州九百余里。"④又文献载："（北齐天保六年三月）发寡妇以配军士筑长城。……是岁……诏发夫一百八十万人筑长城，自幽州北夏口，西至恒州，九百余里。"⑤文献中提到的幽州北夏口有专家考证说即居庸关下口，在今北京昌平南口附近，恒州即今山西大同。但经考证，居庸关所在的关沟根本无法修筑长城，也并无长城遗迹，因此有专家认为文献中的"夏口"极有可能并不是现在的南口，而是位于八达岭的关口。此段北齐长城基本上是沿北魏长城线修葺和增筑的，因此其经过八达岭是非常可能的。从这段长城的起止点看，为东西走向，其修筑目的主要是为了防御北方游牧民族的袭扰。

北齐天保七年（556），北齐又在现有长城的基础上修筑了一段长城，"自西河郡总秦戍筑长城东至于海，前后所筑，东西凡三千余里，率十里一戍，其要害置州镇，凡二十五所"⑥。北齐天统元年（565），斛律羡"以库堆戍东拒于海，随山屈曲二千余里，其间二百里中凡有险要，或斩山筑城，或断谷起障，并置立戍逻五十余所"⑦。现北京密云古北口一带仍可见北齐长城遗址。（图一、图二）

此段长城自古北口西山野猪岭的小高楼起与明长城分道扬镳，朝东南方向延伸，经潮河关关城，沿山脊至小花楼；又自大花楼向东到蟠龙山、石盆峪东山（图三），向南经大西沟到五里坨南山、大岭抄梁子、砖垛

子、窟窿山、丫吉山、司马台北山到司马台关口与明代长城会合。其中小花楼到大花楼间因山的北面为悬崖，下面有潮河，故未修建长城。同时，此段长城沿线设置有潮河关、北口、红门口、窖子口、丫吉山口和司马台口等主要关口（图四），以及潮河关西沟的怀古城寨子、石盆峪寨子、丫吉山寨子、司马台北山寨子、下窝铺寨子等驻兵寨子，现均已坍毁。另，北齐潮河关关城被明代城堡叠压，可由城墙断面看出。

除京城北部营建有早期长城外，在京城的东北部和东南部也有长城，这就是

图一　密云境内的北齐长城　　图二　密云境内的北齐长城遗址

图三　密云古北口蟠龙山段明长城和北齐长城遗址

图四 密云古北口潮河关北齐长城遗址

北齐修筑的一道西北—东南走向的土质长城，即京城东北温榆河南岸的北齐长城和通州城西北和东南的北齐长城。《读史方舆纪要》卷十一记载："（通）州北三里有长城，相传秦蒙恬所筑。"光绪《通州志·古迹》记载："旧志云：在州南潞县东北一里，南抵武清，北接通州，即长堤之异名也。"这里所说的长堤，就是早期长城。从地理位置上看，这里的北齐长城与温榆河南岸的北齐长城应是连在一起的。也就是说温榆河的北齐长城向东南延伸到通州城西、城南。北齐在北部山区建造长城阻挡北方游牧民族南侵无可厚非，而在京城东北部和东南部建造长城，大概是因为北齐都城邺城位于平原地区，为加强安全保障，在平原地区增加一道拒敌的防线。

北齐之后，北京境内鲜有大规模的长城修筑，直到明代才又开始在北京境内大规模修筑长城。而北周、隋和唐时期，虽也有长城修筑，但均不位于北京境内，如文献载："（大象元年六月）发山东诸州民，修长城。"⑧其地点在今太原以北地区。又载："（隋开皇五年）隋主使司农少卿崔仲方发丁三万，于朔方、灵武筑长城，东距河，西至绥州，绵历七百里，以遏胡寇。"⑨其地点在今宁夏至陕西一线。此时北京地区的长城大多得到沿用，只是在部分地段进行了不同程度的修缮而已。从创建的意义上来看，北京地区所存在的早期长城大部分被称为北齐长城，从理论上讲是可以成立的。宋、辽、金时期，北京地区一直处于辽金的控制范围内，也没有长城的修筑。元代更是因其超强大的军事力量，不需要构筑长城防御外族的入侵。

## 二、北京地区明代长城

明代是我国历史上又一次也是最后一次大规模修筑长城的时期，投入的力量与持续的时间远远超过以前历朝历代。从明初到明末的200多年时间里，为了防御蒙元残余势力和后来兴起的满族，修筑了东起鸭绿江、西至嘉峪关的一万四千多里长城，并在长城及周边修筑城防、关隘和营堡等。为了更好地调度兵力，明代初期，将这万里防线分为九个防守区段，称为"九边"或"九镇"，每镇设镇守（即总兵官）。北京地区处于蓟镇，是九镇中的重中之重。"蓟州一边，拱卫京师、密迩陵寝，比之他边尤重"⑩。嘉靖年间，为了加强京城和皇家陵寝的防卫，在北京西北增设昌镇和真保镇，遂形成"九边十一镇"的防御布局。在此基础上对十一镇的防御范围进行了调整，调整之后北京地区处于蓟镇、昌镇、宣府镇及真保镇的一小部分。这四镇的长城边墙、关城和营堡修筑精良，是明代长城中的精华部分。

## （一）明代长城的修筑

明代习惯把长城称为边墙。今北京地区长城修筑工程，大体可以分为三个阶段。

### 1. 格局初定阶段

此阶段主要是明洪武、永乐时期，对北京地区长城的经营主要是在修缮前代长城基础上进行的。在利用古长城时，明朝针对不同的地段，进行不同的选择、改进。从北京北部山区形态多样的长城遗址情况来推断，明朝在利用北朝长城时，有脱离北朝长城的线路而另择线路的地段，基本奠定了明代长城的大体走向。除确定了长城的走向和线路之外，明代营建长城时期还在重点地段建置关隘、墩台，设屯堡，成为长城守护的重要附属建筑。

明洪武元年（1368）八月，大将徐达率领明军攻入元大都，随即把元大都改称为北平府，并设了地方行政机构布政使司。这时，北平虽然不再是全国首都，但仍然具有极其重要的军事和政治地位。明王朝把北平作为防御和扫荡蒙古残余势力的基地。

"皇明洪武元年以昌平县隶北平府，建居庸关，大将军徐达建，五年建居庸守御千户所。"⑪洪武六年（1373）以后，明朝在前几年反击和征讨取得重大胜利的基础上，为了腾出兵力平定南方的四川和云南，北边由战略进攻改为战略防守。在北平地区为了加强防御能力，开始了大规模修筑长城。工程主要是在历代修建的长城沿线加设关隘，派兵戍守。"淮安侯华云龙镇守北平，遣使言：'塞上诸关，东自永平、蓟州、密云，西至五灰岭外隘口，通一百二十一处，相去约二千二百里，其王平口至官坐岭口关隘有九，约去五百余里，俱系冲要之地，并宜设兵守之。'从之。"⑫洪武九年（1376）为了加强北平府北边的防守力量，调燕山前卫、燕山后卫和大兴卫等十一个卫所的六千多人，用以加强古北口、居庸关、喜峰口和松亭关四关隘间的一百九十六处烽堠的防御。洪武十二年（1379），设置了北平永宁卫指挥使和古北口守御千户所。洪武十四年（1381），大将徐达派燕山卫等处军民一万五千一百人修建了永平界岭等三十二处关隘。洪武十五年（1382），再次大规模沿北平府的北、西、东三面加筑长城边墙和关口（即今平谷、密云、怀柔、延庆、昌平、门头沟一线及今河北省的一部分），并派兵把守。"北平都司言：'边卫之设，所以限隔内外，宜谨烽火，远斥堠，控守要害。然后可以詟服胡虏，抚辑边民。按所辖关隘曰一片石，……曰遥桥峪，……曰丫髻山，……曰河防口，……曰黄花镇，……曰白羊口，……曰沿河口，凡二百处，宜以各卫校卒戍守其地。'诏从之。"⑬至此，经过徐达和其率领的众多名将多年的经营，北平地区形成了东起山海关、西至古北口的一道称为"内边"的长城防线（图五），驻军数量达到十万五千多人。"魏国公徐达于内西自古北口东至山海关增修关隘一道，为内边。"⑭这道内边长城的修筑，使得北京地区长城的格局基本定型。

永乐皇帝即位后，除了几次亲征漠北之外，更加着力于继续修缮和加筑北京各处长城边墙和关隘，并谕令严固守备，勿轻出兵。同时，为了配合防御，洪武朝即开始在北京地区长城周边设置城堡用于

图五 烽堠图（选自《练兵实纪》）

屯驻军民之用，永乐皇帝更是将内地居民大量迁往边塞建立屯堡，以充实防御力量。至宣德五年（1430）再次"增置口北缘边诸堡。先是，北边自怀安西阳河至永宁、四海冶山口四十四处，……保安卫指挥李璟请益兵立堡，以固守备。……其间三十九处宜益兵立堡，每处益兵五十人。从之。"[15]

2.修缮、增建阶段

此阶段主要是永乐朝以后至嘉靖二十九年（1550）以前，长城修筑工作主要是修筑边墙、增设堡垒、添置墩台、加固边塞城堡。

永乐皇帝之后，皇帝多数孱弱，军事上更是趋于防御。于是，从宣德朝开始，只得不断修筑长城以自保。弘治皇帝即位后，早期修缮的长城多数因山洪、雨水和地震等原因而损坏。于是，弘治朝又开始了一轮大规模的修筑。弘治二年（1489）修蓟州、冷口、喜峰口等处因积水冲毁的墩台、城堑、廨舍。弘治三年（1490）又修筑蓟州等处关隘八十八处。弘治十四年（1501），再次于蓟州、永平和山海关一带修缮长城边墙十五公里，城堡百余座。弘治十七年（1504），弘治皇帝鉴于边务多年不振和居庸、倒马、紫荆、山海诸关及黄花、密云、古北口、喜峰诸镇以往修理墩墙多应付了事，一遇到山水冲击就坍塌损坏，以及长城沿线的山木为人砍伐、很多天险变得较为平缓等情况，派遣要臣经略今北京地区（包含今河北部分地区）的防务。"癸巳，命工部左侍郎李鐩、大理寺右少卿吴一贯、通政司左参议丛兰经略边关，鐩起山海关庙山口至密云墓田谷关，一贯起黄花镇桃峪村至居庸关白羊口堡坚子谷，兰起紫荆关南山墩至倒马关苇箔岭口。鐩等陛辞日，上朝退，召至暖阁面谕曰：'边关重事，尔等往，须用心整理，官军少处即为增补，官员不职者奏来处治，务图经久，不可虚应故事，敕内该载不尽者，听尔等便宜行事'"[16]。三大臣到任后，马上就开始着手大规模修筑从今河北山海关到今北京慕田峪一段全长一千五百余里的长城和二百四十余处营堡。"经略边务工部左侍郎李鐩奏：'古北口边方，西至墓田各关，东至山海关庙山口，墙垣一千五百余里，关塞营堡二百四十余处，俱坍塌损坏。宜从新修理以图经久，但今边方多事，防守尚且不及，若又令赴工，未免重困，乞令顺天、永平二府各于所属轮班人匠摘发四百五十名，其间精通艺业者起解赴工，不堪者照例纳银一两八钱，解赴蓟州官库雇倩工役，与所在操守下班官军并疏放农种协守舍余，相兼修筑。'从之。"[17]此外，自永乐皇帝开始的皇陵都建于昌平区天寿山，为了保证陵寝的安全，除了在陵区内建立陵卫把守和在陵区周边修筑长城外，尤为注意今昌平区外围的居庸关、黄花镇、驴鞍岭等处防御。"黄花镇、驴鞍岭口，外冲西北边境，内护陵寝、京师，宜益兵守备。从之。"[18]

明嘉靖年间，俺答汗不断南下掠边，如：嘉靖二十七年（1548）九月壬午，俺答犯宣府，深入永宁、怀来、隆庆；嘉靖二十八年（1549）春二月壬子，俺答犯宣府，遂东犯永宁，关南大震[19]。俺答汗等人的侵扰"或在宣大，或在山西，或在蓟昌，甚或直抵京畿，三十年迄无宁日，遂使边境之民肝脑涂地，父子夫妻不能相保，膏腴之地，弃而不耕，屯田荒芜，盐法阻坏"[20]。在此种形势下，明朝被迫加强防守，整饬边备，扩大蓟、宣府、大同等镇边墙修筑。

因密云一路切近黄花镇、渤海所，距京师一日而近，是要害之地，密云路下关口数多，地广兵少，不利于战守。尤其是潮河川、古北口乃残元归路，宽广可以千骑方行，要加倍戒备。嘉靖十二年（1533）五月，"提督东官厅总兵官张輗上言：'愿及今无事时预饬防御计，谨条上便宜六事。一辅阙伍，一选丁壮，一增墩台，一严哨探，一并村落，一挖窖坑。'兵部覆：其言可行，惟召补一事宜下守臣议奏。从之。"[21]

嘉靖十五年（1536），巡按御史金燦建议在密云石塘岭、白马关等隘关城之外，宜增筑栏城一座。嘉靖二十年（1541），修葺自黄花镇至山海关诸险隘与喜峰口来远楼。嘉靖二十二年（1543），因居庸关所辖四路边隘广远，在管理上"令把总于灰岭堡屯驻。其北路河合口近镇边城，石峡谷等三口近长谷城，宜分隶镇边、长谷把总理之"。"增置东路把总一员，募土著军百人，分布要害防守，其南北中三路，仍以居庸把总辖之"。居庸关所辖范围内"一立石儿口等处，俱通横岭、怀来诸路，宜筑墙者七，北港口等处，宜铲削偏坡者六。又自镇边城白厓子至八达岭，宜削治险峻。内立石儿、火石岭、西堂儿庵三处，宜各建墩台一座，炮房一间。又立石儿、火石领、牛膝谷各置守卒，分建营房四十间以居之。创横岭敌台及楼一座，增葺官厅一所，以居把总官。置城内营房一百五十间，凿井四，计用工料及行粮折银共六百八十两有奇，取抚按及兵道赎锾供费"。"白山羊外怀来卫地为隘口者七，居庸关东路山外永宁卫地为隘口者十一，岁久陵夷，宜亟令守臣整饬。一白羊迤西地名松胡片，宜筑墙一道，仍创营房十间，分军戍守"[22]。

嘉靖二十三年（1544）十二月，兵部尚书戴金条上备边事，其中第七条为"修关隘以固藩屏"，言："西自居庸历紫荆至倒马关，东自永宁城、白羊口历黄花镇、大水峪至石塘岭、白马镇、潮河川、古北口直至墙子岭，自西徂东，绵亘二千里。中有溪涧可通者，每关不下三四十处，即宜荒度经营，或斩削偏坡，或填塞狭隘，或挑浚濠堑，或增筑台堡，及时修举。"第八条为"重墩台以明烽火"，言："墩台不壮，军不可守，当悉力修筑，规制高广，水火内备，可以固守，仍戒敕提墩官，不得需索墩军，务令严明斥堠，仍议赏格以作其勤。"皇上令其"斟酌举行"，并责成各镇抚镇官查议上报应该修葺的关隘[23]。

嘉靖二十四年（1545），派兵部右侍郎路迎兼右佥都御史前往紫荆、密云等处，相度关隘，亟为修筑；命总兵赵卿、总督侍郎翁万达在宣大边关修筑关隘。同年，巡抚蓟州都御史郭宗皋言："边墙之设，乃一镇藩篱，而城堡则其家室也，未有藩篱不固而能保其家室者。今本镇防守之法，但严于城堡而疏于边墙，殊非慎固之法。"于是，命每年自五六月始至十月止，抚镇官各严督官军，于边墙要地画界分守，有仍前怠废者，罪视主将不固守律[24]。

由于朵颜诸夷扣关求赏，耗费巨大；加之边防军士趁机出边樵采，不利于边防守备。嘉靖二十七年三月甲申，御史吴相言："请自今以蓟镇各隘口凡可通马步者，修筑城垣水门，塞其溪涧，使虏无可窥之隙，则赏费既省，军食自足，而樵采亦可禁矣。"抚臣孙应奎等建议："密云、马兰谷、太平塞、燕河营可通马步隘口凡九十九处，宜修筑边城及墩台一万七百一十二处，请先给太仓银太仆寺马价银各二万两经始诸役。"[25]建议得到批准。

嘉靖二十八年，命督臣翁万达视居庸外怀来、黑峪诸口及东北大边缓急修筑；侍郎范锱视黄花镇以东诸隘缓急修筑；令于潮河川古道门外蜂窝岭增墩台一座，浚濠设桥以防冲突；在潮河川西南两山相对处各设敌台以控中流，分内寨戍兵为两班番直，镇夷东西要害；于蓟州边镇五里垛、划车岭、亓连口、慕田谷等地各设墩台，恶谷、红土谷、香炉石等地各斩崖堑；修居庸东、中、北三路诸隘正城女墙、墩台、铺舍；蓟镇所辖燕河营、太平塞、马兰谷、密云四路，未修筑完工的计三千二百二十七丈有奇，宜设敌台四、墩台四、敌楼一、铺房十二；并听从翁万达的建议，于宣府镇东路（今北京延庆区境内）镇南墩与蓟州所属火焰墩接界，塞其中空，筑墙三余里，自此而西，历四海治、永宁、光头岭、新宁墩一带，在地势可以防守处，止循旧边，地势不能防守处，稍为更改旧边，俱创修新墙一道[26]。

### 3. 创新、完善阶段

明代大规模修筑边墙是在明世宗嘉靖二十九年以后，以及隆庆、万历年间。这一阶段，大力修建边墙，创建空心敌台，使明代长城得到极大完善。

虽然嘉靖朝不断整饬边备，但长城防线并未起到有效的防御作用。嘉靖二十九年秋八月丁丑，"俺答大举入寇，攻古北口，蓟镇兵溃；戊寅，掠通州，驻白河，分掠畿甸州县，京师戒严"[27]。此后，明朝更是不断增加军费开支，加紧今北京地区边墙的修筑。据《明实录》记载：明嘉靖二十九年九月辛亥，发太仓银五万两于蓟镇，充补给粮赏募军修边诸费；……九月癸丑，发太仆寺马价一万五千两于蓟镇，修理边墙堡寨；嘉靖三十一年（1552），四月戊辰，发太仓银四万八千两于密云，补主兵修边等银及未领商价；嘉靖三十四年（1555）十二月丁巳，发太仓银七万六千两修居庸关边墙垣；嘉靖三十六年（1557）五月丁丑，发太仓银五万两于蓟镇修边[28]。如此频繁地拨发修边费用，可见修边工程之紧急。

同时，为了加强管理，明朝于嘉靖二十九年另设真保镇，设总兵镇守。真保镇疆域东自紫荆关沿河口连昌镇镇边城界，西抵故关鹿路口接山西平定州界，延袤七百八十里。此后，为了加强明皇陵的防卫，嘉靖三十年（1551）分蓟镇为蓟、昌二镇。蓟镇疆域东自山海关连辽镇界，西抵石塘路亓连口接慕田峪昌镇界，延袤一千七百六十里；昌镇设提督都督一员，护视陵寝，嘉靖三十九年（1560）改为总兵镇守。昌镇疆域东自慕田峪连石塘路蓟镇界，西抵居庸关镇边城接紫荆关真保镇界，延袤四百六十里[29]。

隆庆年间，穆宗采取一系列挽救明王朝统治的措施，加强边地防务。首先，继续加紧边墙修筑。隆庆二年（1568），令于岔道以东自青石顶至四海冶火焰山，乘春修筑墩台于柳沟等处，修水口浚横壕一道；岔道以西自青石顶至合河口，及时修补墩台一百九十有七[30]。

其次，重用一批将领，专练边军。隆庆初年，把抗倭名将两广总督谭纶、福建总兵戚继光调来镇守北边，任命谭纶为左侍郎兼右佥都御史，总督蓟、辽、保定军务；任命戚继光为总兵官，镇守蓟州、永平、山海诸处，后晋升为右都督。谭纶、戚继光到任后，精心筹划，亲自督修，在长城上创建了既可庇护军士免受风吹雨淋之苦，又可储藏军火器具的空心敌台（图六）。

当时，"自嘉靖以来，边墙虽修，墩台未建"[31]。戚继光巡行塞上，认为"先年边墙低薄倾圮，间有砖石小台与墙各峙，势不相救，军士暴立暑雨霜雪之下，无所藉庇。军火器具如临时起运则运送不前，如收贮墙上则无可藏处，敌势众大，乘高四射，守卒难立，一堵攻溃，相望奔走；大势突入莫之能御"。议建敌台，"今建空心敌台，尽将人马冲处堵塞。其制，高三四丈不等，周围阔十二丈，有十七八丈不等者。凡冲处，数十步或一百步一台；缓处，或百四五十步，或二百余步不等者为一台，两台相应，左右相救，骑墙而立"[32]。于是他向朝廷建言："蓟镇边垣，延袤二千里，一瑕则百坚皆瑕。比来岁修岁圮，徒劳无益。请跨墙为台，睥睨四达。台高五丈，虚中为三层，台宿百人，铠仗糗粮具备。令成卒画地受工，

图六 空心敌台图（选自《练兵实纪》）

先建千二百座。"[33]

隆庆三年（1569）二月癸未，总督蓟辽兵部侍郎谭纶奏："蓟昌二镇，东起山海关，西至镇边城，延袤二千四百余里，乘障疏阔，防守甚严。宜择要害酌缓急分十二路或百步、三十步，犬牙参错，筑一墩台，共计三千座。"得到批准，但是"止于通马要道筑台一千六百座"。隆庆三年"筑成敌台四百七十二座，规制精坚，可当雄兵十万，为边境百年之利"[34]。至隆庆五年（1571）八月，蓟镇、昌镇修筑敌台的工程完工。自隆庆三年至隆庆五年，蓟、昌二镇共建成敌台一千零一十七座，蓟镇西自石塘岭，东至山海关，共完台八百一十八座；昌镇东自黄花镇，西至镇边城，共完台一百九十九座[35]。空心敌台"下筑基与过墙平，外出一丈四五尺有余，内出五尺有余，中层空豁。四面箭窗，上层建楼橹，环以垛口，内卫战卒，下发火炮，外击敌人，敌矢不能及，敌骑不敢近"[36]。它的修建改善了守城士兵的驻防条件，有效地保护自己的同时，又增强了对敌人的杀伤力，加强了长城的防御能力。

再次，加紧城堡的修建。到隆庆六年（1572），蓟辽总督刘应杰称，修完城堡一百二十余座[37]。

在加强备边的同时，穆宗趁机与俺答汗议和，于隆庆五年三月乙丑，封俺答汗为顺义王[38]。明政府想借此机会使"诸边有数年之安，可乘时修备。设敌背盟，吾以数年蓄养之财力，从事战守，愈于终岁奔命，自救不暇者矣"[39]，谋取边境的宁静。俺答汗受封顺义王后的几十年中，明朝和蒙古各部之间的冲突逐渐减少，恢复并发展了封贡关系，并在边疆地区进行互市通商，出现了民族和解的局面。但自努尔哈赤起兵建立后金政权、成为明朝北方边疆的重大威胁后，修筑长城在明朝后期仍是一项十分重要的工作。

万历初年，张居正继任首辅主持朝政后，推行"外示羁縻，内修守备"的边防政策。其中"内修守备"的重点就是加强北方边疆防务，提升军事实力，延续了自隆庆年间开始的大规模修筑长城的工程，对原有长城守备不足的地段进行加筑，至万历九年（1581）结束。在此期间为拱卫京师而修建的蓟镇、昌镇、真保镇砖石长城共800多公里，有墩台千余座，修筑质量较高。万历三年（1575），"蓟、昌二镇共修边墙六千四十丈，敌台、墩台一百四十七座"[40]，并且指出"蓟之患不在零窃而在大举，大举之足忧不在平陆而在水口。当水涸时，处处筑墙为守，水涨辄坏，劳而无功，今议大兴桥工，与台墙相兼"[41]。并根据边疆形式对驻军进行调整，如调整蓟镇三协守驻地，使其"冲边皆有重兵而征调不至间隔"[42]。同时要求各镇"精简练以选军锋……每月协守合练，犒而每季总兵合练，岁终抚按通练，重峻罚"[43]，补充战马，保持骑兵战力，并且建立与军事设施相应的配套制度。如规定"每台百总一名，专管调度攻打。台头、副二名，专管台内军器辎重。两旁主、客军士三五十名不等。五台一把总、十台一千总，节节而制之"[44]。又如万历四年（1576），戚继光将蓟镇原有的十二路整合为三段，协同防守。一系列的措施使长城沿线形成严密的防御体系，保卫京师安全。同时，长城防御体系的完善也使其驻军大量增加，万历初年"蓟、昌二镇额兵十六万五千六百四十二员名"[45]，并另有车营及班军等。除了在原有的关隘城墙保持驻军进行守备外，还大量在口、峪等地增设驻军进行防守。而且在戚继光镇守蓟镇的这一时期，面对侵扰，守军不仅仅是依靠长城，并且积极发展军备，训练步、骑、车营，采取主动出击的策略，运用步、骑、车营联合作战多次歼灭来犯之敌。但对于新式军备的制造和维修，明朝政府并不给予支持，仅在万历八年（1580）由梁梦龙代为奏请后，工部才以"本部军器银两例不发边……安得借充额外之费？但蓟昌重镇，量为酌处，三次发给，以后毋得援以为例"[46]。

自万历怠政后，长城的修筑虽未停止，但规模大不如前，且修筑质量大为下降。如万历三十二年（1604）"冲边者照旧兴修，腹内概行停止"[47]。到了万历四十年（1612）已经是"边垣无岁不修，亦无岁不圮"，才有人提出"立之法曰勿潦草，勿粉饰，勿杂以土"。军备方面，士兵粮饷大量欠发，如万历二十九年（1601）"紫荆、马水军士月饷每岁给本色三月，豆一月"[48]。到了万历四十一年（1613），蓟、密、永、昌四镇官军缺粮，需要预支第二年马价银。至万历四十四年（1616），九边乏饷，"蓟、密、永、昌、易缺八十万，辽东缺四十万，陕西三边缺七十七万，宣、大、山西缺九十一万"[49]。

萨尔浒之战后，为应对后金的威胁，天启年间再次计划大规模修筑长城，但由于辽东战事频繁，只能择其最紧要的辽东修筑，北京地区则以修缮为主。

## （二）明长城和军事卫所的关系

卫所制度是明代的基本军事制度，卫、所是卫所制度下军事管理的基本军事单位，管辖一定数量的军户，承担军役。从京师到地方皆立卫所。明朝建国之前和建国之初，卫所制度是以征战为目的进行编组的战备体系。明朝建国一段时间后，征战逐渐减少，卫所制度逐渐过渡到以戍守为目的的防御体系。中央兵部下设五军都督府，府下辖各省都指挥使司，都指挥使司下辖若干卫指挥使司，卫下辖一定数量的千户所、百户所。洪武七年（1374），明太祖朱元璋申定兵卫之政："设置内外卫所，凡一卫统十千户，一千户统十百户，百户领总旗二，总旗领小旗五，小旗领军十，皆有实数。""大率以五千六百人为一卫，而千百户、总小旗所领之数则同"[50]。在内卫所负责京师防御，在外卫所负责地方防御。为了供养庞大的军队，明代在全国绝大多数卫所设立军屯，力求实现军粮的自给。永乐二年（1404）规定："视其地之夷险要僻以量人之屯守之多寡。临边而险要者，则守多于屯；在内而夷僻者则屯多于守；地虽险要而运输难至者，屯亦多于守。"[51]卫所还是一个地理单位，掌管一块类似州、县管辖的地区。这一地区的土地除用于卫所军的屯田外，还包括军户、民户的耕地。相当多的卫所于自己的辖区内择地筑城，即"卫城""所城"，管理其所辖区域。

明初，卫所军是边防的主要力量。明代对北边的防守主要采取卫所军集中驻防与临时抽调军队防守相结合的办法，即日常防守与重点防守相结合的方法。日常防守主要由在内卫所军担任；重点防守是指重要季节、重要地区。明朝北部边防每年有春秋两个重点警戒时期，称为防春（春防）、防秋（秋防），每到防春、防秋之时，则需抽调大量在外卫所军前往重点关隘驻扎以加强防守，任务结束后返回。这种临时调来的卫所军称为"客军"。

明永乐年间，为了提高京师和重边关隘地区的防御能力，明朝确立了京操班军制度，定期抽调在外都司卫所的精锐官军到京师加强防御，班军到京后统一编入三大营进行日常训练。明正统年间，"京操军皆戍边"[52]。

随着明朝政治的腐败，卫所制度逐渐衰微，京营制度亦腐败，军队的战斗力明显下降，甚至难以承担正常的军事职能，于是大量从其他地方调来客兵补充兵力。另外还尝试从当地招募士兵，"募土著军百人，分布要害防守"[53]。

主、客兵除了执行防御任务外，还是修筑边墙的主要劳动力。"大抵远兵以一半待援，一半修工。主兵因无更番，亦以一半操备，一半修工。惟时客兵之无马者与班军之不能战者则以二分修工、一分摆守"[54]。施工中除雇佣部分工匠，如木匠、石匠、铁匠等专业技术性很强的工种外，主要劳动力还是主、客军士。边工的数量与质量成为对各级官员进行考核的重要依据，要求直接领导施工的官员甚至施工者在边墙上镌刻姓名。"仍每一丈分镌军士姓名，总镌本管职名。如有不堪，各令照地修补；如或验工不堪至五十丈以上，或任内贪纵怠缓不行修完，将各管官员坐赃问发边方立功五年。参将二百以上，守备一百丈以上径自革职闲住"⑤。

## 三、清代对明长城的利用

清朝统治者深知蒙古的厉害，早在入关前就用联姻等方式，加之武力征服，统一了漠南蒙古，控制了长城以北的广大地区。清朝入关后，没有大规模修筑长城，而是采取怀柔政策，例如修建盛行于蒙古地区的藏传佛教寺院，从精神上笼络蒙古贵族，同时坚决打击分裂势力，例如铲除噶尔丹的分裂集团，消除其分裂势力造成的影响，恩威并施。纵观清代的北部防御，有清一季，不但没有了来自蒙古诸部的边患，而且更加使蒙古诸部成为"较长城更为坚固的防备朔方的藩篱"⑤。中国北方地区平安无恙，长城戍边的功能基本失去作用。

但是，由于北京的特殊地位，清代对明长城重要地段仍加以利用，派兵驻守长城的主要关口、城堡，并对长城进行维修。例如，在居庸关初设参将防守，后改为都司驻防。再如，密云古北口是北京北部重镇，是通往京师的重要通道之一，古北口关城和附近的多处城堡均有驻兵。古北口城有城守营都司；上营城，清初由满洲驻防，"清乾隆四十五年（1780）调原驻热河的满蒙兵丁来此驻防，归密云驻防副都统管辖"⑤。至今，笔者前往上营城调研时，村内大量居民仍然为满族八旗兵丁的后裔。居庸关附近的上关城是协防居庸关的重要城堡，屯有重兵，在北京地区历史上曾发挥了重要的作用。

① 《史记·匈奴列传》。
② 《延庆州志》。
③ 《魏书·世祖纪》。
④⑥ 《北齐书·文宣帝纪》。

⑤ 《北史·齐本纪》。
⑦ 《北齐书·斛律羡传》。
⑧ 《周书·宣帝纪》。
⑨ 《资治通鉴》卷一百七十六。
⑩⑭ （明）魏焕：《皇明九边考》第三卷"蓟州镇"明嘉靖刻本。
⑪ （明）刘效祖：《四镇三关志·建置考》，明万历四年刻本，全国图书馆文献缩微复制中心，1991年影印。
⑫⑬㊿ 《明实录·太祖实录》。
⑮ 《明实录·宣宗实录》。
⑯⑰ 《明实录·孝宗实录》。
⑱ 《明实录·代宗实录》。
⑲㉗ 《明史·世宗本纪》。
⑳ （明）高拱：《高文襄公文集》卷一，《明经世文编》卷301，中华书局1962年影印本。
㉑㉒㉓㉔㉕㉖㉘㊸ 《明实录·世宗实录》。
㉙ （明）刘效祖：《四镇三关志·形胜考》，明万历四年刻本，全国图书馆文献缩微复制中心，1991年影印。
㉚㉞㊲㊳ 《明实录·穆宗实录》。
㉛㉝ 《明史·戚继光传》。
㉜㊱ （明）戚继光：《练兵实纪杂集·敌台解》，中华书局，2001年。
㉟ 隆庆五年（1571），总督侍郎刘应杰报空心敌台功疏略，见（明）刘效祖：《四镇三关志·制疏考》，明万历四年刻本，全国图书馆文献缩微复制中心，1991年影印。
㊴ 《明史·鞑靼传》。
㊵㊶㊷㊸㊹㊺㊻㊼㊽ 《明实录·神宗实录》。
㊹ （明）戚继光：《练兵实纪》，中华书局，2001年。
㊹ 《明实录·太宗实录》。
㊼ 《明史·兵二》。
㊾ （明）谭纶：《谭襄敏奏议》卷六，《文渊阁四库全书》第429册，台湾商务印书馆，1986年。
㊿ （明）何东序：《戒备紫荆诸关疏》，《明经世文编》卷382，中华书局1962年影印本。
㊾ 《清实录·清圣祖实录》。
㊿ （雍正）《密云县志·兵制》。

（作者单位：北京市古代建筑研究所）

# 北京明代长城敌台建筑述略

高 梅

北京市在2009年完成了明长城资源的调查工作，基本摸清了北京地区明长城的家底。北京境内明长城横跨平谷区、密云区、怀柔区、延庆区、昌平区、门头沟区，全长526公里，共有敌台1480座（图一）。

笔者参加了明长城资源调查报告的编写工作，主要负责敌台部分文字资料的整理。本文立足于整个北京地区的敌台资料，梳理、总结全市域内明长城敌台的基本情况，以期发现北京地区明长城敌台的形式和分布特征，以及这些特征与明长城防御体系之间的关系。

敌台亦称敌楼，是明长城的重要组成部分。通过对北京市明长城资源调查资料的梳理发现，北京境内明长城敌台共有1480座，其在各区的分布基本与长城墙体的长度成正比，即长城墙体越长，敌台数量越多。具体分布状况如图二。

这1480座明长城敌台，在北京市明长城资源调查中发现其保存状况有好有坏。有的保存较好，可以清晰分辨原有结构；有的坍塌严重，仅残存基座或已坍塌呈乱石堆状，无法分辨原有结构形式。将此次资源调查的数据结合前人的文献记载，笔者将各区敌台保存情况统计如表一。

表一 各区敌台保存情况统计表

（资料来源：北京市明长城资源调查）单位：座

| 项目<br>数量<br>区县 | 敌台总数 | 可分辨结构形式的敌台 | 无法分辨原有结构的敌台 |
|---|---|---|---|
| 平谷区 | 107 | 13 | 94 |
| 密云区 | 605 | 350 | 255 |
| 怀柔区 | 268 | 238 | 30 |
| 延庆区 | 469 | 143 | 326 |
| 昌平区 | 14 | 8 | 6 |
| 门头沟区 | 17 | 13 | 4 |
| 全市域 | 1480 | 765 | 715 |

图一 北京地区明长城分布图（选自《北京文物建筑大系》）

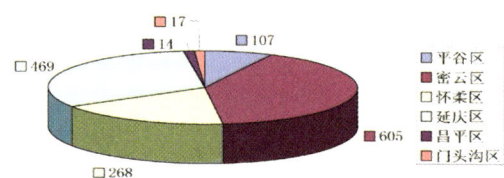

图二 北京地区明长城敌台统计图
（资料来源：北京市明长城资源调查）

从表一可以看出，北京地区明长城敌台整体的保存状况不甚理想，约有48%的敌台已经无法分辨出原有的结构形式。保存相对较好的是怀柔区，可分辨结构形式的敌台比例为89%，其次是门头沟区，比例为76%，密云区为58%，昌平区为57%。敌台损毁量大的是平谷区和延庆区，可分辨结构形式的敌台比例分别仅为12%、30%。鉴于这样的敌台保存现状，想了解北京地区明长城敌台的形式，更多依赖那些能分辨出结构形式的敌台。

# 一、北京明代长城敌台的结构形式

通过对北京地区现存的可以分辨结构形式的715座敌台进行分类，从结构上可以分为空心敌台和实心敌台两大类型。

## 1. 空心敌台

空心敌台的创建年代不详，北京地区大量建造是在明隆庆年间，尤其是戚继光调任蓟镇后大量出现。戚继光总结其形制为"下筑基与边墙平，外出一丈四五尺有余，内出五尺有余，中层空豁，四面箭窗，上层建楼橹，环以垛口"[①]。从这段文字中可以看出，戚继光总结空心敌台的形制为三部分，即基座、中层、上层。

根据北京市明长城资源调查发现，空心敌台建筑平面多为矩形，剖面形制多为梯形，自下而上稍有收分（图三）。空心敌台的基座为实心，大部分空心敌台的基座与中层在外观上没有明显的界限，部分敌台在基座与中层的衔接部位砌筑拔檐。空心敌台的中层建筑外观基本相似，大多数在面对长城马道的两立面上开设券门、箭窗，在与长城墙体平行的两立面上开设箭窗、射孔等；门、窗数量的多少根据敌台体量的大小而定，从一门到三门不等；极少部分敌台中层由上下两层组成，设有两层券窗。

**图三　空心敌台**（刘长和摄）

空心敌台中层内部的中室结构变化较多，是被学者关注、研究较多的一部分。在《司马台长城》一书中，根据司马台地区特点，将空心敌台中室结构分为木梁架结构和砖拱结构两大类型[②]。《怀柔文物集成》一书中，将怀柔境内空心敌台归纳为11种类型[③]。《明长城敌台建筑形制分类》一文中，则根据空心敌台的功能及内部结构分为六大类型[④]。结合前人的研究成果和北京地区敌台的实际情况，笔者认为将北京地区的空心敌台分为砖拱结构、木梁架结构、砖木结合这三大类型更为合理。

砖拱结构的中室，主要以拱券承重。按照砖拱的形状和中层平面的布局方式，《司马台长城》中将其分为两种类型：一是单纯以一个或纵联二至四个筒拱为主要构造类型；二是在中层建筑中央安排中心室的类型[⑤]。

木梁架结构的中室，主要以木构架承重。敌台四周的墙壁较砖拱结构的墙薄，墙内立有木柱，中室内也以木柱、木梁等木结构为主。

砖木结合型大致可分为三种情况：第一种是中室四周是较厚的墙和较深的券洞，室内不用木柱，顶部密排枋木，枋木两端直接插砌在墙或券洞顶部形成宽敞的平顶；第二种是类似砖拱结构中的中心室形式，区别在于中心室顶部密排枋木，枋木两端插砌在墙体内形成宽敞的平顶；第三种亦是类似砖拱结构的中心室形式，区别在于外围四周走廊的廊顶使用木梁或木檩，梁或檩的外端置于木柱上，里端插砌在中室四壁墙上，其上铺以木板。

根据北京市明长城资源调查资料显示，空心敌台的顶层大部分在与中层的衔接部位砌筑拔檐，四面设垛口。其垛口数量没有定制，与敌台大小相关。垛口上设

图四 顶层保存有铺房的敌台（刘长和摄）

图五 基座上开券门的实心敌台（刘长和摄）

望孔、射孔等。望孔与射孔的排列形式不一，有的是仅设一排，垛上设望孔，口下设射孔；有的是上下两排，垛上既设望孔又设射孔，二者上下排列；有的是多个交错排列，在同一个垛上呈"品"字形分布。垛墙基部设排水孔或伸出墙体的排水槽，有些敌台四周都设置排水设施，也有只在敌台内、外两侧对称设置的，数量不等。部分敌台的射孔兼有排水孔功能。值得一提的是，有些敌台在垛口上砌筑影壁墙，其位置与中央铺房明间相对，较著名的就是司马台长城上的"麒麟影壁"。

空心敌台顶层的中央部位亦会建造铺房（图四）。北京地区现存的敌台铺房，其结构形式可以分为两类，即砖木结构、砖拱结构。砖木结构的铺房除近些年修复的以外，原有铺房基本已塌毁，仅有少部分墙体、柱础、柱孔等残存。砖拱结构的铺房建筑外观为仿木结构，室内顶部按长城墙体走向砖砌一大筒拱，筒拱两端为山墙。

2. 实心敌台

根据北京市明长城资源调查发现，实心敌台的建筑平面多为矩形，个别为圆形或不规则形状；剖面形制多为梯形，自下而上稍有收分。由基座和顶层两部分组成，基座与顶层衔接部位砌筑拔檐。顶层建筑同空心敌台。《怀柔文物集成》中，作者根据实心敌台的通过方式，将其形式分为三种[6]。虽然这三种形式是基于怀柔区境内敌台类型归纳的，但基本囊括了北京境内的实心敌台种类。笔者认为将实心敌台的形式概括为两种更为合理。

第一种，基座为实心，无楼梯券道，从马道可直接登顶。在顶层垛口上开豁口以通行，即《怀柔文物集成》所列第①种形式。

第二种，基座上设券门及楼梯券道，通过楼梯券道登顶。根据地势又分两种情况，即《怀柔文物集成》所列第②③种形式：一是敌台两边高差较大，登顶后通过顶层一立面垛口上的豁口以通行；二是敌台处于制高点上，登顶后亦不能通过，需原路返回，利用长城墙体开设的券门出入（图五）。

北京地区现存敌台形式除实心敌台和空心敌台外，还有一种较特殊的敌台，是由2座实心敌台和1座空心敌台组成一个整体，称之为空实结合敌台，在长城上极为罕见。

3. 实心敌台、空心敌台的分布情况

纵观北京地区可以分辨结构形式的715座敌台，现存空心敌台596座、实心敌台168座、空实结合敌台1座。除1座空实结合敌台位于怀柔区慕田峪长城段外，空心敌台与实心敌台在六个区中均有分布，具体分布情况见图六。

在715座敌台中，空心敌台的数量较多，所占比例为83%。为了更好地了解空心敌台中室的结构形式分布情况，笔者对各区现存空心敌台中室结构进行了统计，形成了表二。

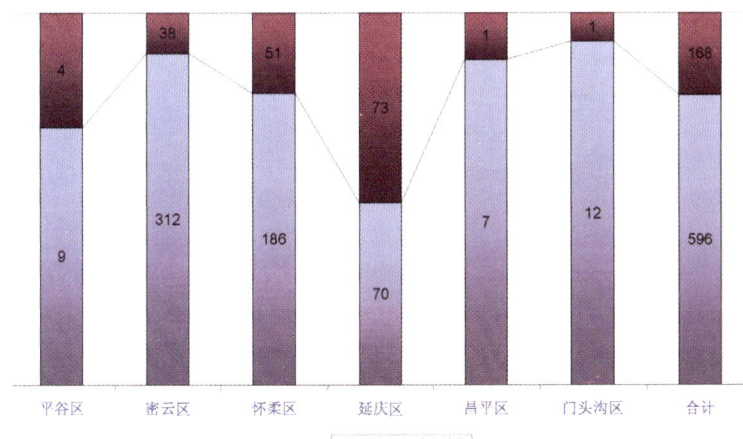

图六 北京地区空心敌台、实心敌台统计图
（资料来源：北京市明长城资源调查）

从表二可以看出，空心敌台中保存最多的是中室为砖拱结构的敌台，占现存空心敌台数量的59%。其次是中室为砖木结构的敌台，占现存空心敌台数量的11%；这类敌台现存的大部分都是中室外围为砖结构、中室顶部为木顶的形式，其砖结构部分保存较好，木顶无存；最后是中室为木梁架结构的敌台，但这类敌台极少，仅11座，比例不足2%。这些数据有力地说明，砖拱结构的敌台更加坚固，而木梁架结构则最易被毁坏。

## 二、北京明代长城敌台的材质

明代长城的修建，遵循因地制宜、就地选材的原则。北京地区明长城的修建亦遵循这一原则，即就近开采石料、烧制城砖等。因此，北京地区的明代长城敌台的材质以砖石混合砌筑为主，还有少量石砌。

1. 空心敌台的材质

空心敌台的材质基本上都是砖石混合砌筑。其台基用的材质有一定规律。据记载，"台基用石矣。但方石恐难猝得，碎石势必不固。如石便用石，不便则用砖，有胶粘好土则以三合土为之。各从便求坚。但三合土须厚至顶得二尺乃坚也"[7]。"谨以台制言之。……下用方石实砌，上用砖垒"[8]。实际情况与文献记载基本相符。空心敌台的基座做法基本一致，根据建筑材料的不同，有石基座、砖石基座、砖基座之分。这几种材质基座的共同点是，绝大多数都在根部先用石材砌筑基础层。因地势的不同，基座四立面的基础层高度不一。个别敌台一个或多个立面下无基础层，直接砌筑在岩石上。这三种材质的基座的区别在于基础层之上的外层砌体：石基座即基础层之上全部用石砌，石与石之间使用黏合剂，外立面的缝隙填充小块碎石，且用白灰勾缝；砖石基座则是在基础层之上先用石砌体，石砌体之上再用砖砌体，砌筑方法多为一丁一顺排列、白灰勾缝、竖缝相错；砖基座则是基础层之上全部用城砖砌筑。砖石基座的砌体亦不完全相同，部分基座石砌体层层铺砌，上沿交圈，四立面上石砌体高度相同；部分基座石砌体高差较大，同一立面上石砌体高度相同，四立面上石砌体高度不相同；部分

表二 各区现存空心敌台中室结构情况统计表

（资料来源：北京市明长城资源调查） 单位：座

| | 平谷区 | 密云区 | 怀柔区 | 延庆区 | 昌平区 | 门头沟区 | 合计 |
|---|---|---|---|---|---|---|---|
| 中室砖拱结构 | 4 | 214 | 113 | 20 | 0 | 1 | 353 |
| 中室木梁架结构 | 0 | 6 | 0 | 5 | 0 | 0 | 11 |
| 中室砖木结构 | 0 | 2 | 28 | 27 | 2 | 10 | 68 |
| 中室结构不详 | 5 | 90 | 45 | 18 | 5 | 1 | 164 |
| 小计 | 9 | 312 | 186 | 70 | 7 | 12 | 596 |

敌台同一立面上石砌体高度不同，自中间向两侧递减，或基座四角为石砌体、中部为砖砌体。基座的外层砌体相当于挡土墙，其内多为碎砖、石或夯土填心。

石材依据人工砍削、切割的程度可分为毛石、块石和条石。毛石是未经加工或较少加工的随形的石材；块石是经过砍削比较方整的，薄厚、长短不一的石材；条石是经过切割且打磨平整的石材。

部分敌台在基座与中层建筑衔接部位砌筑拔檐。有的为一到三层不等的砖拔檐，其形式有抽屉檐、鸡嗉檐、棱角檐；有的为一到两层不等的石拔檐。部分敌台不另做拔檐，仅在外墙皮有一个内褪的做法，起到拔檐的作用。

中层四面墙体基本为砖石砌筑，最常见的形式是墙体用城砖砌筑，砌筑方法多为一丁一顺排列、白灰勾缝、竖缝相错，在箭窗、券门上使用部分石构件。券门有三种做法，一是砖券门，除门下部的过门石外，其他部位不使用石料，砖砌券脸，形式有一髭一伏、两髭两伏、三髭三伏等（图七）。二是石券门，所有部件均用石料，除过门石外，门两侧下部立角柱石，角柱石上置腰线石，腰线石上砌石券脸，最常见的砌法是用三块石料组成券脸石，部分券脸由一块石料构成。三是砖石混合砌筑，较常见的形式是下石上砖或下砖上石，即券门由过门石、角柱石、腰线石、砖砌券脸组成，或是由过门石、腰线石、石砌券脸组成；部分敌台的券脸由砖券、石券共同组成（图八）。极少部分石基座的敌台，中层建筑四立面墙体下部用石料，上部用城砖。而中层内部中室的建筑材料与中室构造相关，主要分全部用砖、砖木混合两种。室内地面多为方砖或条砖铺墁。

中层建筑与顶层建筑衔接部位最常见的是砌筑两层到五层不等的砖拔檐，其形式有抽屉檐、鸡嗉檐、单层棱角檐、双层棱角檐等。

顶层四面垛墙基本都是用城砖砌筑，砌筑方法多为一顺一丁排列、白灰勾缝、竖缝相错。有些敌台在垛口上放置垛口石，有些则用砖。部分敌台的射孔、望孔为石料雕刻而成。排水槽基本为石质，排水孔部分为石质、部分为城砖拼砌。中央铺房与普通房屋所用材料区别不大，以青砖、木材、石料为主。

2. 实心敌台的材质

实心敌台也基本上是以砖石混砌为主，其基座与空心敌台基座使用的材料基本相同，可以分为石基座、砖石基座两类。实心敌台的砖石基座与空心敌台砖石基座相同。石基座外层砌体有两种砌筑方式，一种是石与石之间使用黏合剂，缝隙之间打点白灰勾缝；一种是毛石干垒，石与石之间不使用黏合剂。

实心敌台的顶层建筑用材，一种是与空心敌台顶层建筑用材相同，另一种是使用石材砌筑垛口。

3. 材质分布情况

在整个敌台构造中，基座部分的材料使用情况最为复杂，主要是由于石料选择的多样性造成的。除严重坍塌、消失的敌台外，现存敌台中约有984座基本可以分

图七　砖券门（刘长和摄）

图八　砖石混砌券门（田野摄）

辨出基座外层砌体的材料，其中全部使用石料的有511座，全部使用城砖的有8座，砖石材料结合的有465座。详细情况见表三。

**表三 各区敌台基座外层砌体材料使用情况统计表**
（资料来源：北京市明长城资源调查）　　　　单位：座

| | 全部石料 | 全部城砖 | 砖石结合 | 合计 |
|---|---|---|---|---|
| 平谷区 | 57 | 0 | 14 | 71 |
| 密云区 | 191 | 1 | 308 | 500 |
| 怀柔区 | 182 | 0 | 79 | 261 |
| 延庆区 | 75 | 4 | 46 | 125 |
| 昌平区 | 1 | 3 | 7 | 11 |
| 门头沟区 | 5 | 0 | 11 | 16 |
| 全市域 | 511 | 8 | 465 | 984 |

石料在敌台基座部分使用比较广泛，共有976座敌台在基座外层砌体中使用了石料。现将基座外层砌体石料使用情况统计如表四。

**表四 各区敌台基座外层砌体石料使用情况统计表**
（资料来源：北京市明长城资源调查）　　　　单位：座

| | 毛石 | 块石 | 毛石、块石结合 | 条石 | 毛石、条石结合 | 合计 |
|---|---|---|---|---|---|---|
| 平谷区 | 26 | 10 | 3 | 23 | 9 | 71 |
| 密云区 | 75 | 77 | 0 | 344 | 3 | 499 |
| 怀柔区 | 2 | 12 | 0 | 247 | 0 | 261 |
| 延庆区 | 11 | 4 | 0 | 105 | 1 | 121 |
| 昌平区 | 1 | 5 | 1 | 0 | 1 | 8 |
| 门头沟区 | 1 | 1 | 0 | 14 | 0 | 16 |
| 全市域 | 116 | 109 | 4 | 733 | 14 | 976 |

从表四可以看出，使用条石比例最高的是怀柔区，约95%，毛石、块石使用极少。其次是门头沟区，约88%的敌台使用条石，毛石、块石的使用量较少。延庆区条石使用比例也比较高，约85%，毛石、块石的使用量较少。密云区是三种石料都有使用，约69%的敌台使用条石，毛石和块石的使用量基本持平。平谷区亦是三种石材均有使用，毛石和条石的使用量非常接近。昌平区则主要使用块石，比例为75%。通过表四与表一的对比，形成图九。

从图九可知，除延庆区和昌平区外，其余四个区基座外层砌体条石使用比例和可分辨结构形式的敌台比例基本成正比，即条石使用比例高的区，其可分辨结构形式的敌台保存数量较多。比较特殊的是延庆区，在现存敌台中，基座外层砌体条石的使用比例是比较高的，为85%，仅次于怀柔区和门头沟区，但是从全区域敌台保存情况看（见表一），其敌台损毁量居全市之首，这也从侧面说明，使用了条石的敌台得以大量保存，而使用其他建筑材料的敌台损毁比较严重。可见，条石的坚固性高于其他石材，建筑材料的选择与敌台的保存状况有一定的关系。

敌台基座内心的填充材料，从残台来看，除延庆区有部分夯土心外，其他区基本都为碎砖石混合三合土填心。敌台其他部位的建筑材料各区差别不大，基本均为城砖砌筑，需要使用石料的部位基本选用条石。

## 三、敌台分布与长城防御体系的关系[9]

将这些敌台的分布情况放在北京明长城防御体系的视角下，我们发现它们之间存在着一些固定的联系。

1. 重点地区、关口的分布数量较密集

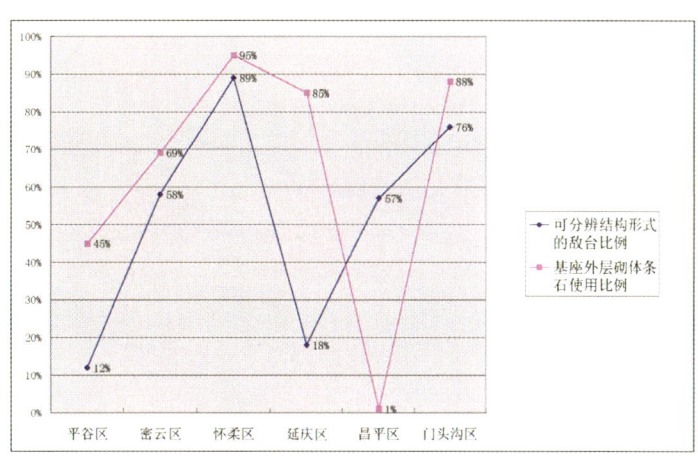

图九　基座外层砌体条石使用比例和可分辨结构形式的敌台比例关系图
（资料来源：北京市明长城资源调查）

关于敌台的分布，据文献记载，"凡冲处，数十步或一百步一台；缓处，或四五百步，或二百余步不等者为一台"。⑩北京地区属于明长城防御体系中的重镇，境内长城敌台的分布相对其他地区本身就比较密集。区域内敌台分布又呈现出地势平缓处敌台分布相对密集、地势险峻处敌台分布相对稀疏的总体特点，特别是明代军事防御的重点地区、关口等处，敌台的分布数量更加密集。

北京境内明长城敌台的平均间距约为355米，而今密云区是古代北京的北大门，是明代军事防御的重点地区，其敌台分布就相对比较密集，敌台平均间距约为310米，低于北京市敌台平均间距355米这一数字。而密云区的司马台关更是密云区中敌台最密集的区域之一。司马台，古称司马台暖泉口，是古北口下辖的一个重要关口，对捍卫古北口、拱卫北京城起着举足轻重的作用，是北京地区防御的重点关口。司马台长城段全长4612米，共28座敌台，平均间距约165米，远远低于密云区敌台平均间距310米这一数字。自关口往东，山势由缓至险，除密云255号敌台（俗称仙女楼）到密云256号敌台之间的间距超过300米外，其余敌台间距都在200米以内，最小间距为90米；自关口往西，山势相对于东段稍缓，敌台间距最大330米，最小仅80米⑪。敌台间距较大的地方都是地势非常险峻之处。

怀柔区是拱卫明皇陵的关键地区，其敌台更加密集，尤其是重点关口慕田峪关。慕田峪关是京师北门黄花镇的东段，地理位置十分重要，自古以来就是军事要冲，是拱卫京师、戍卫明皇陵的重要屏障。此地敌台分布更加密集。慕田峪关城东西两侧长城全长约2660米，共有敌台22座，平均敌台间距仅120米。

延庆区是北京西北的重要门户，其长城长度略次于密云，因其山险墙体较多，占据北京市明长城总长度的很大一部分，故敌台平均间距较大。延庆区最重要的关口就是八达岭，自古就有"居庸之险不在关（即居庸关），而在八达岭"之说，历来是兵家必争之地，在明长城防御体系中亦是重中之重。八达岭地区整体长城全长约23280米，敌台90个，敌台平均间距约259米。其中八达岭关城南北两侧长城段全长约5000米，共有敌台22座，敌台平均间距约227米，其分布密度亦比较密集。

2.重点地区、关口的敌台形式与材质有一定特征

纵观北京全境，重要地区以空心敌台为主，尤其是关城左右两侧。

密云司马台长城段的28座敌台全部为空心敌台。其中中室为砖拱结构的22座，木梁架结构的5座，砖木结构的1座。所用石料均为条石。

怀柔慕田峪关城左右22座敌台中，空心敌台18座，实心敌台3座，空实结合敌台1座。18座空心敌台中，中室为砖拱结构的12座，砖木结构的6座，空实结合敌台的空心台中室为砖木结构。所用石料均为条石。

延庆八达岭关城两侧长城段22座敌台中，实心敌台5座，空心敌台15座，无法辨识结构类型的2座。15座空心敌台中，中室为砖拱结构的5座，木梁架结构的4座，砖木结构的5座，中室结构不详的1座。所用石材均为条石。

从重要地区、关口敌台构造的选择上可以看出，中室为木梁架结构的敌台最少，砖木结构的次之，砖拱结构的数量较多。

这一方面与敌台建造的年代有关。据张依萌研究发现：中室木梁架结构的敌台多建于隆庆年间，中室砖木结构的敌台多建于万历前期，中室拱券结构的敌台多建于万历后期⑫。修建年代越早的，损毁越严重，存量越少。

另一方面与中室结构有关。木梁架结构的类型，坚固性较差，木材一旦损坏，建筑随之破坏；但中室空间最大，能容纳

较多的守兵和物资。中室为砖拱结构的类型，其牢固性最高，但是中室空间相对狭窄，容纳守兵人数较少、储备物资有限。砖木结合的类型，其中室空间的容积量与牢固性恰好处于其他两种类型中间。古人在修建敌台时，根据该段长城的实际地貌和选取材料的难易程度，既要满足重要关口城池坚固的需要，又要考虑容纳一定数量的守兵与物资。由此推测，早期修建的木梁架敌台，在后期修缮或改建的过程中可能得到部分保留。故木梁架结构、砖拱结构、砖木结构这三种类型的敌台交替出现，长短互补，最大限度地发挥长城的守御能力。

## 四、结论

从整个北京地区的敌台形式、分布情况和在长城防御体系中的作用可以看出，古代长城敌台的建造是古人综合考虑军事需要、人力、物力和建筑实用性的产物，形成了重点地区敌台数量密集、用材讲究、结构坚固，次要地区敌台数量相对较少、就地取材、因地制宜的特点，从而使整个长城防御体系达到了一个较为科学的防御效果。

---

① （明）戚继光：《练兵实纪杂集》卷6《敌台解》，中华书局，2001年，第325页。

② 晋宏逵：《司马台长城》，北京燕山出版社，1992年，第30页。

③ 怀柔县文化文物局：《怀柔文物集成》，第89—100页。书中将怀柔区境内的空心敌台归纳为：中室巨拱式、中室回廊式、深窗插檩式、阡陌纵横式、阡陌变化式、中室单廊式、台内藏山式、薄墙梁柱式、空实结合式、方形高筒式、奇峰夹扁式。

④ 孟昭勇：《明长城敌台建筑形制分类》，《文物春秋》1998年第2期。文中将空心敌台分为：单筒拱无柱式敌台、双筒拱二柱式敌台、双筒拱三柱式敌台、三筒拱四柱式敌台、环形筒拱四柱式敌台、无筒拱木柱楼板承重式敌台六大类型。

⑤ 晋宏逵：《司马台长城》，北京燕山出版社，1992年，第32页。

⑥ 怀柔县文化文物局：《怀柔文物集成》，第101—102页："实心敌台……其形式有以下几种：①两边坡度较缓，两面都有台阶可直通长城走道，即行人可以直接从台顶通过；②坡度一面缓一面陡，行人通过时只能一面登台，然后再从台顶楼梯而下，不能直接穿越台顶的；③敌台两边坡度都非常陡，从哪边都不能登上台顶，通过必须从里侧墙门出入。登台顶只能从券洞楼梯而上下。"

⑦ （明）戚继光：《戚少保文集四》，见（明）陈子龙：《明经世文编》卷349，中华书局，1987年，第3759页。

⑧ 隆庆三年（1569）《总督侍郎谭纶防秋事竣敌台完工疏略》，见《四镇三关志》卷7《制疏考·蓟镇制疏·题奏》。

⑨ 本章节所用数据，除标注出处的，其余均来源于北京市明长城资源调查资料。

⑩ （明）戚继光：《练兵实纪杂集》卷6《敌台解》，中华书局，2001年，第326页。

⑪ 晋宏逵：《司马台长城》，北京燕山出版社，1992年，第28页。

⑫ 张依萌：《明长城砖砌空心敌台类型与分期研究》，《故宫博物院院刊》，待刊。

（作者单位：北京市古代建筑研究所）

# 北京地区明长城现存城堡遗址初探

## 王佳音　高　梅

北京地区明长城自东向西穿过平谷、密云、怀柔、延庆、昌平、门头沟六区，东西两端与河北长城相连，在明代属于九边总兵镇守制度和都司卫所制度管辖之下，是由城墙、敌楼、烽火台、关城和堡寨等诸多防御工事组成的完整防御体系。2006年，国家文物局在山海关召开了长城保护工程启动工作会议，拉开了我国长城资源大规模科学调查的序幕。在此次调查中，北京市共调查收集了昌平区5处、怀柔区22处、门头沟区2处、密云区59处、平谷区15处、延庆区42处共145处城堡遗址。此后，延庆区和密云区又分别发现12处和4处城堡遗址。2015—2017年，北京市古代建筑研究所对这161处城堡遗址再次进行了详细调查，发现这161处城堡性质各异，既有直属于总兵镇守制度和都司卫所制度的卫城、所城、路城和堡寨，也有隶属于行政制度管辖下的州城、县城和民堡，而军事与行政管理体系在这些城堡中又存在交叉和轮替的现象。另外，这161处城堡虽多始建于明代，属于明长城防御体系的组成部分，仍不排除其中有少数始建年代更早的城堡，甚至并不属于长城防御体系，如位于延庆区旧县镇的古夷舆城堡和延庆区大榆树镇的南寨坡城堡身份就比较模糊。这些城堡经过约五百年的洗礼，虽然现有面貌与原始形态间存在很大差异，但其中仍储存了大量有关明代长城防御体系设置、军事建制变迁、城堡选址筑造等大量信息。以下将从城堡的选址分布、规模形制、结构筑造及布局建筑等方面对本次调查所获材料进行梳理，以期能够使读者对北京地区现存城堡的情况有比较全面的认识。

## 一、城堡的选址与分布

从大的空间范围看，北京地区的城堡分布沿明长城线展开，在明代的九边体系中属于蓟镇、宣镇、昌镇和真保镇管辖。城堡与长城墙体互相依存，长城作为主要防线，城堡能够为其提供人员驻守、兵马仓库、物资输送、官署管理等服务。

依据现场调查，城堡所处地理位置可以分为五种情况：第一种位于山脊之上，两侧均与长城墙体相连，如延庆区火焰山营盘。由于地理位置比较险峻且规模很小，已发现数量较少，但推测应有更多的此类城堡有待发现。第二种位于沟谷一侧的平地或山坡上，与长城关口配合把守山间隘口，担负基层防御功能，是现存数量最多的一类城堡，如怀柔区小长峪城堡、密云区白马关城堡等均属此类。第三种位于比较宽阔的山间或山前平原，多为地区军事中心，负责管理周边基层堡寨和隘口的把守，因此数量相对较少，如怀柔区渤海所城堡、门头沟区沿河城属于此类。第四种城堡位于重要的山谷隘口，墙体蜿蜒曲折，将两侧山脊与河谷全部包围，并将关隘、堡寨和军政管理功能囊括其中，是数量最少但地位最为重要的一类，如昌平区居庸关和密云区古北口城堡。第五种城堡完全位于延庆区小平原之上，包括延庆州城、永宁县城及其下辖的大量民堡，系明永乐后为充实该地区人口而建，保障了前线防御的人口与屯田需求，虽然现存总量不多，但特征鲜明，也是一类重要的城堡遗存。

从宏观分布看，所有城堡全部位于长城主线内侧。其中，密云区和平谷区城堡位于蓟镇长城以南和以西，怀柔区和延庆区南部城堡位于昌镇长城以南，延庆区北部和东部城堡位于宣府镇长城以南和以西，门头沟区城堡位于真保镇长城以东和以南。从微观上看，除主线外，长城还曾修建很多支线墙体，城堡分布于其内侧外侧的情况均有发现，此类城堡的数量约在总数的90%以上。部分城堡直接借用长城墙体，在其一侧围筑城堡，受地势影响，一般形状并不规整，此类城堡数量不足10%，以延庆区南山路长城沿线的小张家口西营和岔道东北城堡等最为典型。此外，还有少量城堡直接位于长城墙体之上，城堡两侧与长城墙体相接，如延庆区柳沟城和位于山脊的延庆区城20等。最后一种情况是直接将城堡和长城墙体融为一体，并在墙体上安置敌台，负责重点地区的防御工程，数量很少，以居庸关、白羊城等为代表。

## 二、城堡的规模与形制

本次调查中，除保存过于残破无法确认原有范围的城堡外，调查者对其余147处现存城堡的周长进行了现场实测，最小周长73米，最大周长约3874米。其中周长200—500米的城堡数量最多，占所有已测量城堡的50%（表一）。综合城堡的地理位置与周长，可将其分为以下几个类型（图一、图二）。

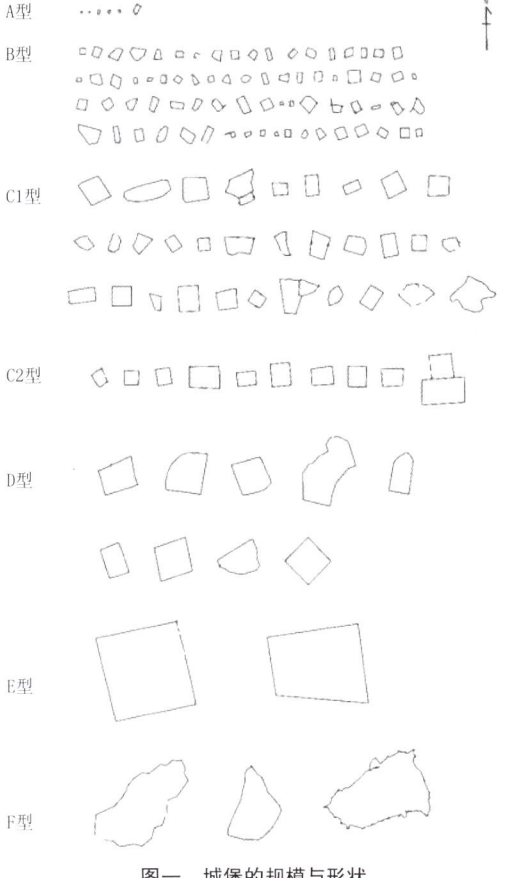

图一　城堡的规模与形状

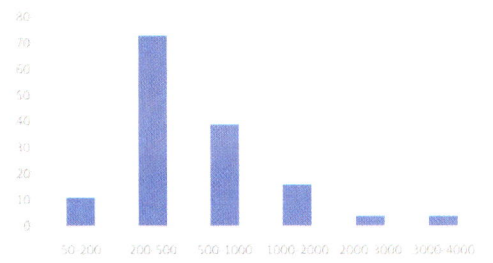

表一　现存城堡周长统计（纵轴数量，横轴米）

A型，周长一般小于200米，位于山脊之上，与长城墙体相连，因地形限制，面积狭小，全部为近圆形或不规则四边形，墙体一般没有明显转角，两侧与长城墙体相接，典型代表如延庆区城20和火焰山营盘。B型，周长一般小于500米，位于较狭窄山谷一侧的平地和山坡上，地势较平整的城堡形状以长方形或四边形为主，如密云区白道峪村内城堡、怀柔区鹞子峪城堡等；地域狭窄或位于山坡之上的城堡多呈不规则四边形，并存在少数三角形或多边形做法，如延庆区韩江口城堡、密云区西湾子城堡等。C型，周长一般在500—1000米，该型城堡又可分为两类：C1型以军事防御为主，位于较宽阔山谷或山口一侧的平原或台地上，所处地理位置相对开

图二 城堡形制举例（1.延庆区城20 2.密云区白道峪村内城堡 3.密云区马营城堡 4.密云区小口城堡）

阔的城堡一般都呈规则四边形，如怀柔区大水峪城堡、密云区吉家营城堡和马营城堡等；而地势相对狭窄，部分位于山地之上的城堡则形状不规则，或部分规整、部分随山势变化，如延庆区周四沟城堡、密云区小口城堡等。C2型以民堡为主，位于延庆小平原，因地势平坦，全部呈规则四边形，以延庆区双营城和刘斌堡为典型代表。而属于此型的榆林堡，因在北城基础上扩建南城，形成"凸"字形城堡样式，呈现出比较独特的形态。D型，周长1000—2000米，位于比较宽阔的山间或山前平原，多为地区军事管理中心，面积更加广大，形状也分为规则四边形和不规则形两类，前者以延庆区柳沟城、怀柔区黄花城和渤海所城为代表，后者以密云区曹家路城堡、门头沟区沿河城为代表。E型，周长2000—3000米，位于延庆平原，为地区军事政治管理中心，平面呈规则四边形，延庆城因受南侧河流影响，南墙走向略偏离正方向，永宁城则呈现比较规则的长方形。F型，周长1000—3874米，位于山谷中，多为重要关口兼军事管理中心，城堡与长城融合为一体，全部随山势

而建，地域广大，因此全部呈现不规则形态，如密云区古北口城、昌平区居庸关城和白羊城。

城堡朝向同样受地势影响，即平原地带城堡朝向接近正南正北，位于山谷之中的城堡走向一般与河流延伸方向相同，而位于山地之上的城堡朝向更加自由。然而总体看来，城堡的方位还是更多沿正南正北方向展开。

## 三、城堡的结构与筑造

城墙和城门是构成城堡的两个基础要素，两者各自又包含转角墩台、马面、瓮城、水门等不同结构，依据城堡规模和防御需求的不同，各要素呈现不同的组合形式。

1. 城墙

城墙是城堡最基础的构成要素，为保障墙体的稳定性和防御功能，在筑造时，墙体的长度、高度、厚度遵循一定的比例。一般来说，长度越长，高度和厚度也相应越大。小型城堡城墙墙基厚约5米，大型城堡城墙墙基厚约10米，两者存在不同程度的收分。墙体因保存残破其高度无法准确测量，根据现存残迹判断小型城堡墙体高度一般在7米以上，大型城堡墙体高度可达15米。

城墙现存夯土和混合砌筑两种形式，其中混合砌筑形式最为常见，包括土石混合砌筑和砖石土混合砌筑两种方式。

夯土城墙墙体全部为夯土板筑而成，夯层清晰，厚度一般在10—15厘米之间，部分夯层较厚者可达到20厘米，夯土以黄土为主，有的均匀加入碎石，也有分层加入碎石的情况。在同一城堡中，夯层厚度不同或材料不同的情况也比较常见，如延庆区双营城（图三），东墙的夯层比西墙

图三　延庆区双营城夯土墙

要薄大约5厘米，且局部有分层的碎石条带，使得东西墙呈现不同的面貌。

除夯土城墙外，本次调查所见其他城墙均为混合砌筑形式[1]。第一大类为土石砌筑，即土质墙心或土石墙心搭配石砌墙面。墙心的做法比较简单，其中完全使用土质墙心的数量较少，多数使用大块杂石搭配黄土混合堆筑而成。墙面的做法比较多样，根据石头形态的不同可分为毛石砌筑、块石砌筑、条石搭配毛石砌筑三种不同类型。毛石砌筑指外侧墙面和内侧墙面的墙基、墙身均使用大块毛石砌筑，毛石之间以小块毛石填充，并使用白灰勾缝，如密云区小口城堡，因靠山而建，地势并不平整，首先使用毛石找平，之上用毛石砌筑内外墙身。使用同样方法砌筑墙体的城堡还有密云区西坨古城堡等。块石砌筑指内外侧墙面的墙基、墙身均使用块石砌筑，与毛石不同，块石的形状相对规整，一般由具有水平层状节理的岩石粗加工而成，块石间使用白灰勾缝，如昌平区白羊城和长峪城均使用此类砌筑方式。条石搭配毛石混合砌筑的形式最为常见，条石不同于块石，一般使用花岗岩或砂岩制作，石头没有明显节理，靠人工开凿和加工成条石状，一般尺寸比较固定，表面保留加工时遗留的沟槽痕迹，此类墙体一般最下层使用一层毛石找平，其上砌筑二至三层条石，条石间以白灰勾缝，条石之上再使用大块毛石砌筑，毛石之间以小块毛石填充，并使用白灰勾缝，转角部位有时用比较规整的毛石砌筑，如密云区白道峪村内城堡和高庄子城堡等。据初步观察推测，墙体用石应为就地取材，各地山区基岩种类不同，导致了墙体面貌的差异（图四）。

第二大类混合砌筑法为砖石土混合砌筑。墙心的做法与前者相同，墙面使用

图四　石质墙面举例
（1.密云区小口城堡　2.密云区西坨古城堡　3.昌平区白羊城城堡　4.昌平区长峪城北城
5.密云区白道峪村内城堡　6.密云区高庄子城堡）

图五 砖石墙面举例
（1.怀柔区小长峪城堡外墙面 2.怀柔区小长峪城堡内墙面 3.怀柔区神堂峪城堡外墙面）

条石、毛石和青砖混合砌筑。城堡内侧墙面形式比较固定，墙基和墙身全部使用毛石砌筑，部分使用青砖砌筑墙帽。外侧墙面一般有两段式和三段式两种形式（图五）：两段式下层使用条石，上层使用青砖砌筑。条石一般在八层以上，底部另有一层条石找平，条石之上直接使用单层或双层青砖砌筑墙身和墙帽，如怀柔区小长峪城堡和密云区白马关城堡均可见到此类做法。三段式底层使用条石基础，中层为毛石墙身，顶层为青砖墙帽，并做出垛口。遗憾的是现存城堡中并无保存完整的遗迹，只在修复后的怀柔区神堂峪城堡看到了此类形态。

以上为本次调研所观察到的墙体基础状态，需要注意的是，这些分类均基于现有可观察到的城堡墙体形态，因时代久远，城堡保存均不完整或发生过后期改动，会为分类带来一定偏差，这也有待更多的研究和实例加以纠正。

在基础形态之上，即使在同一城堡，不同部位的城墙也可分段使用不同的筑造方法，这种区别一方面源于不同的防御需求，一方面源于不同的砌筑时代（图六）。如密云区白马关城堡，西墙北段的毛石墙体为城堡的最初做法，而西墙南段和其他墙体则改用了条石搭配青砖的砌筑方式，起到了增强防御的作用。另外，延庆区周四沟城堡的南北城也采用不同的砌筑方式，南城全部为夯土砌筑，而北城则采用了夯土墙心外包条石和青砖的形式，也系不同时期改建所致。

规模稍大的城堡通常在转角处建转角墩台，墩台高度高于城墙，收分较大，材质与城墙相同。墩台之上可设角楼，以增强瞭望和防御功能。现存城堡角楼均已损毁无存。规模更大的城堡还在墙体上设置突出的马面，如延庆城、永宁城、榆林堡、沿河城等均可见马面（图七）。城墙顶部原为步道或马道，除重修者外，现已全部无存。

2. 城门

除城墙外，城门也是城堡不可或缺的要素，然而在所调查的城堡中，也有部分因保存情况较差无法判定城门是否存在的情况，如延庆区土城城堡、延庆区城19和城20等。这类城堡的共同特点是规模十分小，推测即使有城门存在，其形制也并非

图六 采用不同墙体筑造材料的城墙举例
（1.密云白马关城堡西墙北段 2.密云白马关城堡西墙南段 3.延庆区周四沟城堡南北城连接处）

图七 城堡转角墩台与马面举例
（1.延庆区刘斌堡城堡东南角墩台 2.密云区上峪城堡西北角墩台 3.延庆区榆林堡北墙航拍 4.延庆城北墙马面）

通常所见。仅一座城门的城堡数量较多，多数位于南墙正中，如密云区石佛城堡、怀柔区鹞子峪城堡等；也有少数采用东向、西向或北向的做法，如延庆区火焰山营盘城门朝西、延庆区柳沟城城门朝北、昌平区长峪城南城城门朝东等。

规模稍大的城堡多设置两座城门，有的东西相对，城门间以"一"字形道路连接，如延庆区双营城堡。有的东西相错，城门之间由曲折的道路连接，如密云区吉家营城堡。有的城门南北相对，如密云区遥桥峪城堡、昌平区居庸关城和长峪城都是此类做法；也有在相邻城墙上开城门的做法，如密云区黑谷关城堡开北门和东门，密云区上营城堡开南门和西门等。

三座城门的做法用于规模较大的城堡，一般为东西相对的城门搭配南门，如怀柔区大水峪城堡、密云区墙子路城堡等。四座城门的做法最少，只用于延庆城、永宁城、黄花城和曹家路城等规模最大的城堡。

因时代久远，原有城门已不符合现代交通方式，现存数量并不多，但城门基础结构相似，平面一般为长方形，少数为"凸""凹"形，厚度大于城墙，呈两侧突出城墙或一侧与城墙平齐、一侧突出的形态。从立面上看，城门包含中央和两翼三个组成部分，中央开券门，券脸多用砖砌三伏三甃或五伏五甃样式，少数使用石砌券脸。朝内的券门一般比朝外的券门高大宽阔，门板安装于内外券门之间。券脸之上为石门额，刻制城堡名称或城门名称及建堡年代等。门额之上为砖砌拔檐。两翼结构较简单，一般下部使用条石，上部使用青砖，顶部砖砌拔檐，并设有吐水嘴。有些规模较小的城堡，两翼直接与城墙一体，只保留中央的券门，如怀柔区鹞子峪城堡和密云区吊马寨城堡等。城门一侧建有登城步道或马道，城门顶部建有城楼，一般为木构传统建筑形式，现均无存，只有少数保留柱础，如密云区遥桥峪城堡。由于城门的重要地位，在所有城堡中，城门基本均采用

图八 城堡城门举例
（1.延庆区双营城西门 2.密云区吉家营城堡西门 3.密云区白马关城堡南门 4.延庆区火焰山营盘西门 5.密云区吊马寨城堡南门）

条石搭配青砖的外墙面，与两侧城墙呈现不同的面貌（图八）。

在城门外加建瓮城是常见的防御措施，一般大型城堡中使用较多，但现存数量较少，仅见于延庆区柳沟城和昌平区长峪城南城（图九）。瓮城平面呈方形或半圆形，瓮城门位于城堡正门的左侧或右侧，也采用券门形式，尺度较城门偏小。在瓮城中建庙是古代城池比较常见的做法，但只适用于居庸关等规模较大的城堡。

除正门外，城墙上还根据需要设有水门（图一〇），根据城堡地势，设在地势最低的一侧墙体底部，一般在石墙上直接留出长方形洞口，夯土墙体则用毛石砌筑一个长方形洞口。长度和宽度在1－2米之间。规模较大的沿河城水门做法则相对考究，使用条石下肩和券脸，洞口高约2米，并安装门板，防止敌人从水门进入城内。

城堡外一般不设壕沟，但调查时曾发现建城取土时所挖掘的大坑，如延庆区大柏老城堡，可能曾客观起到拦截敌军的作用。然而类似遗迹十分稀少，不足以将其认定为有意布置的防御设施。此外，在昌平南口城和延庆三司城堡，正对城堡大门还建有一字影壁，此类做法十分罕见，影壁是否与城堡所建时代相同亦有待考察。

对于F型城堡及借用长城墙体的城堡，敌台也是城堡的重要组成部分，如延庆区韩江口城堡、昌平区居庸关和白羊城等，既包括空心敌台也包括实心敌台，与长城

图九 城堡瓮城举例
（1.延庆区柳沟城航拍 2.昌平区长峪城南城航拍）

图一〇　城堡水门举例
(1.门头沟区沿河城水门　2.延庆区双营城堡水门　3.怀柔区长园城堡水门)

墙体所建敌台并无差异，此处不再叙述。

## 四、城堡的布局与建筑

1. 城堡的布局

城堡内的道路正对城门展开，因此，根据城门数量的不同，城堡内街道可分为纵向一字街、横向一字街、丁字街和十字街等样式。对于延庆城和永宁城这类较大的城，城内主街为十字街，十字街中心布置鼓楼，城内衙署林立，多沿主街两侧布局，既包括行政衙署，如州县衙门和察院等，又包括军事衙署，如守备衙门。此外，城内还有官办的府库、仓廪、学校和草场等。除此之外，寺庙等宗教建筑是城内另一类重要的建筑类别，其一般分布于街道支巷，具体的类别和样式将在城堡建筑的部分详述。城外一般还设有教场、祭坛和寺庙，它们也是城堡的重要组成部分（图一一）。

对于略低一级的城堡，以密云区曹家路、古北路、石塘路、墙子路城堡为例（图一二），街道布局一般采用十字街和丁字街，街口多设鼓楼，建筑沿主街展开，包括都司、把总官署、寺庙、营房等。此外，城堡外也分布有寺庙或教场等。

对于更低级的城堡，街道多采用纵向或横向的一字街，城内建筑以营房和神庙为主，平行于街道两侧排列，在城堡的正北方通常布置真武庙等建筑，有的直接建于城墙之上，这一现象在怀柔区鹞子峪（图一三）和密云区上营等众多城堡中仍可清楚看到。

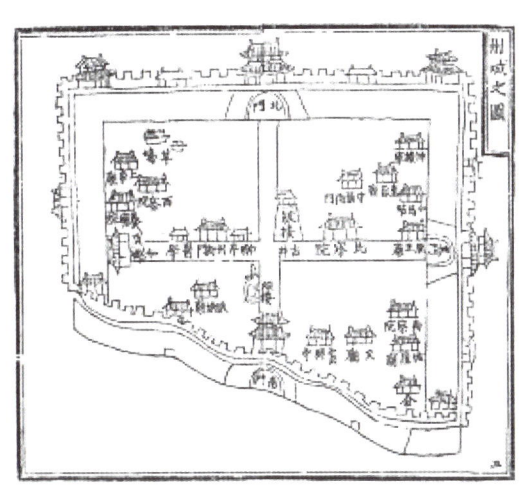
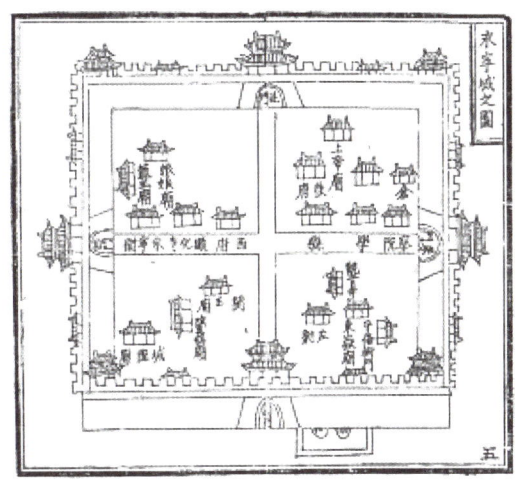

图一一　城堡布局举例[2]（1.延庆城　2.永宁城）

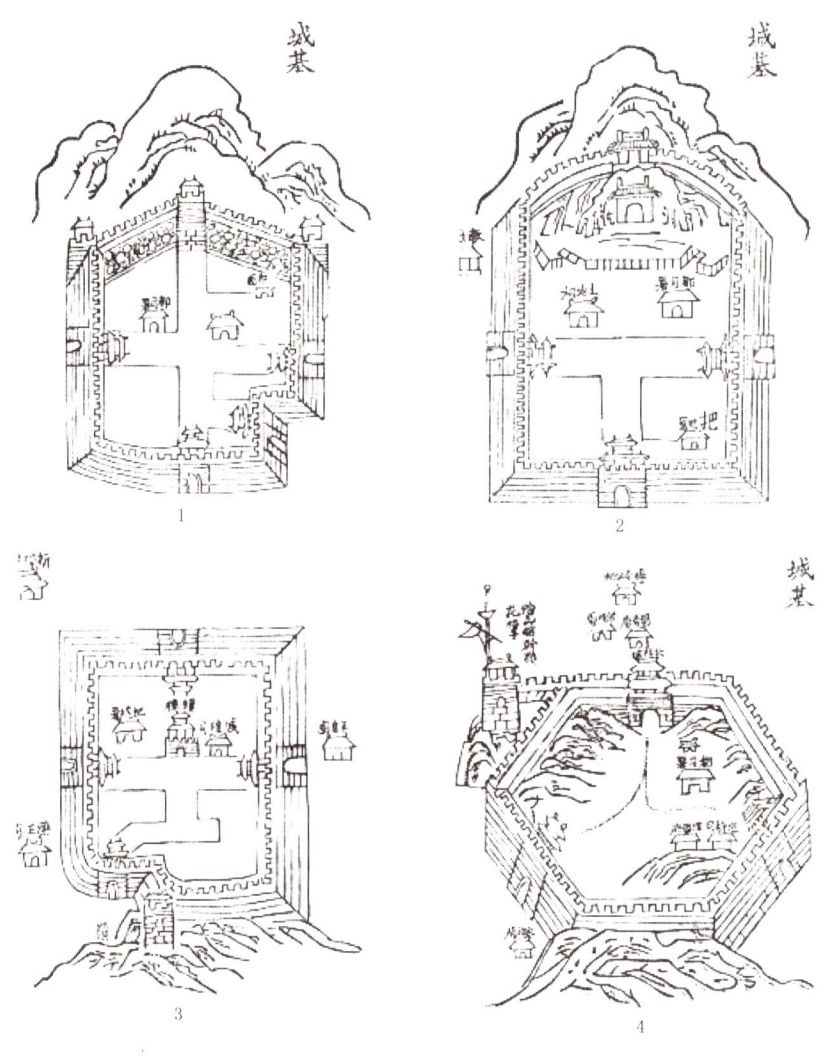

图一二　城堡布局举例[3]
（1.曹家路城图　2.墙子路城图　3.石塘路城图　4.古北路城图）

图一三　怀柔区鹞子峪城堡

图一四　延庆区火焰山营盘遗址

建在山脊之上的城堡仍保留了早期建筑的砖墙和地砖等遗存，这以火焰山营盘（图一四）为代表。经过考古发掘，揭露了营盘内主要建筑布局。正对西门建有道路一条，建筑主要分布于道路北侧，其中位于南北中轴线的建筑群保留正房和厢房共七座，另有东西跨院。主体建筑F1前出月台，附属厢房中发现火炕等遗迹。据此推测，此处房屋主要供守将统帅和将士居住。道路以南也有零星的墙体和房屋基址，最南侧的墙体之上有平台一处，台上发现房屋基址两处，推测为庙宇和庙宇附属建筑，现已复建[④]。城堡虽然受地势局限，但内部建筑布局仍遵循了一定的规则，城堡除提供守将居住外，还应具有基层管理功能。

2. 城堡的建筑

城堡内的建筑包括住宅、衙署、神庙、戏台、兵营、仓库、教场、马厩等，根据城堡性质、功能的不同，城堡内建筑呈现不同的组合方式。然而时代几经更替，城堡内的建筑发生大量变迁，与城堡同时期修建的建筑只有少量庙宇遗存，分布于城堡内外，有的则直接位于城墙之上。庙宇种类繁多，比较常见和重要的有真武庙、关帝庙、城隍庙、娘娘庙、龙王庙等。其中真武庙在城堡中具有比较特殊的意义和作用，真武的信仰源于"四象"，初名玄武，为北方之神。宋代后，玄武脱离"四象"，成为"真武灵应真君"。明永乐时，真武信仰达到鼎盛[⑤]。因真武本属武将，所以在明代修建的每一处城堡中，几乎都建有真武庙，又因其原为北方之神，一般设置于城堡北部正中，起到镇守戍卫的作用。清代以后，城堡失去主要军事功能，真武庙不再具有特殊意义，城内又涌现大量民间庙宇。在此次调查中，比较大的城堡内所建庙宇不少于十处，规模较小的城堡也有两三处，然而保留至今者不足十之一二，其中属于明代初建的庙宇就更加稀少。

比较确定属于明代所建庙宇的，如延庆区永宁城火神庙。该火神庙位于城内西南角，曾为旗纛庙，专门用于军中祭祀，庙宇曾用作千户总后备仓，庙场曾为演兵场。宣德五年（1430），都指挥使韩镇在城西北隅新建了一座旗纛庙，并将教场迁至那里，这里才改为火神庙。火神庙现存正殿、东配殿和宽阔的院落。正殿面阔三间，进深六檩，前出廊，硬山顶调大脊，筒瓦屋面，木构架原有彩画现已无存。在正房内东西山墙上比较完整地保留了两幅壁画，东山墙为"征战图"，西山墙为

图一五 延庆区永宁城火神庙及壁画

图一六　延庆区帮水峪泰山庙

"得胜图",画面表现了祝融、回禄等天界众火神手执火器助阵明军打败北方少数民族军队并得胜回朝的场面,众火神及明军手中所执火铳及守城火炮无不与火相关,庙宇浓厚的军事防御色彩也由此体现得淋漓尽致(图一五)⑥。

火神庙作为明代城堡庙宇建筑的代表,其建筑结构与装饰都具有比较普遍的典型性。然而除常见庙宇式样外,本次调查中还发现一处造型独特的庙宇——帮水峪泰山庙(图一六),坐落于延庆区八达岭镇帮水峪村东山顶上不足一百平方米的平台上,俗称"奶奶顶"。帮水峪(棒槌峪)宣德年间设巡检司,西北方向为南山连墩,东南方向为八达岭段长城及居庸关下辖花家窑口,地处长城防御的重要地段。该庙坐北朝南,无院落,仅正殿三间,殿前有道路和数十级陡峭的台阶,平面近正方形,造型与明长城空心敌台十分相似。平顶砖券结构,四周做菱角形拔檐,南墙中开券门,门脸为砖砌小门楼样式,两侧开圆窗。室内为一字横券结构,四壁壁画已重绘,屋顶仍可见早期蝙蝠祥云图案壁画。从庙宇的造型推测,该庙也应建于明代。

城堡内现存主要建筑为住宅,推测部分在城堡内原有房屋基础上翻建或新建而成,部分仍保留传统样式,但年代应不早于清代晚期⑦。除此之外,城堡内还保存了少量商铺和戏台建筑,而城中原有的衙署、府库等则难觅踪迹。

## 五、结语

北京地区现存长城城堡数量较多,密度不等地分布于北京北部地区。这些城堡或沦为遗址,或作为村镇沿用至今,地理位置包括平原、山谷和山脊,呈现出比较显著的分布规律,与长城墙体一同形成横向和纵向的防御体系。城堡规模不等,在等级和地理位置的影响下,最小的周长不足50米,最大者超过3000米,形状以四边形为基础,受地形影响,部分墙体随山就势,形成不规则形态。城堡现存遗迹以城墙和城门为主,还不同程度地保留有瓮城、马面、转角墩台和水门等。筑城材料采用了土、石和砖的不同组合,部分材料可能为就地取材。位于村庄内的城堡多数仍保留原始街道格局,城堡内外原布置有衙署、仓廪、府库、寺庙、营房和校场等建筑。随着时代迁移,属于明代的建筑几乎无存,只有少量寺庙仍保留至今,并显示出较强的军事防御特征。

以上,本文对北京地区现存城堡的物质遗存进行了简要的归纳。在此基础上,通过对区域历史和明代军事制度的结合,还可以探索城堡建设变迁的动态历史,总结不同时代、不同地域城堡的分布与筑造规律,并进一步复原明代长城防御体系,为长城文化带的研究、保护和利用提供更多的资料和依据。

"北京地区明长城沿线城堡调查研究"项目为北京市文物局2015-2017年资助的科研项目,其间得到各区(乡、镇)文物部门及北京联合大学、北京工业大学等高校师生的协助,特此表示感谢。

① 夯土城墙虽也掺有碎石,但比例很小,不影响主要筑造方式,故不纳入混合砌筑形式。
②(明)谢庭桂等:(嘉靖)《隆庆志》,天一阁藏明代方志选刊,上海古籍书店,1962年。
③(清)丁符九等:(光绪)《密云县志》,清光绪八年(1882)。
④ 北京市文物研究所、延庆县文化委员会:《北京市延庆县四海镇火焰山营盘遗址发掘简报》,《北京文博》2007年第3期。
⑤ 张士尊:《明代辽东真武庙修建与真武信仰》,《鞍山师范学院学报》2009年第3期。
⑥ 北京市文物局图书资料中心、延庆县文化委员会:《北京延庆古代寺观壁画调查与研究》,北京燕山出版社,2012年,第90-109页。
⑦ 王佳音:《京西北明长城沿线堡寨村落的乡土建筑初探》,《中国文化遗产》2017年第2期。

(作者单位:北京市古代建筑研究所)

# 从馆藏石刻文物解读明朝时期的八达岭长城

黄丽敬

石刻文物是中国文物的重要组成部分，它承载和展示着厚重的历史文化信息，为人们了解历史提供了真实而又准确的依据。长城作为明代重要的军事防御工程，除建筑本身具有重要的军事、建筑价值外，其沿线分布的记载长城修筑的题名、记事等石刻，也具有重要的历史价值，因为它们在传承长城文化、研究长城历史中起着不可替代的作用。

八达岭长城作为明代北方的军事要地，被誉为明长城的精华、中国长城的杰出代表，是世界认知中国长城的窗口。但由于多种原因，在古籍史料中很难查找到关于八达岭长城系统而详实的信息。本文根据八达岭地区出土的石刻文物及相关资料，结合多年的工作经验，针对八达岭长城这座明代的军事防御建筑，从修筑时间、施工人员及工程管理等方面做分析研究，以便人们更好地了解八达岭。不妥之处，还请专家和同行批评指正。

## 一、八达岭长城的基本情况

八达岭长城位于北京西北60公里处，东经116°05'，北纬40°25'。长城坐落在延庆南部的军都山，以北为延庆盆地，以南是关沟。从八达岭到南口的山涧俗称"关沟"，因在沟中有著名的居庸关而得名。关沟自古便是华北平原通往西北蒙古高原的重要交通要道。明王朝定都北京后，在关沟中增设了南口城、居庸关、上关城、八达岭关城四道关口进行层层设防，被称为"关沟防御体系"。关沟防御体系在拱卫京师、守护明皇陵中起着至关重要的作用。八达岭所处的地理位置，使其成为防御体系的第一道防线，备受明朝统治者的重视，此段长城的主体多用砖石修筑，规格也比较高，被誉为明代万里长城的杰出代表。明代王士翘在《西关志·居庸关》卷首《居庸图论》中说："居庸两山壁立，岩险闻于古今，盖指关而言。愚窃谓居庸之险不在关城，而在八达岭。是岭，关山最高者。凭高以拒下，其险在我，失此不能守，是无关矣。逾岭数百步即岔道堡，实关北藩篱，守岔道所以守八达岭，守八达岭所以守关也。"[1]由此可以看出八达岭长城在居庸关军事防御体系中的重要作用。

根据延庆长城普查结果显示，八达岭地区有两道颇具规模的长城。其一是八达岭西北1.5公里的岔道村边的"南山路边垣"，"南山路边垣东侧起点位于九眼楼，向西到四海镇海子口，过永宁镇营城子村、井庄镇柳沟村、八达岭镇岔道村，在八达岭镇清水顶与八达岭段长城相连接，止于八达岭镇政府西南3.98千米处，总长约59.4千米，边墙主要是由夯土夯筑或碎石砌筑而成。……现存高度一般约4—10米，顶部宽度最宽处可达3—4米，夯层厚度约5—15厘米"[2]。

其二是目前长城研究领域公认的八达岭长城，"八达岭段长城东侧起点位于八达岭镇石佛寺村东南1.22千米处的'川字一号'敌台，经石佛寺村西侧即水关长城，向西北穿青龙桥火车站南侧铁路，过八达岭镇岔道村南的'八达岭长城'转向西南，止于八达岭镇石峡村南4.1千米处，该结束点也是河北省怀来县、昌平区、延庆区的交界处。八达岭段长城边墙全长23.3千米"[3]，包括94座敌台及相关的附属设施。八达岭段长城高度在7—8米之间，山势陡峭处也在3—5米间，地势平缓处可达10米以上，边墙收分5%，垛口上留有瞭望孔，下部留有射击孔，边墙顶部最宽可达6米，能够容纳5匹马或10个人并列行进。边墙基础部分为条石砌筑，顶部为城砖砌筑，马道平缓处为方砖墁布，陡峭处为城砖砌成阶梯状，雉堞为砖砌。

八达岭长城属于明长城的内长城。明长城东起鸭绿江，西到嘉峪关，全长8851.8公里，跨越了辽宁、河北、天津、北京、山西、陕西、内蒙古、宁夏、甘肃、青海等十个省、市、自治区。明王朝为了加强京师的防御能力，在北京北方修筑了两道长城防线，即内、外长城。内、外长城在北京怀柔慕田峪长城附近的"北京结"分岔。内长城由"北京结"向西南经过北京的八达岭，再经河北易县、涞源、阜平而进入山西的灵丘、浑源、应县、繁峙、神池而至偏头关附近的老营堡和外长城会合。外长城自"北京结"西北至延庆四海的九眼楼，由白河堡附近进入河北的赤城，行经崇礼、张家口、万全、怀安而进入山西的天镇、阳高、大同，沿内蒙古、山西交界处达于偏关附近与内长城相连，最后至嘉峪关。内、外长城可谓是明代京师西北的重要屏障。

## 二、明朝时期八达岭长城的修建情况

### （一）明代八达岭长城的修建过程

明朝是在打败元朝的势力后建立的王朝，因此退回到漠北草原的蒙古贵族鞑靼、瓦剌诸部仍然不断南下骚扰抢掠。为此，在明朝初年，朱元璋就派大将徐达等在北部边境建关设塞，进行防御。明中叶以后，女真族又兴起于东北地区，也不断威胁边境的安全。为了巩固北方的边防，在明朝的276年统治中几乎没有停止过对长城的修筑工程。明代八达岭长城的修建过程，大体分为三个阶段：

明代前期（1368—1447）对长城的修缮，重点是北京西北至山西大同的外边长城和山海关至居庸关的沿边关隘。

明代中叶（1448—1566）长城的大规模兴筑。"土木之变"以后，瓦剌、鞑靼不断兴兵犯边掳掠，迫使明王朝把修筑北方长城、增建墩堡作为当务之急。

明代后期（1567—1620）长城的重建和改线。工程主要是建空心敌台，用砖石为墙。

中国长城博物馆现存石刻文物20多件，从内容上大致可以分为三类：一类为题名碑，各工程兴建时主管官员、将介题名及诗文碑等；二类为"鼎建"刻石，工程完工时有关工程段、工程量的记录，以备查验工程质量；三类为石刻匾额，包括八达岭段长城关、城、台门上的匾额。这些石刻来源于八达岭长城附近，或出土，或征集，是研究八达岭长城珍贵的文物资料。在明朝长城修筑的三个阶段中，八达岭长城也在新建或重修，这从石刻文物中都能找到确切记载。

从战略角度上看，八达岭由于特殊的地理位置，是居庸关军事防御体系的重要部分，被誉为"居庸外镇"，又有"居庸之险不在关城，而在八达岭"之说，历史上与居庸关有密不可分的关系。史料中提到居庸关有时包括八达岭，在修筑八达岭长城时，又用居庸关代之，往往两地名混用，如元朝时期，称八达岭为居庸关的北口，等等。另外，明代人们把长城称"边墙"，为此，本文在表述或引文中也遵从此习惯。

1. 明代前期八达岭设寨防守

元朝末年，由于连年的战争，再加

上黄河泛滥等自然灾害的影响，中原地区的人口剧减。朱元璋登上皇位后，为了防御元兵卷土重来，除加强军事设防外，还采取坚壁清野的措施，即"不置府县，只遣将率士守护"的战略方针，把山后塞外（包括河北保安州、龙庆州等地）百姓迁徙到居庸关以南，既可充实内地人口，恢复和发展生产，又可达到让敌人无所掠获的目的。把八达岭所在的龙庆州（龙庆州和隆庆州都指的是延庆地区）的居民南迁，"洪武四年三月二十一日，徙山后民一万七千户屯田北平"④，六月，由于民众迁徙，隆庆州被废。因此，北京延庆在明朝初年的50年里，没有了州县建制，只有军事设防，由明洪武三年（1370）在居庸关设置的千户所进行守卫。

明成祖迁都北京后，更加重视居庸关的军事防御，改居庸关守御千户所为隆庆卫指挥使司，下设五个千户所，兵力增加了五倍。"永乐二年（1404），又在居庸关增设隆庆左卫和隆庆右卫，左、右卫下也各设5个千户所。三个卫的治所都在居庸关"⑤。由此可见历史上居庸关是隆庆州（延庆地区）的军事指挥部的所在地。明成祖朱棣为了消灭北元的残余势力曾五次率军远征漠北，多次从居庸关、八达岭经过，出于军事防御的需要，在八达岭地区的"石佛寺口、青龙桥东口、王瓜峪口、黑豆峪口、化木梁口、于家冲口"⑥等建关设防，加强防御。

宣德年间八达岭和岔道属于不同的军事防区，据明宣德六年（1431）"水长峪河"界碑记载："迤东八达岭交界""迤西岔道城交界""辛亥岁吉旦，钦依守备八达岭城地方都指挥使汴梁夏熟"。两地以水长峪河为界，以西为岔道管辖，以东属于八达岭管辖。明宣德帝虽然在位只有十年的时间，但非常重视八达岭地区的防御，曾于宣德五年（1430）十月和宣德九年（1434）九月，两次巡边经居庸关八达岭驻跸岔道城，"戊寅，车驾度居庸关，驻跸岔道。己卯，猎于岔道"⑦。

洪武后期被驱赶到塞北地区的蒙古族，分裂为鞑靼、瓦剌及兀良哈三部。三部之间为了利益长期征战，导致鞑靼势力不断削弱，瓦剌逐渐强大。强大的瓦剌经常掠扰边境，乃至挑起战争，正统年间的"土木之变"，就是明英宗率军与瓦剌部作战而失败的历史事件。由于"土木之变"的惨败，导致一系列问题的出现，使得强盛的大明朝由盛转衰。明朝战略也呈现由攻转守的全面改变。

2. 明代中叶八达岭大规模修筑长城

弘治年间（1488—1505），瓦剌、鞑靼不断兴兵犯边掳掠，"弘治十七、十八二年冬间，虏复大举，仍自花马池清水营拆墙深入抢掠。前项边堑营堡不能捍御阻遏"⑧，迫使明王朝把修筑北方长城、增建墩堡作为当务之急。由于蒙古鞑靼诸部常驻黄河套中，经常入境骚扰，故明中叶在这一带增修数重长城。

弘治、嘉靖年间分别在喜峰口至一片石，古北口、黄花镇至居庸关段补砌山口水道，增筑塞垣，即建成墙下可过山水的水关。

八达岭关城就是在这一时期修筑的。据《西关志·居庸关》卷一《城池》记载："八达岭在关北三十里，其城上跨东西两山，下当两山之冲。高二丈五尺，厚一丈，长六百八十丈。南北城门城楼二座，敌楼二座，城铺二间，护城东山平胡墩一座，西山御戎墩一座。弘治甲子秋七月，经略边务大理右少卿吴一贯规划创立，逾年告成。至今每遇春秋，守关者率兵于城外挑掘偏坡、壕堑以防虏寇。隆庆卫地方，外口尤为紧要，失此不守，则居庸不可保矣。"⑨

嘉靖时期，明王朝的外患极为严重，主要是"南倭北虏"，即东南沿海一带倭寇的侵扰和北部边境鞑靼骑兵的袭扰，也是长期困扰明朝廷、危及大明江山社稷的两大问题。

这一时期北方草原上又兴起了俺答部，与朵颜等部在嘉靖十六年（1537）前后，经常侵扰关外延庆、永宁、岔道、八达岭等地，烧杀掳掠，民不聊生。据相关资料记载，从嘉靖二十七年至四十二年（1548—1563）的16年间，朵颜部影克勾引鞑靼、俺答八犯妫川（延庆），三逼京师。明朝的统治者不得不在包括八达岭在内的延庆地区加强军事设防。

早在嘉靖四年（1525），八达岭关城内"……建立殿三楹钵堂三楹"[10]，以便驻兵和设防；嘉靖十八年（1539）重新修筑八达岭关城，巡按监察御史陈豪将关城东门题名为"居庸外镇"[11]；嘉靖二十一年（1542）派巡按直隶监察御史邓荟巡视关外诸隘口，"则见八达、岔道势相连属，八达则军人全备，营房、城垣无不可守。岔道则城坍，军少，全不足恃"[12]。由此进一步说明八达岭在嘉靖二十一年之前修建营房的事实。

嘉靖二十九年（1550）蒙古俺答汗"攻古北口，蓟镇兵溃。戊寅，掠通州，驻白河，分掠畿甸州县，京师戒严"，史称"庚戌之变"[13]。俺答兵围困京城，焚掠外城三昼夜，震动朝野。朝廷加强蓟镇的军事设防和长城的修筑。嘉靖三十年（1551），重修八达岭关城西北1.5公里的岔道城。"岔道城作为八达岭军事要防的前哨关堡，明时常驻守备一名、把总三名，巡捕一名，军丁七百八十八名"[14]。明代岔道城与八达岭长城相呼应，形成纵深的防御体系。明代蒋一葵的《长安客话》记载："逾岭数百步即岔道，堡实关北藩篱，守岔道所守八达岭。"[15]

又据《四镇三关志》记载："八达岭守备，嘉靖四十三年设。"[16]由献陵卫人韩荣、宣府右卫人王世卿等担任守备之职，守护八达岭。《西关志》载，嘉靖年间"上关八达岭守把军八十三名，内上关门军三十名，八达岭军五十三名"[17]。以上资料显示，嘉靖时期，八达岭除加固关城的建筑外，还修建了守备署和兵营，增加兵力进行守卫，印证了明代中期"增建墩堡"之说。

与此同时，"大规模修建长城"的工程也在进行中。嘉靖四十四年（1565）"黑龙潭览胜碑"载："燕东参将高延龄同上谷总兵官欧阳安、参戎周一元、游戎张楷承、钦差总督宣大兵部尚书江责委修筑南山，因见石泉胜概，并记二律，以垂不朽。"此碑位于八达岭关城西南2公里处的黑龙潭停车场西侧，为嘉靖四十四年燕东参将高延龄同上谷总兵官欧阳安等人奉命修筑南山边墙（长城），路过黑龙潭时所题的两首五言律诗。

碑文里提到的"南山"，指的是宣府镇的南路长城，也就是前面提到的长约59.4公里、由夯土夯筑或碎石砌筑而成的南山路边垣。明嘉靖时期，宣府镇长城设东、西、南、北、中五路管辖，其中东路和南路都位于延庆区域内，南路经过八达岭地区。"延庆地区在明代北方军事防御体系中，前期隶属于宣化镇、蓟镇管辖。嘉靖三十年之后，延庆地区属于宣府镇、昌镇管辖"[18]。"明代南山路边垣长城作为防御北方草原民族的前沿地带，依军都山麓的自然形势而修建，其军事意义不仅是在整体布局上弥补了内长城在延庆境内的缺口，更是和东路边垣长城一起环峙延庆南、东两境，与内长城形成了两道纵深防御屏障。"[19]

"黑龙潭览胜碑"的记载，印证了明嘉靖朝在八达岭地区大规模修筑长城——"南山路边垣"的史实，同时说明在八达岭地区存有两道长城，即"土边长城"和隆庆、万历时期的砖石长城。

3. 明后期八达岭长城的重建和改线

明穆宗朱载垕即位以后，重用政治家高拱和张居正执掌朝政。为了加强北方的防务，隆庆元年（1567），把抗倭名将戚继光调往北方防御鞑靼。任命谭纶为蓟、辽、保总督，任命戚继光为蓟镇总兵。

戚继光在蓟、辽、保总督谭纶的大力支持下，对蓟镇所管辖的一千二百多里长的原有长城普遍进行了改建和重建。另一方面，又在全线新修筑了1300多座高大坚固的敌楼作为边防军驻守的堡垒，其原因是原来的墙体单薄坍圮，无法御敌。他奏请："蓟镇边墙，延袤二千里，一瑕则百坚皆瑕。比来岁修岁圮，无法御敌，徒费无益，请跨墙为台，睥睨四达。"[20]

戚继光在蓟镇大规模修建长城的同时，"镇守居庸昌平等处地方总兵官中军都督府都督佥事桐城杨四畏"[21]等，在蓟、辽、保总督谭纶和继任总督蓟辽保定等处军务兼理粮饷兵部右侍郎兼都察院右佥都御史刘应节的大力支持下，于隆庆、万历时期，对昌镇所管辖的四百六十多里长的原有长城普遍进行了改建和重建，又在全线新修筑了高大坚固的敌楼作为边防军驻守的堡垒。

昌镇，嘉靖三十年设置，管辖的范围"东自慕田峪连石塘路蓟镇界，西抵居庸关镇边城界紫荆关真保镇，延袤四百六十里"[22]，下辖居庸关、居庸路、黄花路和横岭路四个区域。居庸路的管辖范围"东自门家峪口，西至糜子峪口，延袤一百五十里，南至关（居庸关），北至永宁城宣府地"[23]。明万历年间居庸路设置"居庸参将一员分守八达岭、石峡峪、灰岭口三守备下隘口，本路主兵一营，巩华游兵一营，昌平标下奇兵一营，合主客官兵八千二百员名"[24]。

八达岭隶属于昌镇居庸路管辖，明隆庆、万历时期，在"南山路边垣"的东南1.5公里的山巅，以八达岭关城为中心，重建了一道长23.3公里的长城，新建敌楼94座，作为边防军驻守的堡垒。

"隆庆三年鼎建碑（杨四畏修长城碑刻）"载："隆庆三年夏孟之吉，总督蓟辽保定等处军务兼理粮饷兵部左侍郎兼都察院右佥都御史宜黄谭纶，整饬蓟州等处边备兼巡抚顺天等府地方都察院右佥都御史潍县刘应节，巡按直隶监察御史陈留崔廷试，整饬昌平等处兵备山东按察司佥事长治宋守约，镇守居庸昌平等处地方总兵官中军都督府署都督佥事桐城杨四畏，分守居庸关等处地方参将署都指挥佥事济宁孙山，管工保定府通判丹徒法恺，经历余姚张炳，八达岭守备无为王阳，中军千户王奇，把总千户王九德，百户王用，管工头目赵荣，木匠杨春、张青，石匠齐爭、侯刚，边将车廷甫、陈官保鼎建。鲁春镌。"

碑文中记载了隆庆三年总督谭纶、巡抚刘应节、总兵杨四畏、指挥佥事孙山，八达岭守备王阳等将领督修八达岭长城的事件。

中国长城博物馆馆藏的石刻文物中，隆庆年间的有4件，除此碑外，还有隆庆三年（孟冬）、隆庆四年（孟春）鼎建碑各1通，以及隆庆五年的"化字西五号台题名碑"1通。碑文内容与此碑大致相同，都是以题名的形式，记载当时修建长城完工之事。

碑刻的内容证明，隆庆年间八达岭长城工程一直处于在建中。万历朝又不断筹措财力、物力，调兵选将，加以修缮，使八达岭长城成为城墙高峙、堡垒林立的坚固防线。

万历十年（1582）重修八达岭关城，并由"钦差总督蓟辽保定等处军务、兵部尚书兼都察院左副督御史山阴吴兑，巡直隶监察御史新喻敖鲲，右参议兼按察司佥事延安岳汴，左营中军都督府右都督辽阳杨四畏，副总兵官署都指挥佥事定远胡懋功，□指挥体统行事指挥佥事密云李凤先"[25]等人督查修筑工程事宜，完工后将关城西门题名为"北门锁钥"。与此同时，八达岭长城的墙体工程也在大规模兴建。

"万历十年分修长城题名碑"载："万历拾年秋防本镇左右部，修工起自□石，伍名关横南台至八字贰号台止，共修城墙长四拾丈三尺五寸，城墙高连垛口贰丈五尺。自七月中起，至十月中止，计工叁个月完，今将经官员役□具于后：钦差分守居庸关等处□副总兵都指挥定州胡□，守备八达岭等处地方都指挥密云李凤志，中军百户崔宝、刘宗录，把总百户徐钦、张印、陆文镖，管工头目赵淮、焦大义，管烧灰头目□□、谈名，窑匠头目镇役王锐、杨二十，泥瓦匠头目镇役□明、张举、李赞、盖臣。万历拾年拾月吉日立。"

此碑记录的是万历十年秋防，昌镇"本镇"部队，修筑"伍名关横南台至八字贰号台止，共修城墙长四拾丈三尺五寸"长城的事件。

由于工程的需要，山东都司左营等部队也被调往八达岭修筑长城。"石佛寺分修边墙碑"载："钦差山东都司军政金书、轮领秋防左营官军、都指挥金事寿春陆应元奉文分修居庸关路石佛寺地方边墙。东接右骑营工起，长七十五丈二尺，内石券门一座，督率本营官军修完。"

馆藏万历年间的石刻共有6件，除上述"北门锁钥"题刻、"分修长城题名碑""石佛寺分修边墙碑"外，还有万历四年（1576）修建"石峡峪堡"的题刻（残）、"万历十一年题名碑"及"万历十七年春防居庸路石峡峪工尾"刻石等。石刻的内容充分说明万历时期八达岭长城工程大规模兴建的事实。"万历十七年春防居庸路石峡峪工尾"双勾字刻石的出现，证明八达岭长城的大规模修建工程于万历十七年（1589）完工。

但是，由于八达岭地区军事地位的重要性，即使在明代晚期国力衰退的情况下，明王朝也没有放松八达岭长城的军事防御，天启三年（1623）还重修八达岭关城内的察院公馆。其原因是"八达岭门内旧有察院公馆其衙宇年深溻……不堪，每遇上司经过思辄焦思不遑宁，且偶值霪雨漏倾"[26]。

综上分析，明朝初年，在八达岭地区的居庸关设置了千户所进行守卫。永乐时期改设隆庆卫指挥使司，后又在八达岭地区的石佛寺口、化木梁口等建关防守；明代中叶，弘治十七年规划修建八达岭关城，次年建成；嘉靖时期八达岭大规模修筑长城；明后期的隆庆和万历年间八达岭长城进行重建和改线。八达岭长城从弘治十七年吴一贯规划修建关城开始，经正德、嘉靖、隆庆、万历朝的修建和改线，前后达80多年的时间，最终形成了城关相连、墩堡相望、重城护卫、烽燧报警的完整的军事防御工程体系。

（二）八达岭长城建造者及工程管理

长城规模宏大，工程艰巨，不仅耗时费力，其质量的优劣也关乎国之根本。为此，明王朝非常重视长城的施工管理。

1. 施工人员

罗哲文先生在《长城》中，将古代修筑长城的人力来源分为几个方面："第一是戍防的军队，这是修筑长城的主要力量。第二是强迫征调的民夫，是修筑长城重要力量。第三是发配充军的犯人。"[27]

明朝以武力得天下，为了防御蒙古贵族的南下袭扰，巩固江山，从明洪武年间始，就实行卫所制度，北平所辖有蓟州卫、龙庆卫等六卫。"天下既定，一郡者设所，连郡者设卫，大率五千六百人为卫，千一百二十人为千户所，百十有二为百户所"[28]。明朝的都司卫所从中央到地方，由上至下形成了"皇帝—五军都督府—都指挥使司—卫—千户所—百户所—总旗—小旗"的军事编制体系。

同时，为了长城军事防御的需要，把从鸭绿江到嘉峪关一万余华里的长城，分为九个防区进行管理，称为"九边"或"九镇"，每镇管辖的长城长达千余米不等。为了便于管理，又将每镇的长城分为若干个路、卫、所、关等，由于军事级别不同，被称为镇城、路城、卫城、所城、关城。镇城是总兵、副总兵的驻地。路城大于卫城，由总兵之下的各路参将分守，卫城由游击将军等中级武官为守备，所城的长官为把总等中下级武官。

据《明史》记载："总兵官、副总兵、参将、游击将军、守备、把总，无品级，无定员。总镇一方者为镇守，独镇一路者为分守，各守一城一堡者为守备，与主将同守一城者为协守。"[29]

"守卫长城的士兵以主军为骨干，主军是常年戍守长城的士兵，他们训练有素，有作战经验。另外，每年春防、秋防之际，常由其他外地卫所抽调一部分士兵前来增援，称作客兵。客兵在边防线上定期更换，故又称作班军。主军、客军都是来自军户的职业兵"[30]。九镇驻守的士兵除戍守长城的职责外，还有修筑城墙、储备草料等任务。

从八达岭出土的石刻碑文中，这些也能得到相互的印证。前引"万历十年分修长城题名碑"碑文记载的内容是万历十年秋防（7—10月），施工部队是本镇左右部，即昌镇所属的各部军队，也被称为"主军"，将领中有副总兵，依次为守备、百户、把总及管工头、烧灰头、窑匠头、泥瓦匠头等，工程量是四十丈三尺五寸。说明修筑八达岭长城的主要是军队，同时也有窑匠、泥瓦匠等民夫工匠。

八达岭作为昌镇居庸路下辖区域，每年春防、秋防，除本路驻军防守修城外，还要从其他地区调来"客军"驻防修城。"石佛寺分修边墙碑"记载的是从山东都司调来的左营官军，即"客军"修筑长城之事。

明王朝在"九镇"中设总兵等武官，负责军政和防务。同时，为了防止军人专政，设巡抚等文官，对总兵等武官进行监督、考核，提出升降建议，并会同总兵等管理军政和防务。

文官系统中有：总督，并冠以兵部侍郎或侍郎兼都察院都御使、副都御使或佥都御史职衔；巡抚，并冠以都察院副都御使或佥都御使职衔；巡按直隶监察御史及兵备按察使司副使、佥事等。武职中又分为两大系统，一是因事专派，无固定品级也无定员的总兵系统，包括镇守总兵官、协守副总兵官、参将、游击将军、守备，此外，还有提调、千总、把总等名目。二是原地方固有的卫所军备系统，包括省级都指挥使司的官员（都指挥使、都指挥同知、都指挥佥事）和都司下属的卫指挥使司官员（指挥使、指挥同知、指挥佥事）[31]。

根据中国长城博物馆馆藏石刻文物整理的明朝修筑八达岭长城文武官员如表一所示。

明代八达岭长城的修筑先后经历了80多年的时间，参与的人员成千上万，但留有铭刻的只有上百人，官员中既有文官，又有武官。文官包括总督、巡抚及监察御

表一　明朝修筑八达岭长城文武官员一览表

| 序号 | 年代 | 姓名 | 职务 | 来源 |
|---|---|---|---|---|
| 1 | 宣德六年（1431） | 夏熟 | 守备八达岭城地方都指挥使 | "水长峪河"界碑 |
| 2 | 弘治十七至十八年（1504—1505） | 吴一贯 | 经略边务大理寺右少卿 | 《西关志·居庸关》卷一《城池》 |
| 3 | 嘉靖十八年（1539） | 陈豪 | 巡按监察御史 | "居庸外镇"匾额 |
| 4 | 嘉靖四十四年（1565） | 高延龄 | 燕东参将 | 黑龙潭览胜碑 |
| 5 | | 欧阳安 | 上谷总兵 | |
| 6 | | 周一元 | 参戎 | |
| 7 | | 张楷承 | 游戎 | |
| 8 | | 江责 | 钦差总督宣大兵部尚书 | |
| 9 | 隆庆三年至四年（1569—1570） | 谭纶 | 总督蓟辽保定等处军务兼理粮饷、兵部左侍郎兼都察院右佥都御史 | 隆庆三年鼎建碑、隆庆四年分修长城题名碑 |
| 10 | 隆庆三年至四年 | 刘应节 | 整饬蓟州等处边备兼巡抚、顺天等府地方都察院右佥都御史 | 隆庆三年鼎建碑、隆庆四年分修长城题名碑 |
| | 隆庆五年（1571） | | 总督蓟辽保定等处军务兼理粮饷、兵部右侍郎兼都察院右佥都御史 | 化字西五号台题名碑、明代修建长城碑 |

续表

| 序号 | 年代 | 姓名 | 职务 | 来源 |
|---|---|---|---|---|
| 11 | 隆庆三年至四年 | 宋守约 | 整饬昌平等处兵备山东按察司佥事 | 隆庆三年鼎建碑、隆庆四年分修长城题名碑 |
| 12 | 隆庆三年至四年 | 杨四畏 | 镇守居庸昌平等处地方总兵官、中军都督府署都督佥事 | 隆庆三年鼎建碑、隆庆四年分修长城题名碑 |
| 12 | 隆庆五年 | 杨四畏 | 镇守居庸昌平等处地方总兵官、中军都督府署都督佥事 | 化字西五号台题名碑 |
| 12 | 万历四年（1576） | 杨四畏 | 镇守居庸昌平等处地方总兵官、中军都督府署都督佥事 | "石峡岭""迎旭门"门额 |
| 12 | 万历十年（1582） | 杨四畏 | 左营中军都督府右都督 | "北门锁钥"门额 |
| 13 | 隆庆三年至四年 | 孙山 | 分守居庸关等处地方参将署、都指挥佥事 | 隆庆三年鼎建碑、隆庆四年分修长城题名碑 |
| 13 | 隆庆五年（1571） | 孙山 | 分守居庸关等处地方副总兵署、都指挥佥事 | 化字西五号台题名碑 |
| 14 | 隆庆三年至四年 | 李时 | 巩华营游击将军 | 隆庆三年鼎建碑、隆庆四年分修长城题名碑 |
| 14 | 隆庆五年 | 李时 | 巩华城游击将军署都指挥佥事 | 化字西五号台题名碑 |
| 15 | 隆庆三年至四年 | 法恺 | 管工保定府通判 | 隆庆三年鼎建碑、隆庆四年分修长城题名碑 |
| 16 | 隆庆三年至四年 | 张炳 | 经历 | 隆庆三年鼎建碑、隆庆四年分修长城题名碑 |
| 17 | 隆庆三年（1569） | 王阳 | 八达岭守备 | 隆庆三年鼎建碑（杨四畏修长城碑刻） |
| 18 | 隆庆三年（1569） | 王奇 | 中军千户 | 隆庆三年鼎建碑（杨四畏修长城碑刻） |
| 19 | 隆庆三年（1569） | 王九德 | 把总千户 | 隆庆三年鼎建碑（杨四畏修长城碑刻） |
| 20 | 隆庆三年（1569） | 王用 | 百户 | 隆庆三年鼎建碑（杨四畏修长城碑刻） |
| 21 | 隆庆三年 | 王世官 | 把总 | 隆庆三年鼎建碑 |
| 21 | 隆庆五年 | 王世官 | 把总百户 | 化字西五号台题名碑 |
| 22 | 隆庆三年 | 李惠 | 把总 | 隆庆三年鼎建碑 |
| 22 | 隆庆五年 | 李惠 | 把总百户 | 化字西五号台题名碑 |
| 23 | 隆庆三年 | 王宝 | 把总 | 隆庆三年鼎建碑 |
| 24 | 隆庆三年 | 王本仁 | 把总 | 隆庆三年鼎建碑 |
| 24 | 隆庆五年 | 王本仁 | 把总千户 | 化字西五号台题名碑 |
| 25 | 隆庆三年 | 杜恩 | 把总 | 隆庆三年鼎建碑 |
| 26 | 隆庆四年（1570） | 傅孟春 | 巡抚直隶监察御史 | 隆庆四年分修长城题名碑 |
| 27 | 隆庆四年（1570） | 暴以平 | 总督军门中军官大宁都司署、都指挥佥事 | 隆庆四年分修长城题名碑 |
| 28 | 隆庆四年（1570） | 李时 | 巩华城游击将军 | 隆庆四年分修长城题名碑 |
| 29 | 隆庆四年（1570） | 陆相 | 把总 | 隆庆四年分修长城题名碑 |
| 30 | 隆庆四年（1570） | 侯相 | 把总 | 隆庆四年分修长城题名碑 |
| 31 | 隆庆四年（1570） | 张应元 | 管工 | 隆庆四年分修长城题名碑 |
| 32 | 隆庆四年（1570） | 王臣 | 哨总 | 隆庆四年分修长城题名碑 |

续表

| 序号 | 年代 | 姓名 | 职务 | 来源 |
|---|---|---|---|---|
| 33 | 隆庆四年（1570） | 赵相 | 把总 | 隆庆四年分修长城题名碑 |
| 34 | 隆庆四年 | 孙堂 | 守备石峡峪地方 | 残碑 |
| 35 | 隆庆四年 | 赵一鸣 | 把总百户 | 题名碑 |
| 36 | 隆庆四年 | 赵福林 | 把总千户 | 残碑 |
| 37 | 隆庆五年 | 杨兆 | 整饬蓟州等处边备兼巡抚、顺天等府地方督察院右佥都御史 | 化字西五号台题名碑 |
| 38 | 隆庆五年 | 苏士润 | 巡按直隶监察御史 | 化字西五号台题名碑 |
| 39 | | 余希周 | 巡按直隶等处监察御史 | |
| 40 | | 张廷弼 | 整饬昌平等处兵备山东按察司佥事 | |
| 41 | | 张爵 | 总督军门中军官原任参将 | |
| 42 | | 徐枝 | 抚院中军官原任参将 | |
| 43 | | 季时 | 昌镇中军 | |
| 44 | | 张浦 | 督工署通判事经历 | |
| 45 | | 张炬 | 本关经历 | |
| 46 | | 张应元 | 巩华营中军官千户 | |
| 47 | | 福经 | 管工哨总千户 | |
| 48 | 万历四年（1576） | 任彬 | 钦差整饬昌平等处兵备山东布政司右参议 | 石峡峪堡"迎旭门"门额 |
| 49 | | 沈思学 | 守居庸关等处地方参将 | |
| 50 | 万历十年（1582） | 吴兑 | 钦差总督蓟辽保定等处军务、兵部尚书兼都察院左副都御史 | "北门锁钥"门额 |
| 51 | | 敖鲲 | 巡按直隶监察御史 | |
| 52 | | 岳汴 | 右参议兼按察司佥事 | |
| 53 | | 胡懋功 | 副总兵官署都指挥佥事 | |
| 54 | | 李凤先 | 都指挥体统行事指挥佥事 | |
| 55 | 万历十年 | 陆应元 | 钦差山东都司军政佥书、轮领秋防左营官军都指挥佥事 | 石佛寺分修边墙碑 |
| 56 | | 刘有本 | 中军带管左部千总济南卫指挥 | |
| 57 | | 刘光前 | 右部千总青州左卫指挥 | |
| 58 | | 宗继先 | 中部千总济南卫指挥 | |
| 59 | | 张延胤 | 管粮把总肥城所千户 | |
| 60 | | 赵从善 | 管各项窑厂石塘办料署把总 | |
| 61 | | 刘彦志 | 管各项窑厂石塘办料署把总 | |
| 62 | | 宋兴 | 管各项窑厂石塘办料署把总 | |
| 63 | | 卞迎春 | 管各项窑厂石塘办料署把总 | |
| 64 | | 赵元焕 | 管各项窑厂石塘办料署把总 | |

续表

| 序号 | 年代 | 姓名 | 职务 | 来源 |
|---|---|---|---|---|
| 65 | 万历十年 | 张延庆 | 管行粮把总肥城所正千户 | 长城记事刻石鼎建碑 |
| 66 | | 毛宗仁 | 管各项窑厂石塘办料署把总 | |
| 67 | 万历十年 | 胡□ | 钦差分守居庸关等处地方、副总兵都指挥 | 万历十年分修长城题名碑 |
| 68 | | 李风志 | 守备八达岭等处地方都指挥 | |
| 69 | | 崔 宝 | 中军百户 | |
| 70 | | 刘宗录 | 中军百户 | |
| 71 | | 徐 钦 | 把总百户 | |
| 72 | | 张 印 | 把总百户 | |
| 73 | | 陆文镖 | 把总百户 | |
| 74 | 万历十一年（1583） | 罗四聪 | 昌镇标下右骑将营前部左营第二司指挥佥事 | 万历十一年题名碑 |
| 75 | | 梁 一 | □□指挥佥事 | |
| 76 | | 孙继祖 | 总军 | |
| 77 | | 胡 □ | 千总 | |
| 78 | | 王守□ | 把总 | |
| 79 | | 潘唯一 | 把总 | |
| 80 | | 周 忠 | 把总 | |
| 81 | | 刑 述 | | |
| 82 | | 罗 保 | 管工辨料旗牌 | |
| 83 | | 郑庆斯 | | |
| 84 | 天启三年（1623） | 谢君恩 | 八达岭守备署指挥佥事 | 重修察院公馆碑 |

使、副都御使等，武官包括总兵、参将、游击将军、守备等。级别最高的是总督，隆庆年间的谭纶、刘应节，万历年间的吴兑和总兵杨四畏等官员，以及普通的士兵和技术工种的工匠等，他们是明代八达岭长城真正的规划、监督和建造者。

总兵杨四畏，从隆庆二年（1568）调任昌平镇总兵后，与蓟镇总兵戚继光相互配合，固守明朝北部边疆。戚继光被贬后，他又先后接任蓟镇、保定总兵，并深得万历皇帝信任，进秩中军都督府右都督，特进荣禄大夫，官至正一品，"为天子锁钥之臣"。

馆藏"隆庆"及"万历"时期的碑刻文物中，关于杨四畏修筑八达岭长城的记载足可以佐证：八达岭长城确系杨四畏任昌平镇总兵时，动用本镇及从山东等地调来的各路军共同修筑的。

2. 施工管理

（1）管理方法

长城工程施工采用的是分区、分段包修的管理办法，做到职责分明、任务明确。

如"石佛寺分修边墙碑"记载："山东都司军政佥书、轮领秋防左营官军都督指挥佥事寿春陆文元，奉文分修居庸关路石佛寺地方边墙，东接右骑营工起，长七拾五丈二尺，内券门一座。""万历十年分修长城题名碑"记载："万历拾年秋防本镇左右部，修工起自□石，伍名关横南台至八字贰号台止,共修城墙长四拾丈三尺五寸,城墙高连垛口贰丈五尺。自七月中起,至十月中止,计工叁个月完……"

"石佛寺分修边墙碑"里面的区,即石佛寺地区,工程段"东接右骑营工起",段长"七拾五丈二尺,内券门一座"。"万历十年分修长城题名碑"里的工程段是"起自□石,伍名关横南台至八字贰号台止,共修城墙长四拾丈三尺五寸,城墙高连垛口贰丈五尺",工程长度精确到寸,墙体的高度也有具体规定。另外,石碑上刻有不同级别的官员和窑匠、石匠等工匠的姓名,这也是当时建立的以备核查制度,假如出现质量问题可以直接追究当事人的责任,说明明朝在修建长城时有统一的标准,并按照职责分工及严格的质量检查进行,从而保证了长城的工程质量。

（2）八达岭长城敌台的编号

明代长城敌台的编号,一般是根据敌台所在的"地名"进行编号,如"明代北京门头沟边墙的敌台,是以沿河城为中心进行编号,故有'沿字五号台''沿字六号台'之称"[32]。八达岭敌台的编号亦是按照此规则,以敌台所在的地名为中心进行编号。明朝时期八达岭地区有七隘口,分别为石佛寺口、青龙桥东口、八达岭口、化木梁口、于家冲口等,因此碑文中有"八字贰号台"[33]"川字一号"[34]"清字东叁号台"[35]"化字西五号台"[36],说明这些敌台分别位于八达岭关城旁边、川草顶周围、清水顶附近及化木梁口周边。目前,这些刻有敌台编号的石刻,大多数已经丢失,只有"川字一号"石刻镶嵌在敌楼内,是我们了解明代八达岭长城敌台编号的实物资料。

3. 长城建筑标准及费用

长城建筑在崇山峻岭之巅,地形条件存在差异,因此修筑长城墙体及敌楼的费用不尽相同。据隆庆五年总督侍郎刘应节在给皇帝的奏折《报空心敌台功疏略》中说,隆庆三年春防起,至五年春防至,昌、蓟两镇共建敌台壹仟零拾柒座,"其制周围以十二丈为率,高连垛口以三丈为率,下用方面大石。高五、七尺至一丈五尺而止。用砖砌后四五尺至六七尺而止。原议每台只给官银五十两,继量增至八十、九十、百两有差……冲台三五十步一座……远者不过百五十步……"[37]。

另据崇祯十年（1637）卢象升给皇帝的奏疏中记载,"每筑边墙一丈,虽甚省,约须工料食米等银五十两。其中或有旧墙并乱石土垣可固,通融计算,每丈必须银三十两"[38]。

从以上资料中得知,明朝每修筑1座空心敌楼需白银50两,修建1丈长的墙体需要白银30两,如遇特殊的地形,敌楼费用还要增加至"八十、九十、百两有差",墙体费用也会有30－50两白银的差距。费用如此之高,朝廷已无力承担。况且明朝末年战争连绵不断,1644年,李自成进京,明王朝灭亡,长城从此失去了军事防御作用。

## 三、结语

八达岭长城在明代只是内长城的一段,因此史书中关于长城修筑的信息很少,再加上八达岭地区现存石刻文物数量和种类的局限性,在此不能详尽地表述每一处长城的修建时间,但相信随着长城保护工作的不断加强,仍会有各类石刻不断出土或被发现,为进一步研究八达岭长城提供更详细的资料。

---

① （明）王士翘:《西关志》,北京古籍出版社,1990年,第6页。

② 延庆县文化委员会:《北京延庆明代长城研究》,新华出版社,2011年,第26页。

③ 延庆县文化委员会:《北京延庆明代长城研究》,新华出版社,2011年,第23页。

④ 宋国熹、孟广臣:《八达岭史话》,光明日

⑤ 宋国熹、孟广臣：《八达岭史话》，光明日报出版社，1993年，第80页。

⑤ 宋国熹、孟广臣：《八达岭史话》，光明日报出版社，1993年，第86页。

⑥（明）刘效祖：《四镇三关志》卷3，全国图书馆文献缩微复制中心，1991年，第143页。

⑦ 北京市地方志编纂委员会：《北京志·世界文化遗产卷·长城志》，北京出版社，2008年，第351页。

⑧（明）杨一清：《杨石淙文集》，《明经世文编》卷116，中华书局缩印本，1962年，第1091页。

⑨（明）王士翘：《西关志·居庸关》卷1，北京古籍出版社，1990年，第22页。

⑩ "修建长城题名碑（残）"。

⑪ "居庸外镇" 门额。

⑫（明）刘效祖：《四镇三关志》卷13，全国图书馆文献缩微复制中心，1991年，第712页。

⑬《明史》卷18《世宗纪二》，中华书局，1974年，第239页。

⑭ 延庆县文化委员会：《北京延庆明代长城研究》，新华出版社，2011年，第56页。

⑮（明）蒋一葵：《长安客话》，北京古籍出版社，1982年，第162页。

⑯（明）刘效祖：《四镇三关志》卷17，全国图书馆文献缩微复制中心，1991年，第949页。

⑰（明）王士翘：《西关志》卷2《军马》，北京古籍出版社，1990年。

⑱ 延庆县文化委员会：《北京延庆明代长城研究》，新华出版社，2011年，第108页。

⑲ 延庆县文化委员会：《北京延庆明代长城研究》，新华出版社，2011年，第26页。

⑳《明史》卷212《戚继光传》，中华书局，1974年，第5614—5615页。

㉑ "隆庆四年分修长城题名碑"。

㉒㉓（明）刘效祖：《四镇三关志》卷3，全国图书馆文献缩微复制中心，1991年，第108页。

㉔（明）刘效祖：《四镇三关志》卷8，全国图书馆文献缩微复制中心，1991年，第398、399页。

㉕ "北门锁钥" 门额。

㉖ "重修察院公馆碑"。

㉗ 罗哲文：《长城》，清华大学出版社，2008年，第95—96页。

㉘《明史》卷90《兵二》，中华书局，1974年，第2193页。

㉙《明史》卷76《职官五》，中华书局，1974年，第1866页。

㉚ 景爱：《长城》，学苑出版社，2008年，第296页。

㉛ 北京市地方志编纂委员会：《北京志·世界文化遗产卷·长城志》，北京出版社，2008年，第133—134页。

㉜ 景爱：《长城》，学苑出版社，2008年，第37页。

㉝ "万历十年分修长城题名碑"。

㉞ "川字一号" 门额。

㉟ "万历十一年题名碑"。

㊱ "化字西五号台题名碑"。

㊲（明）刘效祖：《四镇三关志》卷12，全国图书馆文献缩微复制中心，1991年，第640页。

㊳（明）卢象升：《确议修筑宣边疏》，《卢象升疏牍》卷8，浙江古籍出版社，1984年，第179页。

（作者单位：中国长城博物馆）

# 三条古道托起京西文化的根和魂

## ——石景山区在西山永定河文化带建设中的作用

苗天娥

2016年6月，在《北京市"十三五"时期加强全国文化中心建设规划》中，提到"发挥京津冀地域相近、文脉相亲的地缘优势，统筹推动长城文化带、大运河文化带、西山文化带建设，实现历史文化遗产连片、成线整体保护"，并且将"推进长城文化带、西山文化带、大运河文化带的保护利用"列入了主要任务。2017年6月19日，市十二次党代会将西山文化带扩展为西山永定河文化带，进一步丰富了它的内涵和外延。大运河文化带、西山永定河文化带、长城文化带是北京文化乃至中华文明的精髓和象征。三个文化带的建设，是首都"一核一城三带两区"的重要组成部分，是落实首都城市战略定位、加快建设国际一流和谐宜居之都、推动社会主义文化大发展大繁荣的重大战略举措，为今后五年或者更长时间北京历史文化遗产的保护、传承、利用提出了新的要求，指明了发展方向，提供了根本遵循。本文从跨越大西山永定河流域的三条古道，重点阐述京西文化的根和魂，以及石景山区在西山永定河文化带建设中所处的地位和作用。

## 一、西山永定河文化带的综合性和独特性

### （一）西山永定河文化带属于综合多样的文化类型

北京从西南太行山余脉到东北的燕山山脉三面环山，历史上"西山"泛指京西南太行山余脉"大西山"和石景山区的翠微山、卢师山、平坡山、八大处至海淀区香山、玉泉山、万寿山、百望山、阳台山、凤凰岭及部分山前地带的"小西山"。西山属太行山脉最北段，居太行之首，号称"神京右臂"，拱卫着北京城。西山是帝王贵族心目中的行宫花园、福地佳城，是文人墨客踏青、避暑、赏秋、玩雪的诗意栖居地，是老百姓日常生活来源的财富宝库。西山历来就不仅仅是一个自然风景名胜区，更是一个文化和历史氛围浓厚的生活圈。

永定河源远流长，从西山峡谷中奔涌而来，流经北京的西部、西南部和南部，孕育了北京湾小平原，奠定了北京成为首都的物质基础，千百年来遗留下的文化遗产灿烂辉煌，光耀日月。甚至可以这样说，没有永定河，就没有今天的北京城。

我们今天所说的西山永定河文化带的地理范围，一般认为北起昌平区南口关沟，南抵房山区拒马河谷地，西至市界，东临北京小平原，总体呈北东—南西走向，长约90公里，宽约60公里，面积约3000平方公里，约占北京市面积的17%[①]。

就文化类型而言，长城文化带和大运河文化带都是单一的文化类型，而西山永定河文化带覆盖了从史前到当代的漫长历史时期，文化遗产包罗万象，承载着丰富多彩、多元包容的文化百态，山水天人，时空交错，是综合的文化类型。此区域现

存各类文物430余处，包含古人类遗址、皇家与私人园林、寺庙、墓葬、民居、军事设施、近现代学校、水利设施、交通道路等多种类型。这是西山永定河文化带和其他两个文化带的最大不同之处。

### （二）西山永定河文化带具有包容、多元、独特的文化内涵

西山永定河文化带涵盖西山和永定河两个范围，有山有水，山水相依，山水融城，涉及北京的昌平、海淀、石景山、门头沟、房山、丰台、延庆、大兴八区的全部或部分。这个文化带保存的丰富历史遗迹与另外两个文化带的关系是包含与被包含的关系。北京现有7处世界文化遗产，其中万里长城北京段、京杭大运河北京段、北京周口店猿人遗址、明代皇家陵寝十三陵、清代皇家园林颐和园5处在三个文化带里都涵盖。独有西山永定河文化带实际上包括三个文化带中的所有世界文化遗产：万里长城北京段穿越了京西的群山，京杭大运河的北端发源于昌平区白浮泉，北京猿人遗址位于房山区周口店，明十三陵位于昌平区天寿山，清颐和园建造于海淀区瓮山（今万寿山）与昆明湖一带[②]。不仅如此，西山永定河文化带包含的全国重点文物保护单位也是最多的。北京市现有126处全国重点文物保护单位，处于西山永定河文化带上的占到1/3以上。无论从数量、级别上讲，还是从规模上讲，西山永定河文化带的区域资源优势在全国范围内都是绝无仅有的。

### （三）西山永定河文化带是北京市各个文化遗产带的枢纽和节点

西山永定河文化带的西部衔接了长城文化带，东部与北京旧城文化遗产带、大运河文化带相邻（由长河水系连通），中部是山前文化遗产带的组成部分，南部为永定河文化带，抓住它可起到纲举目张的功效。西山永定河文化带不仅是北京文化的重要组成部分，也是重要的文化交流展示窗口，具有很高的历史地位和综合价值，是北京的文明之源、历史之根、文化之魂。可以这么说，西山永定河文化带是北京难得的一片先天条件优越的可整体保护、综合利用的区域，是北京实现全国文化中心、国际文化交流中心的强大支撑。

## 二、石景山区在西山永定河文化带中的重要地位

### （一）石景山区处于西山永定河文化带的重要节点和中枢环节

文化是人类所具有的社会性的基因，是民族的特质，是城市发展文明最重要的体现；文化是城市的灵魂，城市是文化的载体；北京历史文化是中华文明源远流长的伟大见证。

北京作为都城，经历辽、金、元三朝的创设和营建，又经明、清两代多次营建，成为当时世界上最雄伟、最华丽、最科学、最繁荣的城市，这样一座宏伟的历史文化名城的营建与扩建离不开京杭大运河。但是，在辽金元之前呢？北京是从哪里来的？翻开史书会发现，北京历史文化是在北京西部地区的山河大地上孕育成长起来的。换言之，西山永定河文化带在北京城市发展中曾经发挥过非常重要的作用。北京城西部的太行山余脉——西山，不仅是遮挡西北风肆虐的生态屏障，也是保卫北京城市安全的军事屏障，还是多种生活资源的主要供应地，更是人们向往的泉山幽胜游览胜地。而永定河是北京的母亲河，从古至今，北京城市的每一步发展都离不开永定河的哺育和影响。它穿过西山的百里山峡，来到石景山前，以此为轴心，孕育成北京洪积冲积扇平原，为北京建都奠定了天然的地理空间。

且不说史前周口店北京人，也不说门头沟区的东胡林人，单说面积84.38平方公里的石景山区，就能窥一斑见全貌。石景山区因"燕都第一仙山"——石景山而得名，是北京西部藏风聚气的风水宝地，距今5000多年前模式口出现早期人类从山地向平原迁移的遗迹，与永定河泥河湾早

期人类、周口店北京人、东胡林人一脉相承。石景山区境内所有的山脉都属于西山范畴，又与永定河山水相依，历史上曾经扮演过北京城的水利命门、矿产能源建材基地、军事要塞、交通枢纽、商贸集聚地、文化交融区等多重角色，三教九流、五行八作、南来北往的人在此生息、繁衍、贸易，是农耕文化、游牧文化、宫廷文化、市井文化等多种文化交会、聚集、碰撞、融合区。石景山区地扼京西数条要道，靠山面水的地理优势，使其在数千年的历史延续中形成了内容丰富、底蕴深厚、特色鲜明的京西地域文化。它既是北京市不可或缺的历史文化城区之一，也是西山永定河文化带上至为关键的链环，承载着缔造城市水脉、血脉、文脉的历史使命和文化职责。

西山永定河文化带异彩纷呈的文化百态现象，其原因之一，可归结为贯穿西山永定河文化带，也贯穿石景山区全境的三条古道。这三条古道托起了京西文化的根和魂，托起了古都北京的神和韵，托起了石景山区在西山永定河文化带建设中举足轻重的地位，以及在首都文化建设中无可替代的作用。

1. 永定河古河道

永定河流域从远古起就有人类栖息繁衍，是华夏文明的肇始地之一。永定河不仅是一条滋养沿岸物质文明的水脉，也是一条承载文化交流、传播文明成果的文脉，文史学家称之为东方文明的起源之谷、中华文化的发祥之地、北京文化的历史之根。永定河从洪荒走到现在，在文化传承与城市发展中起过相当重要的作用。

永定河发源于山西省宁武县管涔山，流经山西、内蒙古、河北、北京、天津，全长747公里，从门头沟区的三家店出山流经石景山区11.6公里，沿途经过麻峪、庞村、水屯、养马场、南大荒等村，经衙门口村南流入丰台区。这条大河以石景山为轴心孕育了北京小平原和北京城，滋润、养育了流域之内的先民。1000多年前，石景山就是一座文化名山，山顶建有多处佛教、道教寺观及藏经洞穴。永定河从它脚下流过，山顶是历代帝王、治水官员经常登临观察水势、传递水情的制高点；永定河出山口至石景山附近河段的地理、环境条件，是向北京城引水、选择引水渠首的最佳地点，戾陵堰和历次金口引水都建在这里[③]。因此，石景山成为永定河中游的重要文化节点与水利枢纽。为了生存，扎根京华大地的先祖多次利用永定河水为百姓造福，故石景山地区留下了多处兴建大型水利工程、防洪工程和渡口的遗迹。

（1）水利工程

古人很早就懂得利用永定河水灌溉农田。在三国时期，魏齐王嘉平二年（250）六月，征（镇）北将军刘靖组织士兵千人屯田，在梁山（今石景山区黑头山一带）侧水筑堰，引永定河水灌溉种稻。堰高一丈，东西长三十余丈，南北宽七十余步。因堰的位置距戾陵较近，故称戾陵堰。并于堰侧东岸开挖车箱渠，以堰拦河水入车箱渠，向东流入高梁河，浇灌田地两千余顷[④]。魏元帝景元三年（262），樊晨奉命改造戾陵堰，重修引水口，延伸水道东达潞水（今潮白河），可灌溉田地万余顷。晋惠帝元康五年（295）六月，洪水冲毁戾陵堰3/4，宁朔将军刘弘（刘靖之子）率将士两千人依旧制重修戾陵堰[⑤]。北魏孝明帝正光二年（521），时逢大旱，幽州刺史裴延俊勘察年久失修的戾陵堰，组织修复，可灌溉农田百万余亩[⑥]。戾陵堰、车箱渠引水灌溉是北京地区最早的大型水利工程，前后使用200多年。

金世宗大定十一年（1171）十二月，于卢沟河（今永定河）麻峪村东开凿金口河，利用戾陵堰、车箱渠的部分故道引水东下，经八宝山北麓，入中都城北护城河，东至通州，入潞水以利漕运。因沿河设闸，节制流水，故称"闸河"，为南北运河北段前身。因水流湍急，泥沙淤塞，不能行船，但可以灌田得利。大定二十七年（1187），为免水患危及京城，世宗下令闭塞金口[7]。今天石景山区仍有金口河遗迹可寻。

元朝两次开金口。至元三年（1266），元世祖采纳都水少监郭守敬的提议，复开金口，路线与金朝的金口河大致相同，从麻峪村东的金口引水东流，一直东到通州，以运西山木石。运河的开成，正值元大都兴建之时，门头沟的采煤业、烧灰业由此迅速发展起来，西山的建筑材料、生活用品通过金口源源不断地运进都城，茂密的森林遭到了毁灭性的砍伐。大德二年（1298），在郭守敬从昌平白浮泉一带获取了稳定充沛的澄清水源后，因金口河水势过大，担心冲毁村庄民舍及都城的安全，只好忍痛割爱关闭金口闸，前后使用30多年[8]。朝廷为此征用了全国大批工匠，石景山上残留元朝石匠采石筑堤修坝的石刻题记，正好与元朝开凿金口河的时间相吻合。这条运河的好处使得元朝统治者不能忘记，至正二年（1342），丞相脱脱力排众议第三次开金口，位置选择在三家店。但因激流澎湃，泥沙壅塞，船不可行，又毁百姓房屋坟茔、夫丁死伤众多、费用不敷等，脱脱被贬，都水官傅佐等被杀，金口河废[9]。

明清两代对永定河重点在防洪护堤，仅见零星小规模使用永定河水灌溉的实例。光绪七年（1881），清廷派王德榜修筑三家店、老店、麻峪、庞村、衙门口、卢沟桥一线左岸河堤，指挥部设在麻峪村。次年，完成麻峪村迎水桥、束水桥各一座、迎水坝两道，修渠4里，可引三家店渠水灌溉农田。1917年，华洋义赈会兴办石卢灌渠工程，渠首位于石景山下的山下村附近，引永定河水，穿左堤以灌溉石景山东南的耕地。灌渠长4.6公里，支渠16.8公里，灌溉面积约56平方公里，临时设立宛平县石卢水里工会管理。渠首进口处设5孔闸门，可控水流流量，闸前有一座沉沙池，泥沙在此沉淀后，清水流入涵洞，沉沙池前有泄水闸3孔，当泥沙淤积过多时，开启闸门将泥沙排入河中，有效解决了河水多沙的缺点，是华北地区少见的水工建筑物。中华人民共和国成立后，这条灌渠得到恢复和扩建，扩建的南干渠、刘黄干渠（刘娘府至西黄村）及永定河引水渠，大大增加了灌溉面积，使石景山、丰台、海淀、门头沟4个区受益[10]。

（2）防洪工程

永定河河道频繁迁徙，留下的三条大型故道源头都在今石景山区附近。第一条在夏商时期，由衙门口东流，沿八宝山北侧向东北，经海淀入昆明湖，循清河向东汇入温榆河，达千年之久；第二条是西周至唐初，从衙门口一带东流，再转向东南流出城外；第三条是唐代以后，自卢沟桥开始，经看丹村、南苑，到马驹桥。清代筑堤后，永定河道变成今天的模样。

隋之前，永定河上游桑干河生态环境不错，被称为清泉河。唐代桑干河漕运粮船可从山西直达今北京境内，对当时北京的地方政权起到了非常重要的作用。那时，北京西北一带的自然环境非常好，群山耸立，树木葱郁，泉流奔涌，花鸟宜人，具有山环水绕的自然景观，是人们游览的胜地，西郊成为风景名胜区，留下文人骚客的诗篇数不胜数。因此，历代王朝皆在此地营建行宫别苑，还建造寺庙无数。石景山区双泉寺的历史可以追溯到唐代，"明昌五年章宗幸寺潜署，建祈福宝塔于寺西"。[11] 八大处的灵光、长安、大悲、香界、证果五寺均为皇帝敕建，证果寺最古老，建于隋仁寿年间，曾是历代皇帝祈雨、祭祀的庙堂，元代改称大天源延圣寺，曾供奉过御容；香界寺建于唐代，是帝王们游山时休息的地方；辽代招仙塔（灵光寺），是皇亲国戚供奉佛牙舍利的圣地。

永定河上游的生态恶化与辽、金、元三代在北京建都有关。辽代于936年拥有了幽云十六州，包含今天的北京地区，938年把幽州作为辽的五都之一——南京，并加以营建，桑干河流域水土流失初现，但还不算严重。1153年，金海陵王迁都燕京，改称中都。金中都是在辽南京的基础上拓展东、南、西三面而成，建造得非常宏伟壮观，宫殿皆饰黄金五彩，极尽奢侈。到元朝至元四年（1267），开始建大都，西山的木石从永定河上和卢沟桥陆路源源不断运往京城，《卢沟运筏图》描绘的就是元朝初年营建大都城时通过卢沟桥运输西山建筑材料的繁忙场景。元大都的营建是一项持续24年的浩大工程，许多建筑木材的确出自西山，《元史·世祖本纪》中记载得很清楚："至元三年十二月凿金口，导卢沟水以漕西山木石。"[12]由此植被遭到进一步破坏，水土流失加剧，河水变得日益混浊，元时卢沟水被称为小黄河。泥沙俱下导致水灾不断。据统计，从金代至中华人民共和国成立前800余年间，永定河共决口81次，漫溢59次，改道9次，洪水多次冲进北京城，危及帝都。

西山是营建都城的石材供应地，远的房山、门头沟自不用说，就拿近的石景山区说，石景山、石府村、八角岗子等，采石活动就持续上千年，至今石景山上遗留有多处采挖大青石的石坑遗址。《永定河志》载："青砂石料，每高一尺，宽一尺，长一丈，山价银一两二钱。在宛平县石府村采取。""片石，见方一丈，高二尺五寸，山价银一两一钱。在宛平县八角村采取。"[13]石府村的小青石开采也年代久远，建造卢沟桥的石材取自石府村。

明清两代，浑河汹涌泛滥的洪水多次危及都城的安全，治理重点改为筑堤防洪，主要集中在石卢段（石景山到卢沟桥的简称）。明孝宗和明世宗都拨款修过河堤，而且明清多位皇帝都曾登临石景山观察永定河水势，明正德、万历，清康熙、雍正、乾隆等皇帝都来过石景山，在石景山古建群留下不少遗迹和诗篇。康熙三十七年（1698），清王朝开始对永定河全面治理，河道总督于成龙查勘浑河河道，治水的同时注重治沙，并注重上、中、下游全程治理，改变了历朝头痛医头、脚痛医脚的局面。康熙皇帝也亲临指挥，疏筑兼施。于成龙督促河工挑新河，新河自宛平之卢沟桥至永清之朱家庄，汇狼城河，注西沽入海，计200余里。于成龙疏请将霸州等处开挖的新河，命名为永定河。康熙斟酌再三，将浑河、无定河乃至整个浑河干流赐名为永定河，在卢沟桥附近建南惠济庙，题额树碑，敕封永定河神，企盼永定河从此"安平"，不再泛滥成灾。经此治理后，永定河基本平静了25年，畿下民田颇多受益，百姓交口称赞。于成龙在永定河水利史上留下了鲜明浓重的一笔，他死后埋葬在永定河畔石景山区杨庄[14]。至此永定河河道固定下来。

京西一带流传这么一句俗语："铜帮铁底石景山，糠帮沙底大兴区。"说的是永定河石景山段的堤防非常坚固不易坏，大兴地区的永定河堤防不坚实经常被冲毁，说的倒也是事实。石卢段堤坝最坚固的地方在石景山区的庞村。庞村处于石卢段河道转弯处，水势湍急，是明清防洪的重点。庞村的堤防由来已久，在村西约300米处，残留一条老堤岸，共18层，长约350米，称为十八磴或庞村石堰。它是用花岗岩条石斜向阶梯状砌筑而成，每层条石向外错出5—10厘米，条石间灌以米浆，用银锭锁扣接，非常坚固。庞村石堰相传建于汉代，一说建于唐代，从坚固程度和规模看，官府营造的可能性极大。乾隆五年（1740）这处石堤得到修缮。庞村十八磴的坚固性和科学性令人咋舌，堪称古人治理永定河的见证和杰作。庞村以前还有镇河铁牛，传说发大水时会报警，可惜毁于大炼钢铁时。

（3）古渡口

永定河在石景山地区不仅留下了古老的河道、石景山古建群、庞村石堰（十八磴）、北惠济寺御制碑亭等13处文物，还诞生了庞村、麻峪、杨木厂等古渡口。侯仁之先生指出，在金中都建成之前，永定河古渡口上一直有浮桥或木桥连接华北平原和北京小平原[15]。

①**庞村古渡口**：庞村在唐代成村，村

名最早见于出土的唐代墓志。这个1000多年的古村，因在石景山下、永定河旁边得名旁村，谐音叫成了庞村。它的渡口名称也应不晚于唐代。

庞村古渡有木板桥。《帝京景物略》中描述了人们过庞村木桥小心翼翼的情况："河迅岸危，石不得趾，而桥之以板。行板者委身空中，无傍籍，踏踏闪闪无详步。而目下见水，水势愗目。桥则蜿蜒，强者欲趋，苦前；惵者欲蹲，苦后。"[16]

从庞村、杨木厂到永定河，早在明初即有旱桥。河两岸有6尺高石砌堤岸，河上搭旱桥，旱桥至两堤为石砌甬道，只在永定河水小时供人行走，水大时改走卢沟桥，这是一条捷径，比走卢沟桥近得多。平时有河兵守护堤岸，不许放牧蹬踏。清雍正七年（1729），和硕怡贤亲王允祥在石景山选址，于庞村之西建北惠济庙（今首钢制氧厂内），专门祭祀河神。乾隆帝亲自前来祭拜。又在村南扩建旱桥御道，宽约60米，专供皇帝巡视永定河、祭拜河神和去戒台寺、潭柘寺进香，北惠济庙临时用作皇帝驻跸的行宫。据《永定河志》记载，石景山行宫在北惠济庙东首，嘉庆十七年（1812）恭建[17]。传说皇帝銮驾到来之际，百姓跪迎于御道两侧，还举行隆重的过河仪式。民国八年（1919），永定河河务局设于庞村北惠济庙。1963年，庞村被首钢征用。

② 杨木厂渡口：《宛署杂记》曰："近浑河有板桥，其旁曰庞村、曰杨木厂（沿浑河堆马口柴处）。"[18]庞村因地势险要，受到河水的威胁，并没有发展为商业重镇，而邻近的杨木厂村（今称养马场村，丰沙铁路线上有养马场站）、北辛安村成为货物商品集散中心。

养马场村南有古板桥一座、渡河缆索一条，曾是永定河历史上重要渡口之一。养马场古称杨木厂，为明代林衡署御用马口柴的集散地。这种木柴长一米许，两端开成马口形，便于用绳子捆扎，得名马口柴。因马口柴色泽白净，酷似杨木，堆积的场地俗称杨木厂，后因"杨木""养马"谐音，讹传为今名。马口柴是明宫御膳房和天坛焚燎用柴，产地在河北省蔚县一带，通过永定河上游桑干河顺流而下，漂流至杨木厂渡口，取上岸晾晒干再运往京城。明刘若愚《酌中志》卷十六《内臣职掌纪略》云："凡隆德等殿修建斋醮焚化之际，用杨木长柴；宫中膳房，用马口柴；内官关领，则片柴也。"[19]宫廷所用木材繁多，杨树材质松软、易燃烧、硬度低，因此多用于皇宫炊爨或焚燎。

北辛安在元代时已成为煤炭的集散地。《析津志》记载："城中内外经纪之人，每至九月间买牛装车，往西山窑头载取煤炭，往来于北（'北'有的写作'此'字）新安及城下货卖。咸以驴马负荆筐入市，盖趁其时。冬月则冰坚水涸，车牛直抵窑前。及春则冰解，浑河水泛则难行矣。往年官设抽税，日发煤数百，往来如织。"[20]

③ 麻峪渡口：麻峪村西濒永定河，辽金时成村，金元两朝开金口基本都选择在麻峪村东。麻峪也是永定河古渡口，有过河的摆渡。最初摆渡设施简陋，春秋两季水浅时，迈着大石头过河；夏季水涨时，划着柳条编的笸箩过河。后来改为木船，河两边各栽一大木桩，两桩之间拴条粗绳，人在船中，以手拽绳，借反向力前行。到清光绪末年，麻峪村民集资架起了一座季节性简易桥，柳条编囤盛河卵石作为桥墩，三个圆囤为一组，桥面铺有木板，秋冬季节使用，取名善桥。清末举人、民国名人周肇祥，曾与友人畅游西山，在他的《琉璃厂杂记》中，描述了麻峪的善桥："万佛堂在浑河西，距戒台、潭柘皆十余里。为看丁姓屋材，自三家店下车，取道麻峪。田家放水，道多冲坏。驴陷淖中，几及腹。垄麦青苗，间以桃树，春来好图画也。峪西村庙后一古槐已槁，皮尽脱，若死灰僵石，千年外物。浑河水落，土人编柳为笼，满贮鹅卵石叠河

中。架木为桥，便行旅。惟门头沟驮煤橐驼过者税铜币一枚。北望妙峰，积雪皑皑，飞鸟皆绝。"[21]这里很重要的一点，提到了麻峪村人为过永定河特意用柳笼装满石头作为桥墩，上面架木为桥，方便过往行人，还对驮煤的客商收税。木板桥的桥头建有桥房，用于办理过桥收费和负责桥的日常管理。过桥收费时，通常是收费后发给路人竹牌，返回时收回。板桥建成以后，从门头沟运出的煤炭、物资一般经麻峪走广宁村、北辛安、古城、八角村、衙门口村、鲁谷等，分别进入阜成门、复兴门、西便门或广安门，一些驮队也无需再绕行三家店渡口，节约了往返时间，也给行人带来了便利。

从麻峪渡口往来的驼队日夜络绎不绝，主要是从河西的门头沟浅山煤窑运往京城。拉骆驼的人需要半夜起身，一早赶到门头沟煤窑，装煤、过河、赶路，才能当天往返，一路上还要给骆驼喂料和饮水，十分辛苦。饲养骆驼和拉骆驼是两个行当，拉骆驼运货挣的是拉脚钱。过去，石景山、丰台地区养骆驼的村落很多，据当年拉过骆驼的老人回忆，衙门口、五里坨、鲁谷、古城、北辛安等村都是养骆驼的大村，最多的村庄有1000多头，北辛安有京西最大的骆驼店——悦来店。衙门口村东街在同治年间由麻峪村、五里坨、老古城等村集资成立骆驼会馆，管理北京地区驼户相关事宜。骆驼会馆坐北朝南，由戏楼、大四合院、东西跨院、神堂等组成，传说清朝礼亲王曾被邀请来看戏，并给会馆题匾。

永定河上曾有的古渡，不单纯是交通意义上的渡口，更是文化交往的通道。古渡讲述的是一段段各民族生产生活的千年佳话，演绎的是一部部多民族相互包容进步的交流史。渡口方便了人们的过往，使文化得到延伸和拓展，幽燕地区因此成为文化传播、交流的枢纽地带，各族人民交往融合的大舞台，折射了人类文明进程的多个方面。

2. 模式口京西古商道

北京西部的山区，物产资源丰富，特别是煤炭储量非常大。辽金以来，京城百万人家，皆依赖西山古道上运输的石炭作为燃料。西山出产石材也多，琉璃的烧制更是闻名京城，拉煤运货的驼马成群结队，年复一年便走出了京城到西部山区，再远至内蒙古、山西等地的商旅道路，号称京西古道、西山大路，也叫驼铃古道。京西古道以东西大路为主干线，连接着纵横南北的各条支线道路，沟通四面八方，形成了一个庞大、有序、呈放射状的交通道路体系，满足了商贸、宗教、军事、文化等各方面的社会需要。这条古道自古以来是京城的经济命脉，尽管古道沿线的古村落，目前能考证到、有明确记载的大都在隋唐以后，但古道的形成要早于这些古村落的形成。一般认为，它已有上千年的历史，是古代先民利用永定河谷天然孔道形成的军事要道和商旅通道的综合体，它所蕴涵的厚重文化底蕴和重大文化价值与灿烂的永定河流域文化叠映成辉、彪炳千秋。

京西古道最初是一条6米多宽的关山大道，由石块儿铺砌而成。东起阜成门，经北、中、南三路进入西山腹地，石景山区的磨石口、麻峪、庞村分别是北、中、南三条支路的分界点，门头沟区的王平口则是三条支路的汇聚点，有"过山总路"之誉（图一）。

（1）北路

北路是京西古道主干线，距今两千年左右，基本上沿着永定河谷而行，是京西历史最悠久的一条古道，文化遗产最具代表性。东起阜成门，途经石景山区西黄村、模式口、高井、五里坨等古村，从门头沟区三家店过永定河，经琉璃渠村，越愁儿岭、斜河涧、水峪嘴，翻牛角岭，再经桥儿涧、马各庄、石古岩、色树坟，到王平口，通往斋堂川。过去，斋堂地区、王平村所产煤炭，大部分通过这条古道外运出山，三家店有煤场子（如保存完好的

# 三条古道托起京西文化的根和魂

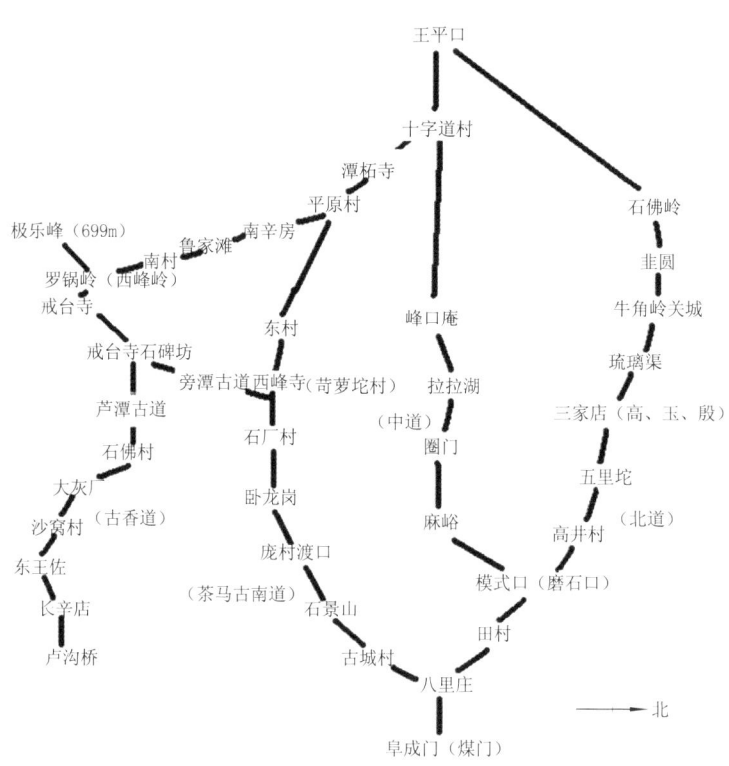

**图一　京西古道示意图**

有天利煤厂等），五里坨也有煤场子。在愁儿岭和牛角岭两处越岭线的路面上，均留有大量清晰蹄窝。这条古道一直到1977年下清（下苇甸至清水）公路修通之后，才自然废止。

从实际用途来看，北路最古老、最繁华，使用时间最长，发挥作用最大。平日是车水马龙、骆驼成行的商道，战时是金戈铁马、尘土飞扬的军道。众所周知，作为帝京天然屏障的西山，却并不是不可逾越的天险。西山山脉高不过一两千米，而且山间峡谷隘口众多，所以各个朝代均在此修筑长城。但西山的长城并非完全相连，而是在关隘之处断续修筑的，险峻之地可借山体作为屏障，关口之处成了防御的重中之重。西山从春秋战国时期成为燕国的西部边界起，就开始在道路的易守难攻之地设置关口，"大道为关，小道为口"，仅元明清三朝在西山就设关口22个。这些关口平时为内外通衢，战时则是军事要塞。明朝时，强敌在北方，居庸关至八达岭一线长城为外长城，设重军把守；而京西地区属内长城边关，列兵布防，是内长城军事要地，处于石景山地界的磨石口、杏石口、衙门口（原名安祖砦）等就是这种情形，历史上这几处都走过兵、打过仗。

明嘉靖三十九年（1560）梓行的《京师五城坊巷胡同集》，在"北中路"提到磨石口村，同北京通往河北、山西及塞外的商贸通道连在一起[22]。明《宛署杂记》载，京西古道北路东起阜成门，经海淀区的八里庄、田村，石景山区的西黄村、磨石口、高井、五里坨，从三家店过河进山，经王平口，再至河北、山西、内蒙古等地[23]。

北京从明代起，九个城门就各司其职。阜成门任务比较繁重，西山的煤炭、石材、琉璃、木料等都要走阜成门，其他商业、宗教、文化往来人员大多也要进出阜成门。因而京西古道上格外繁忙，赶车的、拉骆驼的、行走的、烧香拜佛的，各色人等不绝于途。从塞外、张家口等地而来的各路人马走出西山，跨过永定河，遇到的第一个重镇就是模式口。

模式口原名磨石口，1923年改为今名。磨石口是古隘口，狭窄陡峻，易守难攻，军事上属咽喉要道，为京师西部门户。据地质专家考证，古隘口至少在一千多年前就已存在。它是天险，历来被朝廷用来防御。史籍记载最早的是曹魏的征（镇）北将军刘靖派军士千人在隘口附近"拓边、守屯、据险"。明代时，磨石口以村中古道为界，村北属顺天府，村南归宛平县管辖，设千户所，由千户把守。明代的兵制，一个百户所管112人，一个千户所管10个百户所，即1120人，相当于今天两个营的兵力，可见磨石口在军事上的重要性。据有的专家考证，磨石口历史上发生过多次战争，后晋、辽、晚明时都曾发生过军事冲突。清代时，磨石口上升为军事重镇，千总驻镇，有围墙，沿街有四个门洞儿（过街楼），有兵丁站岗瞭望，入夜东西门洞儿关门落锁，车辆行人不得通行[24]。历朝把磨石口作为京西门户派重兵把守，是很有道理的，从民国时冯玉祥带重兵几次隐居天泰山的行动上，就不难看出这里的军事重要性。老舍写到发生在模式口周边的战役，祥子从模式口拉着三匹骆驼逃回京城[25]。解放战争时，解放军和国民党部队在麻峪、高井电厂、杨家坡（又称黑头山、红光山）等地交过火，毛泽东起草的中央军委电报，指示解放军在作战中要保护石景山、长辛店、门头沟等重工业区和西山文化古迹[26]。老人们说四野指挥部就设在模式口、刘娘府一带。模式口古隘口的雄险虽然今天看不到了，但山上还遗留有老墙、碉堡、烈士墓等多处遗迹。

模式口是京西古道的重要链环，是军道在先，商道其次，香道再其次。村西的古隘口易守难攻，战争时发挥过重要作用。清朝诗人查慎行形容这条路："乱石山有崎岖路，时听征车撼石声。"三里长街，龙形曲折，东接京城、西连煤海，为元明清三代的主要运煤通道，京西出产的煤炭、大灰、石料、木材等就是通过这条路源源不断地运往京城的。清朝、民国时期，通过模式口古道去妙峰山、天泰山、龙泉寺进香的会众每年有100多档，使它成为进香通道。模式口还是北京西部各省进京的重要通道，因为它是一条捷径。

旧时，模式口古道上商贾云集，驼队迤逦而行，驼铃声不绝于耳，颇为富庶。拉骆驼、搞运输，是京西人们的主要生计。京西百姓世代养骆驼，极盛时，骆驼有近万头。为了接待古道来往客商，模式口大街上有大车店、旅店、杂货店、铁匠铺、药店、酒馆饭铺等。古道给模式口带来了经济的繁荣，村民生活富裕，在京西及京城享有盛名。街两侧的四合院民居至今保留着传统风貌，房龄都在百年左右，对研究京西居民生活变迁有较高的参考价值。

但不少北京史学专家认为，模式口的历史或许更早，它的古名"磨石"与古燕国的磨室宫有关。磨室宫为燕国宫殿。奉宽在其《妙峰山琐记》中认为"磨石口应即古磨室宫地"[27]。如果奉宽之说可靠，磨石口可能因"磨室"谐音而村西又有山口得名。也有人说磨石口是因为出产磨刀石而得名。村子背靠的磨石山（现名蟠龙山），确实出产磨刀石，品质优良，闻名远近，后山上至今还有大片古代石塘的遗迹。直到中华人民共和国成立后，这里出产的磨刀石还畅销全国各地。当年磨刀石厂厂长如今还健在，说起磨刀石来如数家珍。

磨石口处在运煤古道上，除了出产销售本地上好的磨刀石外，也出产、经营煤炭。民国五年（1916），受农商部地质调查所所长丁文江指派，由我国培养的第一届地质人才叶良辅、王竹泉、朱庭祜、谢家荣等13名技术人员，分组负责在北京西山开展全面系统的地质调查。1920年出版我国第一部区域地质志《北京西山地质志》，1930年重印。书里叙述了今石景山区境内各煤田地质及旧式小煤窑生产情况，有炭峪（今潭峪村）、磨石口、八大处三处煤田。《北京西山地质志》对磨石口煤田的调查情况是："该煤田与浑河（今名永定河）东岸的京门铁路北辛安车站相邻。含煤层也属于中生界侏罗系。煤田范围被局限于两个辉绿岩（玄武岩）岩体之间，很不整齐。所采仅是第1层，厚度只有数公寸到5公寸。北端煤层最厚。顶层岩石多是页岩，底板则多为辉绿岩（玄武岩）。煤层倾向西北方，倾斜角由十度到三十度。该煤田围岩是火成岩，受其影响变质，煤质容易破碎，灰分也较多。"民国初,模式口村以西有公利、天兴、宝祥、新安等7座煤窑,煤层都很薄,没有超过2米,都采用旧式的手工生产,靠人力开采和运出煤来。[28]当时村里大户李家、薛家、乔家、马家、仲家的富庶都与他们参与采煤、运煤、贩煤有重大关系。村民李雅轩时任北平市煤商行会的会长,在城里开着"顺泰煤栈"。他用火车把门头沟的煤炭运到煤栈,还养着六七匹骆驼往京城盘脚运煤。

磨刀石、煤炭之外,模式口村其他的矿藏也不少,如红土、白土、坩土等。模式口是中国地质工作中的一颗明珠,这个地区的玄武岩在北京地区是厚度最大的,已经载入地质史册。用玄武岩制成的铸石产品具有很高的耐酸、耐腐蚀性能。模式口出产的红土可耐1500摄氏度以上的高温,是优质耐火材料,又因其独特的红色,成为皇家园林优质建筑涂料。白土位于红土之下,呈暗绿色、灰白色,硬度不大,是叶腊石的一种,具有耐高温、耐高压的特性,是制造金刚石的原料。坩土呈灰色,有黏性,可用于耐火材料或涂料。粉砂岩可做砚台,陶粒页岩、绿泥石、石灰石、白云石的储量在模式口也很可观,而且前景不错。

1919年,磨石口又搭上了近代工业发展的快车。官商合办的龙烟铁矿股份有限公司在京西石景山下建设炼厂,北京近代工业由此起步。紧接着,石景山发电分厂也落户高井村。1922年,磨石口成为北京郊区第一个架设电线、用上电灯的村子,村里办起了小学校,孩子们大部分都上了学,一部分农民招工成了两个厂子的工人,算得上京西比较富庶、先进的村庄了。土生土长的磨石口人、时任河北省议员李雅轩,获得过嘉禾勋章。他认为家乡磨石口历史悠久、文化丰富,完全有条件办成模范村,便写了呈子报请宛平县长汤小秋,建议将磨石口按照谐音改名为模式口,意为诸村之模范、示范。1923年,李雅轩的呈报获得批准,村名改为模式口。

模式口历史遗迹众多,文化积淀深厚。法海寺、承恩寺、田义墓等众多明代寺庙、墓葬尚存于模式口古道北侧,法海寺、承恩寺是全国重点文物保护单位。从现存白皮松树龄和碑刻记载,可以推知法海寺是在辽宋寺庙的基础上修建,故老相传唐代武德年间承恩寺即有寺庙。第四纪冰川擦痕的发现与中国首座第四纪冰川遗迹陈列馆的建立,掀开了模式口在地质史上光辉的一页。田义墓石刻艺术精湛,驰名中外。模式口因此流传有"法海寺的木工,承恩寺的地工,田义墓的石工"的民谣。加上模式口是京西古军道、古商道、古香道的共同体,因此这里各种文化交汇、多元共生,文脉就此奠定。

模式口龙形古道长1500米,原有石砌门洞儿(过街楼)4座,最东边的门洞儿(今九中东约50米处)曾经是官府设卡抽分的地方。抽分是指"客商兴贩竹木,设抽分之例,各有分数,以资工用,亦以防过取",过往客商均要在此纳税,才得以通行。模式口设立抽分的具体时间已无法考证,但至少明朝初年就有了,或许更早至元朝,元朝首创在交通要道或港口设立抽分官员。《大明会典》卷七云:"磨石口、庞村、芦沟桥北辛三处抽分厂旧有攒典各一名,革。"说的是正统、景泰年间裁撤冗员,可见明初抽分厂就设置了。又《大明会典》卷二百四记载:"洪武十三年,罢天下抽分竹木坊",洪武二十六年(1393)又恢复,到了弘治四年(1491),"奏准庞村、北新安、磨石口三厂,于卢沟抽分局官二员内每季轮差一员管理。"这是从卢沟桥抽分处轮派一名官员到模式口、庞村、北辛安三地管理抽分事宜。由此可见磨石口、庞村、北辛安三个古村落在明清时的经济商贸地位。

2002年10月,北京市政府将模式口大街列为北京市第二批历史文化保护区。目前,模式口的重大价值尚未被世人认识,三里长的模式口大街,文物级别高、价值大、谜团多,多种文化异彩纷呈,亟待挖掘、解密、还原。

（2）中路

京西古道中路——玉河大道，至晚在唐代末年就已经存在了，也有上千年的历史。唐哀宗天祐三年（906），割据一方的军阀刘仁恭设置玉河县，因这条大道是贯穿玉河县中心的一条交通主干线，故称"玉河大道"。辽、金、元、明、清对玉河古道均有修建。玉河大道从门头沟王平口一路向东，在石景山区的麻峪村跨过浑河（永定河），走过高井、磨石口、琅山、西井、西黄村等石景山区的古村落，经海淀区到达阜成门。从京城出发由东往西走，人们一般认为麻峪是玉河古道的起点，因为是从麻峪渡口过永定河，经门头沟区大峪村、东西辛房、圈门、峰口庵、十字道等到达王平口。玉河大道文化遗存众多，有关隘、窑址、古寺、古村等，在门头沟区保存完好。在这条古道上的石景山区麻峪村、高井村、模式口村尚未拆迁，古道痕迹依稀可见。

旧时，从麻峪过河到潭柘寺是一条古香道，俗称麻潭古道。后来人们从潭柘寺继续前行上西坡，经阳坡园、赵家台、十字道，可到达过山总路王平口；后由于经商需要，它逐渐演变成一条古商道，也能运输煤炭。自然它还是一条古迹众多、风景独好、"游"味十足的文化线路。

（3）南路

从石景山区庞村渡口过永定河到潭柘寺的古道，称"庞潭古道"，又称京西古道南路，也是京西古商道之一，东起阜成门，经八里庄、古城村、石景山、庞村，从庞村渡口过永定河后再经卧龙岗、石厂村、西峰寺、罗睺岭、东村、平原村，到达潭柘寺。历史上潭柘寺地区所产煤炭，大部分由这里运往山外。金代卢沟桥建成后，这条古道逐渐以祭祀河神、进香为主，它越过西峰岭后与卢潭古道会合。

庞潭古道因为也是进香线路，一些香客游人为兼顾永定河两岸的石景山和潭柘寺、戒台寺的风景，或从庞村渡口过河，然后从其他渡口返程；或从其他渡口到戒台寺、潭柘寺，返程时过河经庞村、石景山。清末名人震钧等人秋游西山，去时从卢沟桥过永定河，返程走的是庞潭古道，由潭柘寺走罗睺岭，经马鞍山到戒台寺，这段路程显然比来路艰险。震钧写道："……下山循旧途，仍趋奉福院。路经西峰寺，草深没前殿。昔者吴钱塘，已如今所见。晚就奉福宿，挑灯恣谈燕。明晨别寺去，路由石景山。孤塔映朝阳，矫矫殊澄鲜……"[29]奉福寺是潭柘寺的下院，远途香客在往返途中一般会选择在该寺落脚。"路由石景山"，就是从石景山旁边的庞村渡口过永定河。

3. 穿越八大处、天泰山的西山古香道

北京西山群峰之中，寺庙众多，各个朝代的都有。潭柘寺、戒台寺，石景山、八宝山、九龙山和百花山的娘娘庙，以及久负盛名、三山之中的金顶妙峰山、天泰山（三山指妙峰山、天泰山和丫髻山）、翠微山龙泉寺等，自古是京西一带佛、道和民间信仰的圣地，因此形成了记载着宗教与民俗活动信息的多条进香古道。

（1）香道、古寺、茶棚

明末清初，金顶妙峰山香火鼎盛。据史料记载，从山前去妙峰山的古香道多达六条，但最为著名的有四条。"都人士进香之路，最著者四：曰'中道'，大觉寺也；曰'中北道'，北安窠也；曰'南道'，三家店也；曰'北道'，聂各庄也。四条进香古道，南道山景幽胜，中道、北道亦佳，中北道次之。以道里计，则中道最近，中北道稍远，北道又远，南道最远。"[30]南道是京西古香道从香山至妙峰山的必经之路，昔日的天泰山慈善寺庙会在京西非常出名，善男信女选择走南道，虽然绕路，但石头墁砌的山间小路相对好走，既能朝拜慈善寺也能朝拜妙峰山，一举两得。

古香道上的标志性建筑是茶棚。当时，殷实人家出钱，沿路支棚结彩、烧粥煮茶招待长途跋涉的进香者。古香道上每

# 三条古道托起京西文化的根和魂

图二　西山古香道石景山段（香山到慈善寺）

隔数里便建有一茶棚。一些规模盛大的民间花会、香会也要虔诚上山进香，沿途遇见茶棚、寺庙都要表演，热闹非凡。这里，主要说一下从香山到天泰山慈善寺的西山古香道石景山段（图二）。

南香道沿途经过的寺庙、茶棚、道路历史悠久，风景迷人，史志、碑刻和名人游记多有记录，旧时从南河滩、北辛庄东来的香客多走这条香道。东边起点是香山东麓的昌化寺，始建年代不详，仅剩遗址，现为西山国家森林公园，留有"黄土坡"地名。昌化寺之西的青龙山，是海淀区和石景山区的交界，有硕大醒目的"佛"字为主的摩崖石刻集中分布区，"佛"字上方有"狮子窝"等字，下方有三处石刻，共计179字。从落款看，有乾隆和嘉庆年间的两种；从内容看，这里是明朝太平院的遗址，清朝僧人源方联合穆克登额等人开山修道建庙，当地富人布施功德，石匠胆从容、胆从新刻字。往西便是"普渡桥"石刻，标明"乾隆三十三年造"，早年应该有桥。过了"普渡桥"石刻，来到碧云天景区，在东茶棚休息喝茶，福惠寺、狮子窝塔院、魁星点斗等庙

宇、石刻映入眼帘。东茶棚因距离狮子窝塔院不远，原称狮子窝茶棚，《妙峰山志》称其为"天太山狮子窝茶棚"[31]，嘉庆年间太监魏双庆、王福喜重修。近年石景山区重修了东茶棚，东茶棚坐西朝东，正殿三间，两侧配殿各三间，处于香道的重要位置，四通八达，正好迎接东来的香客补给饮食。茶棚附近、福惠寺南有"源方修路碑"，碑文记载了乾隆三十四年（1769）修缮香道的经过，是非常珍贵的实物资料。

再向西行，左侧可见洪福寺、弘德寺、海城鲍氏家祠，过宝胜仙桥（当地人称念佛桥、面子桥），登上山口便是一片石，这个地名唐代就存在。向西行不远便到第二个休息处——满井茶棚，俗称西茶棚，《妙峰山志》称其为"天太山一片石满井同集合善茶棚"[32]。满井是山泉水，常年泉涌不断，水质甘洌，适宜饮用，周边有满水井村。

茶棚以北便是广禧寺、鬼王坟。广禧寺在过去很出名，与法海寺、承恩寺、慈善寺、双泉寺等齐名。这座庙建于明弘治年间，由太监韦童募建，邵太后出资，明孝宗赐额。寺庙所在区域是国丈张峦的墓地，因此庙产也颇具规模，直到民国二十五年（1936）北平市政府社会局登记庙产时，说它所在地为西郊五分署满水井村三号，仍有土地三顷五十九亩、财产总计五千七百四十元[33]，地亩仅次于承恩寺、慈善寺。鬼王坟在广禧寺西百米处，是八大处宝珠洞、临济宗三十三世海岫禅师的墓塔。

再西行便到万善桥。著名古桥专家孔庆普先生对古桥的评价说：此桥虽小，气势如虹，在北京古桥中结构是"独一无二"的，是北京最美的古桥。万善桥原名双泉桥，始建于金代，为木桥，是专供金章宗来双泉寺避暑而修建的，后改建为石桥，周围村民则多称之为"罗锅桥"。清光绪年间太监刘诚印等修过，改名万善桥。桥北一石刻佛龛，龛内明代石佛像，刻有"双泉寺僧人圆喜，发心造接引佛一尊。万历十一年十一月初一"诸字。万善桥向上行百米便是双泉寺，双泉水质甘甜纯净，近年学者认为这座寺庙是金章宗西山八大水院之一——双水院[34]。寺内有明代弘治七年（1494）石碑："嘉靖元年立。双泉在今寺右，左侧塔一，高约七丈余。距寺数百步为双泉桥。"《妙峰山志》提到"天太山双泉寺茶棚"[35]。

从古香道的寺庙、茶棚、道路的维修情况看，太监刘诚印起了相当大的作用，除了修缮福惠寺、双泉寺、太平院等寺庙，修补香道、万善桥外，还当过双泉寺的住持，邀请白云观方丈云溪来碧云天游玩，留下他和龄昌等人的题壁摩崖石刻多处，古香道延续至今有这位大宦官的功劳。

双泉寺北百米许便是"翠微山石刻"，明人所做。再北走约20分钟，便到达著名的慈善寺。慈善寺坐落在风景秀丽的天台山（又名天泰山、天太山）西侧山腰，又称天台寺。整个寺庙处于山谷中伸出的一个大平台上，掩映在苍松翠柏之中，从空中看寺庙分布宛若北斗七星。《北平旅行指南》中说："由山门至二门，东侧沿山有小庙七，号七星，为清帝乾隆游寺时敕建。"[36]殿堂依山而建，随山的走势迤逦排列，错落有致，典雅清幽。各路神佛荟萃，山门上有文昌阁，入门后是接引佛殿，曲径通幽一里许，沿途自南而北依次为观音阁、灵官殿、王三奶奶殿、弥勒佛殿、娘娘殿、火神殿、龙王庙、吕祖殿、马王殿。进入主体院落，又分东西两路，西路是佛教殿堂，有韦驮殿、大悲殿、魔王老爷殿（两层，又称藏经楼）；东路是道教殿堂，依次为财神殿、三皇殿、斋堂。东山坡上还有山神庙、天齐庙、玉皇殿等。南山顶上矗立着一座覆钵式燃灯古佛塔。

（2）慈善寺庙会、庙产

有清一代，慈善寺每年例有庙会，香火旺盛。《燕京岁时记》云："天台山在京西磨石口，车马可通，即翠微山之后山也。每岁三月十八日开庙（应为三月十五日），香火甚繁。寺门在南山之麓，寺在北山之巅，相去几至里许，沿山有流泉三四，涓涓不穷。所谓魔王者，语多荒诞不经，无从考其出处矣。"[37]这段文字描述的是往昔慈善寺一年一度的庙会。慈善寺碑刻上记载："例于每年三月之望，为古佛成道之期，远近村民、绅商学界、善男信女焚香顶礼者络绎塞途，感灵祈福者争先恐后……诚为一方香火极盛之寺也。"慈善寺的庙会不同于其他寺庙，一个是开庙的日期不同，别的庙春季庙会一般在农历四月，或初一到十五，或十五前后几天，而慈善寺在农历三月十五，开庙三天，为古佛成道之日，香火极盛，远近来朝拜者络绎不绝。另一个是供奉的神佛不同，通常"三山五顶"多供奉的是娘娘，慈善寺有娘娘庙，而且大悲殿观音旁有碧霞元君的塑像，却供奉魔王老爷，这在京西是很罕见的。

来慈善寺朝拜的香会分为"武会"和"文会"两种，并有"老会"和"圣会"之别。"武会"又称"花会""走会"，是表演舞蹈、武术技艺的组织，如开路（要耍三股叉）、秧歌、挎鼓、高桥、狮子、五虎棍、扛箱会等，多从京城的菜市口山西洪洞会馆、白纸坊纸业公会、德胜门外松林闸三处出发，一路上锣鼓齐鸣，每到茶棚、寺庙、古村镇都要表演，观者如堵。"文会"又为"善会"，是北京、天津地区人们组织起来的为香客服务的慈善组织，如茶棚老会、路灯老会、鲜果圣会等。"老会"一般指百年以上的香会，"圣会"则不到百年。慈善寺现存26通关于香会的碑刻，从清初就有如意礼仪钱粮圣会、上吉如意老会、鲜果圣会、放堂圣会等来此行香走会、做慈善活动。

慈善寺位居京西一隅，因它的传说扑朔迷离而名气甚大。康熙年间，有一疯僧来到天泰山修行，后成正果，朝廷赐疯僧为"魔王和尚"，故慈善寺早期在民间又被称为"魔王和尚庙"。又因疯僧的肉胎与清世祖顺治极为相似，在民间衍生出"顺治出家天泰山"的传说及康熙、乾隆曾多次到天泰山拜祭、赐匾额、金帛的故事。

从目前掌握的资料看，这个传说并非空穴来风，一些档案能证明慈善寺非同一般寺庙。据民国二十年（1931）北平社会局寺庙调查登记，当时慈善寺有不少高档次的庙产：大明私建，康熙时重修，寺内佛殿群房一百间，寺外荒山二十亩，本庙面积约六亩；僧徒五名，住持庆宗；佛像神像共计大小一百六十一尊，木卧佛一、站佛一、石站佛一，均高七尺余，小木像十三尊，肉像一尊；经典有地藏经、大字法华经、释氏源流、大悲忏各一部，御制（印）语录六套；古佛脚印石一块，庙内有肉身像一尊，相传石系在生时脚踏之石，留为纪念；锡五供一份、铜磬二口（四十斤）、铜钟一口（四百斤）、铁钟二口（四百斤）、铁磬大小二十二口（百余斤）、铁供器二十份、大铁炉三座（六百斤）、铁鼎一座（五百斤）、铁典一块（六十斤）、法器一份九件、铁供器一份、锡器一份、鼓一架（高四尺）、宣德铜香炉一个（重约二斤）、古铜鼎炉一架（重约三斤）、大琉璃瓦五供三堂、盂兰木船一架（高三尺长六尺）、光绪二十二年（1896）契纸两张、手本两纸。到民国二十五年（1936），慈善寺的庙产除了原有的，还增加了房屋104间，附属山地三顷三十亩、关帝娘娘财神配像二十五尊、寿缸一口、泥马一匹、驴一匹[38]。

从现存民国档案看，慈善寺有许多需要破解的谜团：御制语录六套是哪个皇帝赐给慈善寺的？内容是什么？古佛脚印石既然是肉身佛修道过程中留下的印迹，肉身佛又是谁？是不是传说中的疯僧？疯僧和清廷什么关系？寿缸是不是肉身佛坐化时的葬具？泥马、泥驴的用途是什么？宣德古铜香炉等高级法器、礼器、乐器怎么得来的？等等，这些都值得深入探究。

还有几点值得注意。第一，魔王老爷殿上下两层，又称藏经楼，上层供奉经书，下层供奉着肉身像，面向南、头朝东望着京城的方向，寺里僧人讲那是顺治皇帝还顾念自己来自京城皇宫。殿内西墙悬有七言308字"顺治归山诗"一首，据传为顺治所作。按这种说法，似乎肉身佛魔王老爷就是顺治皇帝，与疯僧没有关系了。冯玉祥将军提到当年在慈善寺隐居的情况就说：老爷庙里"只有个干巴肉胎，头歪歪地望着北京。问这是什么人？和尚附在我耳边低声说'这是顺治皇帝'。我笑了一下，明明又是和尚捣鬼，不知从哪里打听的顺治有出家之说，就造出谣言，愚弄百姓"[39]。冯玉祥民国初年开始信仰基督教，人称基督将军，曾在1912年5月至1925年1月间三上天泰山慈善寺，他自然不信这个，认为这是和尚愚弄老百姓的鬼把戏。第二，南山坡上的覆钵塔，传说是魔王和尚衣冠冢，塔身却刻着"南无燃灯古佛莲花教主之宝塔"。藏经楼里供奉的肉身佛是魔王和尚，又说古佛脚印石是肉身佛生前的遗物，那燃灯古佛和魔王和尚又是什么关系呢？《北平旅行指南》道出了其中的原委："后殿崇阙，上下共五楹。内供佛像，系肉胎坐化，隆准凤目，状貌英武，宛若天人。说者谓系清帝顺治出家后修真成果，坐化于此。而寺僧则称燃灯古佛，肉体成圣，嗣经清帝敕赐，号为魔王和尚。匾额及碑文，均为乾隆四十四年至四十七年御笔。殿侧陈石缸一，缸为佛坐化时原用为埋葬之具。相传佛体入缸二日，闻异香四溢，出自缸中，徒众遵遗嘱，即将遗体取出，供于龛中。迄今垂三百年，无丝毫损毁。石则为当日跪拜所用，日久磨擦，成两膝盖之凹形，中有缕缕血纹。又传魔王为明末高僧，有夙慧，现疯癫相。夜住山洞，日间将巨石推落山下后，即下山将石负运山上，略停又复推下，如是者数十年，后圆寂于洞。其生前运石，盖为炼魔之工夫，故称为魔王菩萨云。""山巅有魔王洞，洞深邃而黝黯，久已无人敢入。魔王和尚初至天台山，即就洞打坐礼佛所也。"⑩如此看来，肉身佛就是疯僧得道后的遗体，魔王和尚是疯僧得道后来自清廷的封号，燃灯古佛是僧徒对得道疯僧的敬称，寿缸为疯僧坐化的葬具；所谓的古佛脚印石，其实是魔王和尚修道时膝盖跪拜石头上日久形成的凹形遗迹，后世僧徒自然当作圣物膜拜，传承的过程中以讹传讹成了脚印石。只是魔王洞，至今尚未找到。第三，慈善寺与皇家有千丝万缕的关系。大悲殿屋脊的雕龙非常精美，个别殿堂彩绘是和玺彩绘；六套御制语录是来自皇家的圣物；寺庙按北斗七星排列，还是乾隆皇帝的敕建，匾额和碑文都是乾隆御笔。这些都提高了这座庙的地位，使它从民间私建上升为官家敕建，自然和皇室有着扯不清的关系。但到了民国寺庙登记时，寺僧说成是"明代私建康熙时重修"，是为了自保故意撇清和朝廷的关系吗？

尽管上述所说迷雾重重，却还是有迹可循的。这里着重分析一下《御制语录》。历史上，清代皇帝中对佛教有精深研究的首推雍正皇帝。雍正自幼喜读佛典，广交僧衲，不仅多种宗教俱通，而且显密兼融，日常还躬行禅修。他奉国师章嘉呼图克图为座上宾，在其指导下实行禅坐，相继破初关、重关、牢关，自号圆明居士，被公认为中国历代帝王中唯一的真正亲参实悟、直透三关的大禅师。雍正帝在他执政的最后几年，钦定御制一套120万字的佛教典籍，是为《御制语录》，其中包括他亲自编著的佛教禅宗语录《御选语录》十五卷、亲自汇编的佛经摘录《御录经海一滴》及《御录宗镜大纲》《御制拣魔辨异录》等。雍正帝的《御制语录》主要辑录了禅宗、净土及紫阳真人的隽语，也有他个人的语录，即《和硕雍亲王圆明居士语录》《圆明百问》及《总序》《后序》和各种小序。那么，慈善寺的六套御制语录是否出自雍正，这需更多资料来佐证。

## 三、关于西山永定河文化带石景山段的未来发展设想

石景山区110处文物全部处于西山永定河文化带范围内。此文化带不仅有三条古道贯通全境，而且在其上自然形成五个文物集中区，即八大处、模式口、永定河、首钢和八宝山，综合起来就是"三道五区"。这些古迹既是石景山区的珍贵文化遗产，也是西山永定河文化带上的闪亮明珠，更是首都"四种文化"中的璀璨奇珍，塑造了北京历史文化名城的根和魂，托起了北京城绵长厚重的文脉。

未来五年，石景山区将依托"三道五区"和冬奥组委进驻重大契机，重点实施三条古道文化遗产连线工程、十大博物馆提升建设工程和六张城市文化金名片打造工程。

### （一）三条古道文化遗产连线工程

充分利用永定河故道、沿河文物古迹、水利遗址、石景山古建群、非遗传说故事民谣等历史人文资源，整合、恢复河道生态水系景观，与门头沟、丰台等区联手打造永定河古河道文化遗产线路。深入挖掘大西山生态环境和人文遗迹巨大价值，恢复香山至八大处、慈善寺古香道，协同推进互通互联，与门头沟、海淀等区协同打造跨区步行西山古香道文化遗产线路。重视"驼铃古道"文化遗产成线保护，保护"龙"字形街道肌理脉络，整体恢复过街楼，重塑模式口重镇风采，与门头沟区共同打造京

西古商道文化遗产线路。

**（二）十大博物馆提升建设工程**

提升法海寺壁画艺术博物馆、承恩寺"燕京八绝"艺术馆、田义墓石刻艺术馆、京西五里坨民俗陈列馆整体文化景观和内涵；在北辛安记忆建筑整体迁移的基础上形成区域城市记忆博物馆；高标准建设石景山区博物馆；助推衙门口骆驼会馆、首钢工业遗产博物馆、中国保险博物馆、永定河历史文化博物馆项目建设。

**（三）六张城市文化金名片打造工程**

强化永定河生命之源、文明之源定位，重塑石景山在北京母亲河生态文化中的重要地位，深度挖掘石景山和永定河人文内涵，推出"西山永定河生态文化名片"。立足首钢工业遗产文化内涵，着重挖掘利用工业文化资源，推出"首钢工业文化名片"。重点挖掘京西驼铃古道多元文化内涵，协同推动模式口地区文物修缮、环境整治和景观再造，推出"模式口历史文化名片"。深入研究利用八大古刹禅林文化与旅游休闲资源，开展串联四季的八大处园林茶文化节、重阳诗会等活动，推出"八大处传统文化名片"。按照"红色旅游区+群众活动基地"的思路，建设革命公墓红色文化园，传承红色基因，推出"八宝山红色文化名片"。围绕冬奥文化与区域文化融合发展重点课题研究，实现奥运遗产与工业遗存文化的融合发展，创新文化和其他产业融合发展，推出"冬奥及创新文化名片"。

石景山区将以习近平总书记重要指示精神为根本遵循，以大历史观深刻认识历史文化遗产的重要性和稀缺性，以高度历史使命感推进西山永定河文化带建设，在疏解、整治、促提升的进程中，抓住"根"和"魂"，见"物"又见"文"，扎实做好文物保护、传承、利用这三篇大文章，打造京西文化新名片，建设山水融城、高端绿色崛起的新城区，为首都建设全国文化中心提供新活力、新动力。

---

① 《西山——永定河文化带承载文化百态》，千龙网，2017年8月21日。

② 王岗：《"西山文化带"的三种文化类型》，《光明日报》2017年5月22日第5版。

③⑩ 沈来新、刘培斌：《北京永定河生态走廊文化调查与规划研究》，团结出版社，2014年，第95页。

④ 《三国志》卷15，中华书局，1973年，第464-465页。

⑤ （清）于敏中等：《日下旧闻考》卷98，北京古籍出版社，1983年，第1625-1626页。

⑥ 《北史》卷38《裴延儁传》，中华书局，1974年，第1377-1378页。

⑦ 《金史》卷27《沟渠志》，中华书局，1975年，第686页。

⑧ 《元史》卷164《郭守敬传》，中华书局，1976年，第3846-3847页。

⑨ 《元史》卷64《沟渠志》，中华书局，1976年，第1659-1660页。

⑪ 周肇祥：《琉璃厂杂记》，北京燕山出版社，1995年，第131页。

⑫ 《元史》卷6《世祖本纪三》，中华书局，1976年，第113页。

⑬ 门头沟地方志丛书《永定河志》，北京燕山出版社，2007年，第121页。

⑭ 苗天娥、吕品生：《清官于成龙与永定河得名》，《北京文博》2010年第4期。

⑮ 北京市方志馆的博客《侯仁之眼中的卢沟桥与北京城》，2016年2月14日。

⑯ （明）刘侗、于奕正：《帝京景物略》卷6，北京古籍出版社，2001年，第280页。

⑰ 门头沟地方志丛书《永定河志》，北京燕山出版社，2007年，第205页。

⑱ （明）沈榜：《宛署杂记》卷5，北京古籍出版社，1983年，第40页。

⑲ （明）刘若愚：《酌中志》卷16，北京古籍出版社，1994年，第107页。

⑳ （元）熊梦祥：《析津志辑佚·风俗》，北京古籍出版社，1983年，第209页。

㉑ 周肇祥：《琉璃厂杂记》，北京燕山出版社，1995年，第219－220页。

㉒ （明）张爵：《京师五城坊巷胡同集》卷5，北京古籍出版社，2001年，第14页。

㉓ （明）沈榜：《宛署杂记》卷5，北京古籍出版社，1983年，第39－40页。

㉔ 冯宝树、周方彤：《军事重镇》，载孟凡柱、陈培富主编《京西古道模式口》，九州出版社，2000年，第27页。

㉕ 老舍：《骆驼祥子》，人民文学出版社，1995年，第18－19页。

㉖ 北京市石景山区地方志编纂委员会：《北京市石景山区志》，北京出版社，2005年，第17页。

㉗ 门头沟地方志丛书《潭柘山岫云寺志·妙峰山志·外二种妙峰山琐记·北京妙峰山记略》，北京燕山出版社，2007年，第174页。

㉘ 叶良辅：《北京西山地质志》，1940年实业总署重印本，第72页。

㉙ （清）震钧：《天咫偶闻》卷9，北京古籍出版社，1982年，第197－198页。

㉚ 门头沟地方志丛书《潭柘山岫云寺志·妙峰山志·外二种妙峰山琐记·北京妙峰山记略》，北京燕山出版社，2007年，第186页。

㉛㉜㉟ 门头沟地方志丛书《潭柘山岫云寺志·妙峰山志·外二种妙峰山琐记·北京妙峰山记略》，北京燕山出版社，2007年，第126页。

㉝ 北京档案馆，档号：J002-008-01157，题名：西郊区广禧寺妙华送寺庙登记表及社会局的批示，1936年。

㉞ 苗天娥、景爱：《金章宗西山八大水院考》（下），《文物春秋》2010年第5期。

㊱㊵ 《老北京旅行指南》，为马芷庠著、张恨水审定《北平旅行指南》重排本，北京燕山出版社，1997年，第185－186页。

㊲ （清）富察敦崇：《燕京岁时记》，北京古籍出版社，2001年，第60页。

㊳ 北京档案馆，档号：J002-008-00146，题名：西郊区慈善寺僧人庆宗呈请登记庙产及社会局的批示，1931年。

㊴ 冯玉祥：《我的生活》，黑龙江人民出版社出版，1981年，第417页。

（作者单位：石景山区文化委员会）

# 西山永定河文化带上一颗璀璨的明珠

## ——历史文献中的"石景山"

### 吕玮莎

"石景山"是北京西山中一座海拔仅180多米的小山,位于今石景山区中部、永定河东岸(图一),其山顶"功勋阁"建筑的经纬度坐标为北纬39°55′03.68″,东经116°08′27.11″。另外,石景山也被用于其所在地的行政区划名称"石景山区"中。

石景山,清代属宛平县。据《光绪顺天府志》载,"宛平县:山,城西三十里曰西山,总名也……石径山,一名石景山,又呼石经山……"①该山自古以来风景秀丽,素有"燕都第一仙山"之称。而这一称号的出处恰是今山顶所存明代《重建石景山天主宫碑》:"惟山雄峙一方,高接云汉,钟灵秀之气,郁造物之英,真为燕都之第一仙山也……"③该碑说明明代时山顶曾有"天主宫"等建筑。

1919年,龙烟铁矿公司石景山炼厂(今首钢集团的前身,下文简称"首钢")在该山山体周围建起华北地区最大的钢铁厂。由此,石景山山体及山上的古建筑群都因厂墙的阻隔而逐渐被人们遗忘。随着2005年"首钢"宣布停产并搬迁,"消失"了近百年的它又重回到人们的视野之中。

近年来,石景山山体周围开始了三项重要工程:北京地铁磁悬浮S1线、北京长安街西延长线、丰沙线铁路改线入地。因长安街西延线桥梁比丰沙线低,所以丰沙线要改线入地并需穿越石景山;磁悬浮S1线在跨过永定河后,也要在丰沙线上方横穿石景山山体270多米,即在石景山山体内部将形成一个上下叠落的十字形隧道(图二)。全部工程完工后,作为"燕都第一仙山"的石景山将再次成为重要地标,真正回到世人的眼中。

目前有关石景山上古迹、建筑等情况的资料以《石景山——燕都第一仙山》一书最为全面④。笔者认为虽然该书全面地介绍了石景山上的古迹历史及来源考证,但并未形成一个整体系统,且古迹的

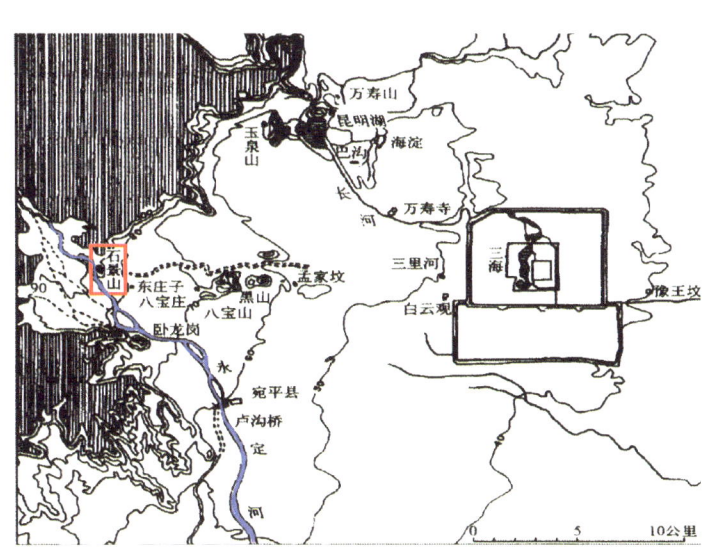

图一 石景山山体的地理位置²
(红色为石景山,蓝色为今永定河,笔者注)

# 北京文博·文化带专刊

图二　磁悬浮S1线轨道穿越石景山山体（2017年9月拍摄，红色框内是被打通的石景山山体隧道，笔者注）

具体位置及现状也未加详细说明和绘图标记。因此，本文在对现存古迹进行实地考察和确认其位置及现状的基础上[5]，结合相关历史资料信息，对其中一些问题提出自己的观点。

## 一、石景山在历史上的曾用名

石景山在历史上的名称众多，《石景山的山名源流考释》[6]中已介绍了梁山、孟家山、骆驼山等名称，以及与"石景山"发音相近的湿经山、石经山、石径山、石井山等名称，也有研究者认为石景山也叫碣石山[7]。以上内容本文不再赘述。此外，笔者查阅资料时新发现了两条有关山名的资料及部分对石景山曾用名研究的补充资料，这些均是《石景山的山名源流考释》未提到的。笔者也根据所掌握的资料发现，这些发音相同或字形相近的名称多见于元、明、清三个时期的资料中。

### （一）关于曾用名的新资料

笔者新发现有关石景山山名的资料为"石山"和"十景山"。

#### 1. 石山

明万历年间《宛署杂记·山川》中记有"石景山"和"石山"两个条目，其地点相近、特点相似。分别是："石景山，在（宛平）县西北三十里玉河乡，乱石嵯峨，高出众峰。""石山，在（宛平）县西北三十余里玉河乡，呼石经山，以山多石，故云。山最高耸，东望神京，南望芦沟，西北望浑河。"[8]这两座山都位于宛平县玉河乡，且均有多石、山高等特点。

"石山"条目中的"芦沟"与"浑河"，据同为明万历间《长安客话·郊坰杂记》载："浑河即桑干河，从保安旧城过沿河口通石港口，直抵卢沟河……盖桑干下流为浑河，浑河下流为卢沟，以其浊故呼浑河，以其黑故呼卢沟，本一水也。"[9]可知芦沟与浑河为同一河，即今永定河；石山也"呼石经山"，以多石得名，或许是对石经山之名的简称，而石经山又是石景山的曾用名。故笔者疑二者为同一座山，即"石山"也叫石景山。

#### 2. 十景山

出版于1935年的《北平旅行指南》中对石景山的介绍为："（石景山）山在平西三家店东南约七里，又名十景山，孤峰峙立，峭拔中天，山巅有寺……"[10]但并未说明得名的原因，笔者推测可能是因山上有十处景观而得名，或是为图方便用"石"的同音字代替。

### （二）关于曾用名的补充资料

笔者对石景山曾用名研究的补充资料有"石经山"和"湿经山"。

#### 1. 石经山

关于"石经山"一名的来历，可能与该山藏石经有关，也可能与该山石经台有关。在山上的一处崖壁上曾刻有"石经山"三个字，但今已不见，"进金阁寺山门正北的崖壁上，在一框内刻有'石经山'三字……据说镌于唐元和年间。由于年久风化，再加上前些年修人工瀑布时上面涂抹一层水泥，现只能隐约看到似有非有的'石经山'三字。"[11]

（1）石经

一些资料里记载了该山藏石经的信息，如"……金阁寺自晋唐以来所藏石经，碎而言断，岩穴鲜有存焉……"[12]，"石经文碑，在宛平县西南二十五里石经山洞内，石上刻经文者二十余处"[13]，"……（石景山）西岩有残石经数版，嵌崖间。其可辨识者：'佛本行集经卷第三十一幽州卢龙两节度使刘相公敬造元和十四年四月八日建'数十字，余多漫漶……山名石景，一名石径，因有此经亦名石经，经版不知何年嵌壁。秀水朱氏所著《日下旧闻》素称赅博，竟不一载，何也？……"[14]

有研究者认为："石景山的刻经应与白带山刻经统一研究；刘总所刻《佛本行集经》应是全部（60卷），刻石在百方之数；孔雀洞所藏《佛本行集经》应在刘总在任时，而遗石刻经之卷三十一及题记的刻石石柱都可能是后人所为；石景山刻经藏经应始于隋而终于唐代，唐代以后房山、白带山的刻经已与石景山无关。"[15] 近年来，石景山上确发现了一块刻有经文的石刻，经研究得知其内容是《佛本行集经》第三十二卷的片段："2010年11月1日，石景山新发现了一块石经，虽然只有经板一角（一块不规则三角状石刻），但其阴阳两面均刻有文字，将拓片与经文对照，文字与《佛本行集经》第三十二卷相符。"[16] 这恰与文献中题记"第三十一卷"相差一卷，由此推断已发现的石经残片应与文献中的题记为一体。在《石景山唐代石经残石》[17]中详细介绍了出土的石经及其内容等。

（2）石经台

笔者也找到一些记有石经台的资料，如清铁保《石经台》一文，不仅提到石经，还有石经台："我登石经台，不见石经古。咄哉何代建，废址圮风雨。忽惊石壁残，断碣纵横补。金函半剥蚀，铁画未鱼鲁。大书元和年，刘公（刘总）镇兹土。幽州与卢龙，接壤苍部伍。乃检刘总传，雄据实跋扈。如何枭獍性，作此驺虞舞。奸雄入晚岁，往往庇佛宇。秽德掩俞彰，神奇化臭腐。石烂台已倾，遗文谁复睹？"[18]而清乾隆年间《日下旧闻考》载："（石景山）山有石经台……孔雀洞左右门上截题识曰佛本行集经卷第三十一……其地当石经台之阴，殆即藏经处也。"[19]这座石经台的位置不详，也未见更多文献记载，待考。

2. 湿经山

有关"湿经山"之名，补充解释有二。

一是现存山上明许用宾《重建石景山天主宫碑记》[20]中所记："神京之西四十里许，山曰石经，又云湿经……"而《光绪顺天府志》载："云龙灢水考：灢水非湿水，亦非灅水，文讹谊舛，厥水滋润。水经灢水注：俗本灢讹湿，引者多沿厥讹。许用宾石经山碑云：山又称湿经，亦误以为湿水所经而名。"[21]

二是《金中都》所说："此山唐时已建有玉皇殿、孔雀洞等，并在孔雀洞内藏有'石经'，故称山为石经山。其称湿经，恐系由于卢沟河通过附近，水的泛滥造成湿经之故。"[22]

以上两种解释，一是误用别字，二是因河水泛滥打湿石经而得名，结合前述有关石经的发现，笔者较倾向于第二种说法。

## 二、石景山古迹在文献中的记述

### （一）关于山上寺观的文献资料

石景山上曾有多座寺院宫观，有些寺观还存在更名或有不同俗称等情况。现能够从文献资料中予以确认的共有六座，分别是石经山寺、碧霞元君庙、净土寺、金阁寺、天空寺、法明寺（仅存其名暂未找到详细记载，笔者注）。

1. 石经山寺

明《国榷》载：正德十二年（1517）五月"癸未，上（明武宗）微行至石经山、汤峪、玉泉亭，数日乃还。石经山寺，朱宁建，穷极壮丽，邀上幸"[23]。可知，朱宁曾建造"石经山寺"，并邀请明武宗到此巡幸。

朱宁本叫钱宁，据《明史·佞幸传》："（钱宁）不知所出，或云镇安人。幼鬻太监钱能家为奴，能嬖之，冒钱姓，能死，推恩家人，得为锦衣百户。正德初，曲事刘瑾，得幸于帝……帝喜，赐国姓，为义子，传升锦衣千户。瑾败，以计免，历指挥使，掌南镇抚司。累迁左都督，掌锦衣卫事，典诏狱，言无不听，其名刺自称皇庶子……请于禁内建豹房、新寺，恣声伎为乐，复诱帝微行。帝在豹房，常醉枕宁卧。百官候朝，至晡莫得帝起居，密伺宁，宁来，则知驾将出矣。"[24]可知，钱宁是明成化年间太监钱能的家奴。钱能死后，他继任锦衣百户，后又深得明武宗宠爱，不仅升官，还赐国姓"朱"，故也叫朱宁。

钱宁为取悦武宗修建了石经山寺，其供奉的神像应与武宗的信仰有关。据学者研究，"……正德一朝，更是明皇帝与泰山元君关系日趋密切时期，近年出土于灵应宫的正德二年（1507）正月告文碑（原立天书观），即是武宗遣使祭祀元君的实证。明武宗本人甚至还声称要诣泰山亲祀，虽遭大臣谏阻未能成行，却已足见对元君祭祀的高度重视"[25]。又据研究，"明武宗是一位博学多才的帝王，对各种宗教都十分喜爱，尤其对藏传佛教、伊斯兰教情有独钟。……至于明武宗喜爱伊斯兰教与藏传佛教，不过是其叛逆性格的一种表现，他不可能是一个伊斯兰教徒，也不可能是一个藏传佛教信徒，他充其量就是一个将伊斯兰教、藏传佛教等宗教当作儒教替代物的'叛逆'皇帝"[26]。可知，武宗是一位有多种信仰的皇帝，因此，钱宁可能针对武宗的这一性格特点，投其所好地建造了石经山寺，寺内供奉的神像很可能也不是单一宗教。若结合当时社会上儒、释、道三家合流的风气来看，石经山寺内应至少是佛、道两家修行的场所。这种现象在明代很普遍，如创建于明末的北京门头沟妙峰山金顶娘娘庙建筑群。妙峰山娘娘庙也以祭祀碧霞元君为主，其中不仅供奉佛教、道教等神灵，也供奉民间信仰神祇（如王三奶奶）等。

然而"（钱宁）念富贵已极，帝无子，思结强藩自全。为宁王宸濠营复护卫，又遣人往宸濠所，有异谋……谋召其世子司香太庙，为入嗣……宸濠反，帝疑心宁。宁惧……然卒中江彬计……帝还京，裸缚宁，籍其家，得玉带二千五百束、黄金十余万两、白金三千箱、胡椒数千石。世宗即位，磔宁于市"[27]。钱宁仗着自己地位显贵，私下与宁王朱宸濠勾结。朱宸濠谋反后，武宗怀疑钱宁。不料，钱宁又中了佞臣江彬之计，被武宗逮捕抄家。明世宗即位后，钱宁被处以磔刑。随后，世宗又派人将钱宁所建庙宇拆毁，其原因除了他勾结藩王、诱帝出行外，还应与世宗整顿朝纲、毁私建寺院有关。因当时"武宗对佛教崇信登峰造极，朝政乌烟瘴气，饱受朝野批评。以藩王入继大统的世宗对此有较为清醒的认识"[28]。正德十六年（1521）四月，"世宗在即位大赦诏中宣布：'内府禁止之地，不许盖造离宫别殿……近年以来，（武宗）节被左右近幸之人献谄希恩，在内添盖新宅、佛寺……在外添盖镇国府、总督府……玄明宫……石经山祠庙……便着内官监、工部……科道官逐一查勘。但有不系旧规者，或拆毁改正，或存留别用，或变卖还官'"[29]。嘉靖元年（1522），世宗又下旨"拆毁京师以私创佛教寺院为主的'淫祠'"[30]。那么，钱宁所建"石经山寺"无论从哪个角度说都应在被拆毁范围内。

从前引文献"穷极壮丽"一词中可知，石经山寺应是一处规模较大的建筑群，其奢华程度很高，但具体包括哪些殿宇、以及它们各在何位置等信息，由于文献缺失已无从考证。《日下旧闻考》引《戴斗夜谈》载："正德中，钱宁建碧霞元君庙于石径山,穷极壮丽。都人岁以元日往祠,至四月士女又群集。世宗践祚之初,遣给事中御史主事三员往毁之。嘉靖元年二月,砻石于庙址之南,于是建宁李默为文以志毁庙本末。曾几何时,而中官董某复建焉。可谓无忌惮者矣。"[31]这段记载中先说钱宁建碧霞元君庙,后说庙被拆毁,结合前引《国榷》《明史·佞倖传》等资料的记载来看,明世宗下令拆毁的是石经山寺,故推测石经山寺内应包括碧霞元君庙。

2. 碧霞元君庙

碧霞元君庙,也称娘娘庙,主要供奉道教神灵碧霞元君。碧霞元君又称"泰山玉女",全称"东岳泰山天仙玉女碧霞元君",民间俗称"泰山奶奶",是道教所供奉的女仙尊神之一。相传,碧霞元君是东岳大帝(泰山神)之女,北京、天津及周边河北地区的民间信仰中是一尊主管生育且能保佑众生、转祸为福的女性神祇。同时,碧霞元君祠(庙)也是古人攘灾、祛病、为父母祈寿的重要之处。因而对碧霞元君的信仰,在上述地区是十分普遍且昌盛的。北京地区仅著名的碧霞元君祠(庙)就有多座,如平原地区以方位命名的东顶、西顶、南顶、北顶、中顶五座娘娘庙,以及最著名的门头沟妙峰山上的金顶娘娘庙等。

石景山上的碧霞元君庙始建于明代,先由钱宁所修,后被明世宗拆毁。明万历时,"董常侍[32]建元君庙,栖羽士,而石景山以著"[33]。因"常侍"有侍奉皇帝之职,且明清时已不再设此官职,故推测此处应是对宦官的尊称或别称。董常侍,生平不详,推测其与上述《戴斗夜谈》中记载的"中官董某"为同一人。此外,山上现存的明万历年间《重修石景山天主宫碑记》与《重修净土寺添置田亩碑记》中都提到捐资者中有叫董实的宦官:"乾清宫近侍内承运库署库事御马监太监董实",疑其即为"董常侍"。

董常侍复建碧霞元君庙的时间应在明万历中期。钱宁在石经山寺内建碧霞元君庙,后被明世宗下令拆毁,朝中又"修仁寿、清宁宫,费不继。(赵)璜因请与石景山诸房舍并斥卖以资用,可无累民,帝可之"[34]。可知嘉靖初期时,此地已是一片废墟,尽管世宗信奉道教,但碧霞元君庙仍未幸免。直到明万历十六年(1588),明神宗到石景山观浑河[35],留下摩崖题记后,才使得董常侍复建碧霞元君庙"无忌惮者矣"[36]。但是,成书于明万历二十一年(1593)的《宛署杂记》中并没有记载石景山上的碧霞元君庙,也就是说,此时董常侍可能还未复建该庙。由此推断,董常侍复建碧霞元君庙的时间应在明万历二十一年以后。

董常侍复建的元君庙建筑群并不以佛寺为主,而是主要供奉碧霞元君、玉皇大帝等道教神灵。随着元君庙的兴起,这里聚集了很多著名的道士,引来不少香客。从现存元君殿前《重修石景山大殿碑记》(也称《娘娘殿碑记》)的碑文[37]中得知,清乾隆三十一年(1766)曾对大殿进行修缮,捐资者多是住在附近村庄的商贾善人、善男信女等。可见这里已成为人们期盼富贵、求子求福的吉祥之所。

3. 净土寺

净土寺始建年代不详。据《宛署杂记》载:"净土禅寺,在石景山,古刹,无考。有元和四年碑文,年久难辨。"[38] "元和"是唐宪宗年号,说明净土寺至晚建成于唐元和四年(809),在明代时已是古刹。

民国时期周肇祥在登石景山时曾记:"其麓有石经山净土寺,开山宝光智禅师塔。正德十五年,其徒僧录司右讲经兼大兴隆寺仍兼净土寺住持满祥造。"[39]明代大兴隆寺是原长安街上的双塔庆寿寺[40],曾在明嘉靖十四年(1535)毁于火灾,因世宗崇信道教,不予修复,后来被改为讲武堂、演象所等[41]。另据一方刻于明嘉靖四年(1525)的《太(大)兴隆塔院历代住山题名碑》[42]记载:"敕建大兴隆寺主持真鉴、满常、□宜……"再对照石景山上《重修净土寺添置田亩碑记》："……于万历丁酉岁，兹山之寺僧名真福者……"及现存的一口铸于"万历二十二年净土寺铁钟[43]"的铭文："……净土寺开山第三代住持真理、真纪、真寿、真福……"将这三处对比发现，大兴隆寺应与净土寺僧众法号同为满、真字辈，故推测其应属同一法脉。

净土寺的衰落很可能先因"石经山寺"的拆毁受到波及，后又因大兴隆寺的改作他用而逐渐衰败，乃至"寺中僧人都准备废掉寺院，云游四方去了"[44]。直到明万历时，净土寺在得到宫中嫔妃、皇太子、公主、诸信官等人的资助下重修寺院、铸造铁钟、添置田亩地产等。笔者认为，出资捐助者多为皇宫中人的原因，很可能与明万历十六年（1588）明神宗到石景山观浑河一事有关，正是因为神宗的到来，才使得石景山上又一次大兴土木、重修庙宇并添置寺产等。

另外，据《石景山——石室》一文："崖的右下方，有一残塔基，有石刻构件尚存。据此推测，这里原有一塔，可惜已难审其规模了。"[45]这座塔是否就是周肇祥所看到的"石经山净土寺，开山宝光智禅塔"呢？今亦不可考。

4. 金阁寺

（1）名称与历史

金阁寺始建年代无考。记载金阁寺一名的均为明末以来的文献，如明崇祯年间《帝京景物略》载："（石景山）山最上，金阁寺。"[46]又如清《宸垣识略》："金阁寺在石景山，有塔，宜远眺。明正德中，朱宁营建，邀上幸焉。"[47]再如清《游西山记》："……寺为正德间朱宁营建，穷极壮丽。今荒废殆尽，铜容剥蚀露，坐荆棘中无一椽之庇矣……"[48]但在明万历年间的《宛署杂记》中，只记载了石景山上的净土寺、法明寺，并未提及其他佛寺或道观，说明当时山上之寺可能已没有金阁寺之名。所谓法明寺，同书记载为"法明寺，在石景山，古刹"[49]。现已不可考。而清乾隆年间《日下旧闻考》也记载："……金阁寺今无其名，惟玉皇殿及迴[50]（回）香殿明碑各一……山巅有塔……盖即金阁寺塔。"[51]

《北京石景山区志》载："金阁寺位于石景山上，始建年代不详……万历二十五年（1597）、三十七年（1609）再次重修，易名为净土寺。"[52]笔者推测，金阁寺或许就是净土寺，但改名时间不应在明万历年间。原因如下。

首先，根据前述文献记载，金阁寺的位置在山顶，且有金阁寺塔等这两项特征。

其次，目前所见的山顶遗迹中有道家的遗址（如天主宫）。明代嘉靖、万历以来，社会上佛、道二教合流的重要表现之一就是佛寺中修建道教宫观或是相反。

再次，笔者在考察中发现山上现存一方明万历三十□[53]年的石碑，其碑额为"重修金阁寺添置碑记"，首题为"重修净土寺添置田亩碑记"，其碑文记载："且夫净土寺，古刘师堰石记云：金阁寺自晋唐以来所藏石经，碎而言断，岩穴鲜有存焉……万历三十□年岁次（下缺）肃水后学观光许用宾顿首撰篆并书。"此碑的碑额和首题说明"金阁寺"与"净土寺"应是同一座寺庙。不仅如此，该碑文中还多次提到此地是僧、道两家修炼之所，如"欲使丛林之攸久，必遗田亩于僧道""用价银三百五十两，实买以资僧道二家，供奉祝延香火之田也""迩来是境尊崇佛道，敬信教法，修斯山灵，营及殿阁""时□□谨诚，所以置田亩于兹，以为养赡二家焚修之术"等。这些内容都是明代佛、道二教合流的表现。

最后，《宛署杂记》成书于万历二十一年，说明在1593年之前，净土寺已有其名。而前引周肇祥所记"开山宝光智禅师塔"，说明至晚在明正德年间就有净土寺之名了。

笔者认为，金阁寺即净土寺，且早

于净土寺之名。其大致的历史或许是山顶的寺院，唐宋时期曾名为金阁寺，明代经钱宁修缮、改建后改名为净土寺。明代常有宦官对旧佛寺进行修缮之后请皇帝为寺院重新赐名的行为，或许净土寺之名亦如此。但金阁寺之旧名仍在民间流传、使用，而净土寺之名流布不广，只见于文献之中。又因金阁寺建筑群受山体地势制约，建筑物并不集中在一起，而是分散在山顶多处，有些或许还自成院落。此外，还有研究者认为，钱宁重修金阁寺后，改名为"石经山寺"[34]。

（2）遗迹遗物

据《日下旧闻考》记载："……金阁寺今无其名，惟玉皇殿及迴（回）香殿明碑各一，皆许用宾撰，勒万历、天启年月。山有石经台、普观洞、普安洞、还源洞、孔雀洞诸胜。孔雀洞左右门上截题识曰佛本行集经卷第三十一，幽州卢龙两节度使刘相公敬造，元和十四年四月八日建；下截刊佛经语。其地当石经台之阴，殆即藏经处也。山巅有塔……盖即金阁寺塔。"[35]其中提及了一些金阁寺的古迹，分别整理如下。

①明代玉皇殿碑和明代回香殿碑

"明代玉皇殿碑"现存于山，明万历四十八年（1620）许用宾撰，碑文首题为"重建石景山天主宫碑记"[36]。据碑文内容可知，玉皇殿至晚建于唐武德年间，明万历年间重修后改名为"天主宫"。

"明代回香殿碑"今未见，或已无存。周肇祥记："明建回香殿、玉皇殿，今皆圮尽。天启元年，许用宾撰回香殿碑倒地，所述内监王忠建殿始末，于此便四方游客之燕息。"[37]据此可知，回香殿由明代宦官王忠修建。碑文内容不详，无考。

从两方明碑得知，金阁寺至晚在唐武德年间建成，明万历、天启年间时，重修过其中的玉皇殿（天主宫）与回香殿。

②孔雀洞等诸洞

孔雀洞[38]现位于山体南侧，有上下两层洞室。《日下旧闻考》所记"孔雀洞左右门上截题识曰佛本行集经卷第三十一，幽州卢龙两节度使刘相公敬造，元和十四年四月八日建"[39]。题记今无存。

题记中所记《佛本行集经》共六十卷，属《本缘部》经，由隋代天竺三藏阇那崛多所译，讲述佛祖释迦牟尼及其弟子前世今生的故事。元和十四年（819），"四月八日"是佛祖释迦牟尼诞辰之日，"幽州卢龙两节度使刘相公"，按年份（819）推论，应指刘总。"（刘）总，济之第二子也，性阴贼险谲"[40]。刘总的父亲是刘济[41]，唐元和五年（810），刘济患病，刘总为夺幽州节度使之位，毒死其父、杀害其兄，顺利继位。继位后，他总梦到父、兄前来索命，身心受到极大的摧残，虽然常做善事，但内心仍惶恐不安，甚至连睡觉都不能安稳，晚年则更加严重，于是他决定弃官为僧，在尚未得到朝廷批准的情况下就擅自离开，不久暴病而亡[42]。由此看来，刘总选在四月八日刻经，不是随意为之，而是精心挑选的日期。他或许认为自己和佛教中的"护法明王"[43]有相似的经历，这也可能与孔雀洞的名称来源有关。

此外，前引文献中所提及普观洞、普安洞今无考，还源洞的考察可见拙作《"石景山"古遗迹考察报告》。

③金阁寺塔

金阁寺塔始建年代不详，原位于石景山山顶，1959年被拆除。20世纪90年代时首钢在塔的旧址上修建功勋阁（图三）。历代文献记载其建筑样式等资料如下。

《日下旧闻考》："（石景山）山巅有塔。塔下南北为城关，南门额曰舍利宝塔。高约四丈余，四正作方屋如阁，四隅作圆屋如亭，内皆塑护塔神像，盖即金阁寺塔。"[44]据此描述，其建筑样式让人联想到河北正定广慧寺花塔（图四）的样式。正定广慧寺花塔的下部即是四正面为楼阁状、四角为多边形亭的样式，正与文献所载的金阁寺塔下部样式相似，可供参考。

图三　石景山的功勋阁（邢鹏拍摄）

图四　河北正定广慧寺花塔（邢鹏拍摄）

周肇祥也曾对塔进行描述："盘旋登舍利宝塔，踞山椒塔，下为方城，重门四开。南有道可上塔，西番式，砖筑，青石基雕刻大力神王、梵花、梵宝……塔四隅有方龛、圆龛各四，旧供佛像，已失。塔前一碣嵌壁，疑是塔记，已磨泐。"

《石景山金阁寺塔》一文记述了金阁寺塔的形制、拆塔过程及见闻等内容。1959年拆除时"首先拆掉的是塔顶宝瓶，其次是鎏金的华盖……（华盖）上面铸有'石景山'字样。再往下拆，就是相轮十三天，其下为塔身。塔身内有佛经一部，用皇绫书写。塔基有块一米见方的青石板，掀开青石板，有一砖坑，坑内有匣，打开木匣，又套一匣，当打开第三套木匣时，只见金光闪闪，里面藏有金砖、元宝各二……此塔应建于明代……"

该塔自名为舍利宝塔，因金阁寺而得俗名。无论是路过抑或登临石景山，人们都能看到它，金阁寺塔早已成为石景山的显著标志。文人墨客留有大量的诗篇或游记可以为证。

5. 天空寺

清代女词人顾太清，曾有《菩萨蛮·登石景山天空寺望浑河》："浑河东岸孤峰起，崔巍绝顶浮图峙。陡辟四天门，天空祇树园。登高同策马，陟彼寻兰若。竞渡俯长桥，霜华晓未消。"词中"浮图峙"应指山顶的金阁寺塔。周肇祥也曾记："……登山者自东麓上，有寺曰天空，即旧金阁寺址……"民国时的《西山名胜记》也提到："石景山，在八大处之南。约十余里……为平地上一小孤山。有寺曰天空寺。庙貌湫隘，无可观者。惟山顶有塔……"从上述资料中可知，山上有一座寺庙——天空寺。

天空寺修建年代不详，周肇祥认为天空寺是旧金阁寺址，但并未说明原因。他可能认为天空寺建在金阁寺的旧址上，或是他先看到山上的"金阁寺塔"而误认为此地原是金阁寺，均难以考证。又从《西山名胜记》中得知天空寺规模不大。

天空寺之名疑与碧霞元君的来历有关。"汉明帝时，西王孙宁国奉符县善士石某妻金氏，于中化元年甲子四月十八日子时生，名玉叶……十四岁感母教，入山得曹仙长指，入天空山黄花洞修道焉。天空盖泰山，洞即石室也。三年丹就，元精发而光显，遂依于本山焉……汉时仁圣帝前有石琢金童玉女，至五代殿圮，石像仆。至唐泉渤，玉女沦于地。至宋真宗封泰山还次，御帐涤于池内，一石人浮出水面。出而涤之，玉女也。命有司祀之，封天仙玉女碧霞元君。后祠日加广。"㉝可知，天空山即泰山，曾是碧霞元君的修炼之所。

此外，在天空寺外东北侧的崖壁下即石景山东侧，发现有五座石屋（洞）㉞。笔者并未在历史文献中找到相关记载。据第三次全国文物普查资料中介绍："此石屋建筑规模较大，石方量约840立方米，砌筑较规范，无文字史料记载，建筑年代不明。但从石料风化程度、建筑技术和发现的石磨残品看，疑为元代建筑，后被此地采石场工人用作生活居所。"㉟石屋（洞）与天空寺的关系及其用途均待考证。

6.小结

目前，可知石景山上曾建有石经山寺、碧霞元君庙、净土寺、金阁寺、天空寺、法明寺等寺庙，除天空寺和法明寺建造年代无考外，其他寺庙的建造年代多为明代，但先后顺序与过程并没有详细的资料记载，笔者经整理资料，将这些寺庙及相关事件的时间，按年代排序如下。

约唐武德年间（618—626），石景山上建金阁寺。

明正德十二年（1517），钱（朱）宁建石经山寺，其寺内应含碧霞元君庙建筑；

明正德十五年（1520），石景山净土寺建有"开山宝光智禅师塔"；

明嘉靖元年（1522），明世宗下令拆毁钱（朱）宁所建石经山寺；

明万历十六年（1588），明神宗观浑河（今永定河），登石景山；

明万历二十一年（1593）左右，石景山上净土寺存有"元和四年碑文"及古刹法明寺（仅存其名），被时任县令沈榜记于《宛署杂记》一书；

明万历二十一年以后，宦官董某复建石景山上的碧霞元君庙；

明万历二十二年（1594），在宫中嫔妃、皇太子、公主等人的资助下，净土寺铸铁钟；

明万历二十五年（1597），"内府苏其民捐金二十五两，以存房田于寺（净土寺）攸然"；

明万历三十七年（1609），太监甄进、张允中等人又为（净土寺）寺院购置田产、修葺殿宇等；

明万历三十七年至三十九年（1609—1611），许用宾勒碑《重修净土寺添置田亩碑》；

明万历四十二年至四十三年（1614—1615），内府官等捐赠重修玉皇殿，并改名天主宫；

明万历四十八年（1620），许用宾碑《重建石景山天主宫碑记》；

明崇祯八年（1635），刘侗、于奕正出版《帝京景物略》，其"西山上"篇的石景山条目中，记有金阁寺及宦官董某复建的元君庙，未记净土寺。

清乾隆三十一年（1766），在石景山附近村庄的商贾善人、善男信女等的捐资下，重修石景山碧霞元君庙，并勒碑《重修石景山大殿碑记》。

（二）关于山上其他遗迹的文献资料

除上述寺观外，其他遗迹主要包括摩崖题记与摩崖石窟等。

1.摩崖题记

（1）"灵根古柏"题记

因临近永定河，自古以来石景山就是人们观赏永定河（卢沟河、浑河）的最佳地点。明万历十六年（1588），明神宗到石景山观浑河，先命河臣修河堤，又命随行大臣赋诗以纪。"上（明神宗）先登板桥，诸臣翼而趋。中流顾问辅臣：'水从何来？'申时行对曰：'从大漠，经居庸，下天津，则朝宗于海矣。'上曰：'观此水，则黄河可知。'因敕河臣，亟修堤岸，毋妨漕计。诸臣顿首谢"⑭。随后，大臣申时行、许国、王锡爵、郭正域、李言恭等均以"从驾幸浑河，召问黄河水势，因敕河臣堤防，爰命赋诗以纪"赋诗作⑮。后来，翰林院也以此为题，命翰林赋诗，"是秋馆课，阁臣即以驾幸石景山临观浑河水势，念黄河时有冲决谕辅臣经理须要得人'命题。袁宗道诗第一"⑯。神宗因看到山上的一株古柏而留下御书"灵根古柏"摩崖题记："石经山石壁古柏一，长尺有咫，根无寸土。万历初，上过之，御书'灵根古柏'。"⑰这也为后人兴建石景山埋下伏笔。

（2）其他题记

此外，石景山上还有多处摩崖题记⑱，如元代石匠题记、东天门内题记、古柏诗题记（与灵根古柏题记之间关系待考，笔者注）等。这些题记暂未在历史文献中找到相关记载，推测很可能是古人随手而书。

2. 崖葬石窟

清人游记中曾提及石景山山体西侧有崖葬石窟（龛）（图五），如清《石景山记》："余游石景山……其西有洞六，而洞之曲折层累亦如之……"⑲又如清《游西山记》："……过此则石景山麓，余贾勇而登径，甚险仄岩壁，凿洞累累，如蜂房……"⑳据《石景山——石室》一文介绍："在石景山西侧偏北，距山顶约四五十米的地方，有一处20余米长、30来米高的悬崖峭壁……崖壁上有5个石室……石室多为扁方形，由北向南横向排列，明显是人工凿成……5个石室下部均为仿砖砌石刻，跨出室外，4层丁字砖，正中有台阶和垂带……开凿人是把石龛（窟）视同殿堂。石室上部的石刻纹饰极精美，宝塔状，上尖下圆，里面有上弦弯月的形象居中，月下有山石卷草图案，精雕细刻……（宝）塔顶上有似三星的花纹。"㉑五座石龛（窟）中的一座的龛眉上刻有一行藏文六字箴言。将今日遗迹与古人所记相对比，两处提及的峭壁应为同一处。古人只记录了石窟的形状，并未提及石窟上的雕刻及文字，很可能与石窟位置高、且不易达到有关。

此外，山上的洞窟内也有一些图案、文字等内容。如本来洞内图案、还源洞的残额等，其含义尚待研究，具体情况详见拙作《"石景山"古遗迹考察报告》。

（三）登山观河的诗篇等文学作品

除前述明万历皇帝观河之例外，还有许多文人来此，并留有大量诗篇㉒，如：清康熙帝《石景山望浑河》《石景山东望》等，清代王士禛《登石景山浮图诗》、赵怀玉《归途二十里渡浑河登石径山遇雨》与《游西山记》、周全然《石景山》、毛澂《石景山有感》、福存《秋日过石景山》、铁保《登石景山浮图》、吴锡麟《游西山记》、秋岳《晚渡浑河望石景山》、程可则《石景山》、顾太清《菩萨蛮·登石景山天空寺望浑河》，等等。至今，山上仍保存一方与登山有关的清代

图五　石景山山体西侧崖葬石窟（龛）㉓

西山永定河文化带上一颗璀璨的明珠

图六 门头沟京西古道示意图

此筑坝焉。山之高,于京西诸山尤儿孙耳,而西面乃绝壁百仞,不可扪……"㉝他不仅记述了石景山的地理位置、特点等,还描写了永定河的走势等。由此可见,石景山不仅是京西古道上重要的节点,加之山上诸多历史古迹与多种宗教活动场所,更不失为西山永定河文化带上一颗璀璨的明珠。

诗碑㉞。

## 三、京西古道上的石景山

京西古道是北京西部地区人们出行的道路,多以运煤、运水、进香等为主,它是多条道路的总称,其范围很广,几乎覆盖今门头沟区。《宛署杂记》载:"(宛平)县之正西有二道:一出阜成门,一出西直门。"㉟其中由阜成门而起,通往京西的道路中就有以"石景山"命名的地名:"……(北西安)又四里曰石景山。近浑河(永定河)有板桥,其旁曰庞村……石景山之左径八里曰曹哥庄……石景山之右径十里曰大峪村……"㊱清末《天咫偶闻》曾将石景山描述成"骆驼"的形状:"石景山,正临浑河由西来。侧面视之,形正如伏驼之负物。驼黄色,所负青色。所以西山之下,明驼络绎如贯珠也。"㊲这可能与京西古道上用骆驼作为运输工具的历史有关(图六)。

周肇祥曾这样描述石景山:"出阜成门三十五里,翠微支脉穿田起嶂,石壁森森,苍然而悍者,石景山也。浑河自塞外经保安旧城入边,两山束之,至此地渐平,乃将肆。当冲排其势,使不得邃遏,则以有石景山,故永定河同知于

## 四、总结

综上所述,系统且完整地记载石景山上诸古迹的史料并不多,现有资料主要与修建庙(观)的某些历史人物相关,如唐代刘总、明代钱(朱)宁等,其余则为清代或近代的文人诗篇、游记等资料,这些资料相对零散,内容也比较片面。本文增补了石景山的曾用名和一些新资料,仔细地从文献中梳理了山上诸古迹的记载、石景山所处位置及其重要性等三方面的内容,或可成为后续推动西山永定河文化带遗产保护、研究和利用工作的基础。

---

① 图片来自侯仁之:《北京城的生命印记》,三联书店,2009年,第113页"北京近郊地形"图。

② (清)周家楣、缪荃孙等:《光绪顺天府志》,北京古籍出版社,1987年,第612—614页。

③⑳ 北京图书馆金石组:《北京图书馆藏中国历代石刻拓本汇编》(第五十九册),中州古籍出版社,1989年,第114页。

④ 北京市石景山区文化委员会:《石景山——燕都第一仙山》,2015年。

⑤ 详见拙作《"石景山"古遗迹考察报告》,《北京文博文丛》2017年第1辑。

⑥ 《石景山的山名源流考释》,载北京市石景

山区文化委员会：《石景山——燕都第一仙山》，2005年，第6—12页。

⑦ “石景山最早的山名，是四千多年前大禹治水所历经的碣石山……碣石山即石景山。”参见易克中：《禹迹碣石——石景山》，载政协北京市石景山区委员会：《石景山文史（第十二集）——永定河、石景山专辑》，2005年，第21—34页。此外，笔者认为碣石山的位置曾有多种论述与考证，说法不一，待考。

⑧（明）沈榜：《宛署杂记》，北京古籍出版社，1982年，第27页。

⑨（明）蒋一葵：《长安客话》，北京古籍出版社，1982年，第75页。

⑩ 马芷庠：《老北京旅行指南》，北京燕山出版社，1997年，第207页。

⑪ 高洪雁等：《石景山文物（第五集）——普查编研资料专辑》，2012年，第352页。

⑫㊹ 北京图书馆金石组：《北京图书馆藏中国历代石刻拓本汇编》（第五十九册），中州古籍出版社，1989年，第31—32页。

⑬（元）孛兰肹等撰，赵万里校辑：《元一统志》，中华书局，1966年，第55页。

⑭㊽㊿（清）赵怀玉：《亦有生斋集》卷六《游西山记》，《清代诗文集汇编》四一九，上海古籍出版社，2010年，第587—588页。

⑮ 陈康：《唐代石景山刘总刻经考》，《北京文博》2008年第3期。

⑯ 李新乐：《石景山惊现唐代石经》，北京市文物局网站：http://www.bjww.gov.cn/2011/8-30/1314689316421.html。

⑰ 北京市石景山区文化委员会：《石景山——燕都第一仙山》，2005年，第19—23页。

⑱（清）铁保：《惟清斋全集·梅庵诗钞》卷一《石经台》，《清代诗文集汇编》四三二，上海古籍出版社，2010年，第499页。

⑲5155 59（清）于敏中等：《日下旧闻考》，北京古籍出版社，1983年，第1726—1727页。

㉑（清）周家楣、缪荃孙等：《光绪顺天府志》，北京古籍出版社，1987年，第1232页。

㉒ 于杰、于光度：《金中都》，北京出版社，1989年，第132页。

㉓（明）谈迁：《国榷》，中华书局，1958年，第3126页。

㉔《明史》卷307，中华书局，1974年，第7891页。

㉕ 周郢：《泰山碧霞元君庙：从民间祭祀到国家祭祀——以清代“四月十八”祭祀为中心》，《民俗研究》2012年第5期。

㉖ 武沐、徐国英：《明武宗宗教信仰之辨》，《兰州大学学报（社会科学版）》2014年第5期。

㉗《明史》卷307，中华书局，1974年，第7891—7892页。

㉘ 何孝荣：《明代北京佛教寺院修建研究》，南开大学出版社，2007年，第267页。

㉙ 何孝荣：《明代北京佛教寺院修建研究》，南开大学出版社，2007年，第268页。

㉚ 何孝荣：《明代北京佛教寺院修建研究》，南开大学出版社，2007年，第274页。

㉛㊱64（清）于敏中等：《日下旧闻考》，北京古籍出版社，1983年，第1727页。

㉜“常侍”非官名，应属官名“中常侍”或“散骑常侍”的简称。中常侍，官名。西汉时仅虚衔，多为皇帝宠爱之宦官，开始称“常侍”或“常侍郎”，汉元帝时改成“中常侍”。散骑常侍，官名。汉有散骑，为皇帝侍从，又有中常侍，性质同。东汉省散骑，改以宦官任中常侍。魏文帝将散骑与中常侍合为一官，称“散骑常侍”，以士人任职。入则规谏过失，备皇帝顾问，出则骑马散从。

㉝74（明）刘侗、于奕正：《帝京景物略》，北京古籍出版社，1983年，第280页。

㉞《明史》卷194，中华书局，1974年，第5146页。

㉟（明）谈迁：《国榷》，中华书局，1958年，第4587页。

㊲ 碑文拓片由国家图书馆收藏，名为《娘娘殿碑》，索书号：北京10276。

㊳㊾（明）沈榜：《宛署杂记》，北京古籍出版社，1982年，第226页。

㊴ 周肇祥著，赵珩、海波点校：《琉璃厂杂记》，北京燕山出版社，1995年，第221页。

㊵ 双塔庆寿寺原位于西长安街，始建金章宗年间，寺内有元代海云禅师塔和可庵禅师塔。明正统时重修，易名大兴隆寺，又名慈恩寺。清乾隆时又重修，改名双塔庆寿寺。1954年双塔被拆除。

㊶（清）于敏中等：《日下旧闻考》，北京古籍出版社，1983年，第684—687页。

㊷ 北京图书馆金石组：《北京图书馆藏中国历代石刻拓本汇编》（第五十四册），中州古籍出版社，1989年，第121页。

㊸ "净土寺铁钟现存八大处六处，经对钟上铭文考证，确定该钟来源石景山"。参见高洪雁等：《石景山文物（第五集）——普查编研资料专辑》，2012年，第385—390页。

㊺ 北京市石景山区文化委员会：《石景山——燕都第一仙山》，2005年，第63页。

㊻（明）刘侗、于奕正：《帝京景物略》，北京古籍出版社，1983年，第280页。

㊼（清）吴长元：《宸垣识略》，北京古籍出版社，1981年，第267页。

㊿ 笔者注："迴"应为"回"的异体字，下文皆用"回"。

㊾ 北京市石景山区地方志编纂委员会：《北京石景山区志》，北京出版社，2005年，第782页。

㊳ 原碑文缺失，但从碑文内容"……繇是己酉……"来看，己酉是明万历三十七年，故推断碑文缺失部分，应为明万历三十七年至三十九年之间。

㊴ 陈康：《钱宁与石景山碧霞元君庙》，载北京市石景山区地方志办公室：《北京市石景山区志漫谈系列丛书之三·古刹寻踪》，中央文献出版社，2008年，第119—121页。

㊶ "……自唐武德初，建有玉皇殿，岁久倾圮，嗟斯山灵，无复宏丽矣……适内府善贤交游兹址，观其古迹，心想重建此殿宇……募化众公……各捐囊资，重建天主宫三间……"参见北京图书馆金石组：《北京图书馆藏中国历代石刻拓本汇编》（第五十九册），中州古籍出版社，1989年，第114页。

㊼㊿㊾㊽ 周肇祥著，赵珩、海波点校：《琉璃厂杂记》，北京燕山出版社，1995年，第134页。

㊸ 笔者注：孔雀洞的考察情况，可见拙作《"石景山"古遗迹考察报告》。

㊵㊷《旧唐书》，中华书局，1975年，第3902页。

㊶ "2011年，在配合房山区长沟镇北京文化硅谷建设过程中发现了唐幽州卢龙节度使刘济墓。2012年至2013年，经国家文物局批准，北京市文物研究所对该墓葬进行了抢救性发掘工作，并开展了文物保护及科技考古研究工作。"参见程利、刘乃涛：《北京房山唐幽州卢龙节度使刘济墓发掘成果学术意义重大》，《中国文物报》2014年2月14日第5版。

㊶ 笔者注：佛教中的"护法明王"曾是古印度"孔雀王朝"的第三任国王阿育王，传说他早年好战杀戮，也曾为争夺王位，谋杀其兄弟姐妹99人，最终成功继位。晚年他笃信佛教，放下屠刀，兴建佛教建筑，还消除了佛教中不同教派的争议，为佛教在印度的发展做出贡献。

㊻ 北京市石景山区文化委员会：《石景山——燕都第一仙山》，2005年，第37—38页。

㊷ 诗文举7例：

（1）"渡浑河望石景山：卢沟流太骏，欲渡愁无梁……举首眺山麓，浮图接青苍。回飙起天半，吹落替庚冈……至今金阁寺，龙象泣荒凉……"（清）杨忠义：《雪桥诗话余集》，北京古籍出版社，1992年，第218页。

（2）"……明晨别寺去，路由石景山。孤塔映朝阳，矫矫殊澄鲜。上有金阁寺，渔洋什流传。驱车过山麓，竟未穷流连……"（清）震钧：《天咫偶闻》，北京古籍出版社，1982年，第198页。

（3）"回头别群山，西望尽碧空……虚无想金阁，黯淡留铜容……"（清）赵怀玉：《归途二十里渡浑河登石径山遇雨》，《晚晴簃诗汇》，中华书局，1990年，第4317页。

（4）"游西山记：……其上（石景山上）有石阙双峙，最高曰金阁寺，有舍利塔，可望浑河……"（清）赵怀玉：《亦有生斋集》卷六《游西山记》，《清代诗文集汇编》四一九，上海古籍出版社，2010年，第587—588页。

（5）"望石经山，如雨后一峰才脱烟素，巉巉峭碧时来献姿，其上为金阁寺，有浮图，可以远眺……"（清）吴锡麒：《有正味斋骈体文》卷十六《游西山记》，《清代诗文集汇编》四一五，上海古籍出版社，2010年，第344页。

（6）"浮图兹山顶，峻嶒插孤标……"（清）王士祯：《登石景山浮图诗》，《宸垣识略》，北京古籍出版社，1981年，第267页。

（7）"峨峨石景山，凌虚跨金阁。侧身登浮图……"（清）铁保：《惟清斋全集·梅庵诗钞》卷一《登石景山浮图》，《清代诗文集汇编》四三二，

㉘ 上海古籍出版社，2010年，第499页。

㉘ 卢兴基：《顾太清词新释辑评》，中国书店，2005年，第335页。

⑦ 田树藩：《西山名胜记》，北京市八大处公园管理处校刊，2001年内部发行，第58页。

㉛ （明）谈迁：《枣林杂俎》，中华书局，2006年，第505页。

㉜ 石景山东侧石洞考察情况，见拙作《"石景山"古遗迹考察报告》。

㉝ 石景山区三普办：《石景山石屋》，北京市文物局网站：http://bjww.gov.cn/2009/4-28/1240906147734.html。

㉞ （明）刘侗、于奕正：《帝京景物略》，北京古籍出版社，1983年，第280—283页。

㉟ （明）蒋一葵：《长安客话》，北京古籍出版社，1982年，第76页。

㊱ （明）谈迁：《枣林杂俎》，中华书局，2006年，第427页。

㊲ 笔者注：石景山上的摩崖石刻介绍，见拙作《"石景山"古遗迹考察报告》。

㊳ （清）张永铨：《闲存堂文集》卷七《石景山记》，《清代诗文集汇编》一五二，上海古籍出版社，2010年，第524页。

㊴ 北京市石景山区文化委员会：《石景山——燕都第一仙山》，2005年，第63—67页。

㊵ 图片来自张文大：《石景山发现藏僧崖葬石龛》，北京市文物局网站：http://www.bjww.gov.cn/2010/9-14/1284451849671.html。

㊶ （1）康熙《石景山望浑河》《石景山东望》，诗文可参阅《畿辅通志》。

（2）王士祯《登石景山浮图诗》，诗文可参阅《宸垣识略》。

（3）赵怀玉《归途二十里渡浑河登石径山遇雨》、周全然《石景山》、毛澄《石景山有感》、福存《秋日过石景山》，诗文可参阅《晚晴簃诗汇》。

（4）赵怀玉《游西山记》，诗文可参阅《亦有生斋集》卷六，《清代诗文汇编》四一九。

（5）铁保《登石景山浮图》，诗文可参阅《惟清斋全集·梅庵诗钞》卷一，《清代诗文集汇编》四三二。

（6）吴锡麒《游西山记》，诗文可参阅《有正味斋骈体文》卷十六，《清代诗文集汇编》四一五。

（7）秋岳《晚渡浑河望石景山》，诗文可参阅《石遗室诗话续编》。

（8）程可则《石景山》，诗文可参阅《海日堂集》。

（9）顾太清《菩萨蛮·登石景山天空寺望浑河》，诗文可参阅《东海渔歌》。

㊷ 北京图书馆金石组：《北京图书馆藏中国历代石刻拓本汇编》（第八十七册），中州古籍出版社，1989年，第28页。

㊸ （明）沈榜：《宛署杂记》，北京古籍出版社，1982年，第39页。

㊹ （明）沈榜：《宛署杂记》，北京古籍出版社，1982年，第40—41页。

㊺ （清）震钧：《天咫偶闻》，北京古籍出版社，1982年，第195页。

（作者单位：北京奥运博物馆）

# 畅春园恩佑寺与恩慕寺的前生今世

张 超

## 一、恩佑寺与恩慕寺

在今北京大学校园西门西南侧，静静伫立着两座山门式的古建筑，是清代恩慕寺和恩佑寺的残迹（图一、图二），它们历经两三百年风雨沧桑，昭示着这一地区的历史文脉，成为繁盛一时的畅春园昔日芳华的最后见证。

畅春园建成于康熙二十六年（1687），

图一　恩慕寺山门今貌

图二　恩佑寺山门今貌

是清代北京西北郊第一座大型皇家宫苑，康熙皇帝长期在此居园理政。继畅春园后，圆明园、万寿山清漪园、玉泉山静明园、香山静宜园也陆续建成，这就是闻名遐迩的"三山五园"。恩佑寺、恩慕寺是"三山五园"园林集群的重要组成部分，并不因其独处一隅而影响其重要性。

恩佑寺建于雍正元年（1723），是雍正皇帝为"圣祖仁皇帝荐福"而建造的，位于畅春园东北角，与清溪书屋紧相毗邻，康熙皇帝晚年常在清溪书屋宴寝，并驾崩于此。恩佑寺原有三进院落，其山门坐西朝东，外临大道，山门上额题"敬建恩佑寺"，门内横跨三座石桥。正殿面阔五间，内供三世佛，中间为释迦牟尼，左侧为药师佛，右侧为无量寿佛。"二层山门额曰龙象庄严。正殿额曰心源统贯。皆世宗（雍正）御书。殿内龛额曰宝地昙霏。联曰：万有拥祥轮，净因资福；三乘参慧镜，香届超尘。皆皇上（乾隆）御书"。

乾隆四十二年（1777），乾隆皇帝之母孝圣皇太后病逝。乾隆为了纪念其母，便在恩佑寺的南侧修建了寺院，取名恩慕寺，是兼恩佑寺和永慕寺二寺名而得。永慕寺建于南苑，是康熙皇帝为母亲烧香拜佛而建。恩慕寺庙貌严谨，坐西朝东，两进院落，外临通衢，山门内正殿供奉药师佛一尊，左右奉药师佛108尊，南配殿供奉弥勒佛，北配殿供奉观音像，左右分立石幢，一刻全部药师经，一刻御制恩慕寺瞻礼诗。诗云："尊养畅春历卅冬，欲求温清更何从？天惟高矣地惟厚，慕述祖分

图三　畅春园遗址（图中两座山门即为恩慕寺山门和恩佑寺山门）

恩述宗。"山门额题"敬建恩慕寺"，二层山门额曰"慈云广荫"，大殿额曰"福应天人"，殿内额曰"慧雨仁风"。两边楹联为："慈福遍人天，祥开佛日；圣恩留法宝，妙现心灯。"皆为乾隆皇帝御书。

咸丰十年（1860），圆明园大劫难时，恩佑寺、恩慕寺亦毁于英法联军罪恶之火（图三）。内务府大臣明善在该年九月二十九日的奏折中称："（圆明园）大宫门、大东门，以及大宫门外东西朝房、六部朝房……恩慕寺、恩佑寺、清溪书屋……等处均被焚烧。"

## 二、"父子情"与"母子情"

康熙晚年，诸皇子为谋求储位，各植私党，勾心斗角，皇位继承成纠葛之势。皇四子胤禛（即后来的雍正皇帝）在这场储君争夺战中并不占优势。畅春园成为清代第一座离宫型皇家园林后，胤禛"以扈跸，拜赐一区"，这就是与畅春园近在咫尺的圆明园。胤禛于康熙四十八年（1709）晋封雍亲王，同年康熙为其赐园御题"圆明园"匾额。康熙把胤禛的御赐花园安排在紧邻畅春园处，并亲笔题写园额，可见此时的胤禛至少不会遭到厌弃。另据《康熙实录》记载，从康熙四十六年（1707）开始，康熙曾十二次临幸圆明园游赏、进宴，最后一次是康熙六十一年（1722）三月二十五日，康熙专程来圆明园牡丹台欣赏牡丹，陪同侍奉的还有十二岁的弘历。这也是弘历首次谒见祖父，康熙见到聪明伶俐的小皇孙，异常喜爱，当场传旨将弘历召入宫中培养。雍正云："欣承色笑，庆天伦之乐，申爱日之诚。花木林泉，咸增荣宠。"这场很可能是精心安排的会面意义非比寻常。康熙像发现宝藏一样把这个小皇孙随身带着，无论是在园居的畅春园，还是在避暑的承德，抑或在习猎的南苑，直至病逝。胤禛继位不久即通过秘密立储方式确立弘历为皇太子，雍正驾崩后，弘历顺利登基为乾隆皇帝。乾隆后来记曰："皇考奉皇祖于圆明园之牡丹台观花侍宴，以予名奏闻，遂蒙眷顾，育之宫中……今岁于圆明园颜堂曰纪恩，并为记，以述承恩所自始，付托所荐重。"或许，胤禛、弘历相继承袭帝位与祖孙三代在圆明园的这次相会不无关系。

事实上，胤禛也在处心积虑地为谋取皇位而费尽心机。其心腹幕僚为他谋划了"诚孝皇父，和睦兄弟"的策略。胤禛按照这一策略，逐渐获取了乃父的信任，康熙曾派他到天坛代行祭天，在古代这是很有象征意味的。胤禛擅长书法，颇得康熙赞赏，经常命其书写进呈，还以此赏赐近臣。胤禛恭奉康熙驾临圆明园，也是为赢得康熙欢心的一种刻意之举。当其时，不仅可以"申爱日之诚"，表明自己的"诚孝"，在美妙的园林环境中，无形中增进父子间的感情，也可使晚年心境悲苦的康熙享受难得的作为一个普通老人的"天伦之乐"，一定程度上缓解了康熙晚年的烦躁和焦虑。胤禛处处投康熙所好，时时注意与父皇的感情维系。他善于揣摩父皇心意，对康熙的喜好甚是了解。康熙关心农业，他便以康熙朝焦秉贞所绘《耕织图册》为蓝本，依样绘制一册《耕织图册》，别出心裁地将画面中农夫和农妇的形象换成自己与福晋的容貌，每页画上都亲笔题诗，并钤"破尘居士"印章，表现自己向往田园生活的恬淡，以及对农业亲力亲为的意愿，赢得了皇父的器重。胤禛在感情上始终与康熙保持着比较亲近的关系，康熙称赞他"能体朕意，爱朕之心，殷情恳切，可谓诚孝"，感情的亲近很可能在康熙选择继承人时起到了关键的作用。

圆明园是胤禛韬光养晦之所，在这里他巧妙地将自己隐蔽起来。当时园内主要是葡萄院、竹子院、桃花坞、菜圃等比较自然的景物，具有文人隐士园的风格。胤禛在其中似乎过着清心寡欲的生活，他行动颇为低调，尽可能不插足兄弟间的争位斗争，以坚忍的性格、四面周旋的态度回避了斗争的锋芒。他把自己打扮成一个生活恬淡的富贵闲人，自谓"破尘居士"，营造不问荣辱功名的表象。他作诗表达自己向往的逍遥生活："懒问沉浮事，闲娱花柳朝。吴儿调凤曲，越女按鸾箫。道许山僧访，棋将野叟招。漆园非所慕，适志即逍遥。"他还编辑虔心佛法、崇尚超脱的《悦心集》，抄录历代文人僧道恬淡闲适、超然物外的诗篇以明志。实际上，这些只是胤禛在松懈竞争者的戒心和防备，他一刻也未放松过夺取储位的努力，只是在不露声色地窥测风向，暗自培植势力，凝聚实力，等待时机。最终，胤禛戒急用忍、恬淡不争的外表，以及刻意表现出的既诚孝皇父、也友爱兄弟的态度，使他躲避了皇储争夺中的矛盾，得以安然无恙地坐收渔人之利。《康熙遗诏》云："雍亲王皇四子胤禛，人品贵重，深肖朕躬，必能克承大统。著继朕登基，即皇帝位。"

按照清宫惯例，皇子出生后一般均不由其生母抚育，这主要是为了杜绝后妃预事及外戚祸国。伴随这一皇子养育制度而来的是，由于缺乏接触和沟通，极易导致亲生母子间互生隔阂，感情疏远。胤禛从出生起即由佟佳氏（康熙帝第三任皇后）抚养，一直到他十一岁左右佟佳氏病逝，因此他与养母感情较深，与生母德妃乌雅氏却不是很亲近。事实上，胤禛除了和十三弟允祥关系深厚外，他最信赖和感恩的亲人就是父亲康熙和儿子乾隆了。胤禛在诸王夺嫡中后来居上、脱颖而出，如愿登上帝位，于情，自然对父皇康熙感念于心，在《雍正朱批》中，胤禛曾写道："朕当年时，蒙圣祖垂训。'你肯急，凡事以忍好'，因此朕刻'恩谕、戒急、用忍'六字于板，悬诸座之对面，时刻警惕，获益不小。"康熙的教诲使胤禛感同身受，情见乎词，可以想象，胤禛对康熙的怀念，感情是真挚的。于理，由于康熙为康雍乾盛世开拓、奠基的卓越功勋，以及其德高望重的人格魅力，再加上胤禛即位后所面临的纷扰复杂的政治局面，都需要他不厌其烦地标榜与强调自己是康熙合理、合法、合格的继承人。因此，在康熙日常居住理政的畅春园清溪书屋一隅建立专属寺庙，为康熙"荐福"就是合情合理之举了。

"百行孝为先"，乾隆标榜"以孝治天下"，刚即位即尊其母钮祜禄氏为崇庆皇太后，此后凡遇大庆典，必加上徽号。乾隆二年（1737）二月，开始对畅春园殿堂进行修缮和改建，将太后寝宫改建为"春晖堂"和"寿萱春永"等，使畅春园成为皇太后的专用御苑。每有巡幸，乾隆也多奉太后同行，太后一生随乾隆南巡三次、东巡三次、幸五台山三次。此外，谒东陵、西陵和秋狝木兰更是每年必至。特别是太后六十、七十、八十圣寿，乾隆进九九寿礼，凡亲制诗文书画、如意佛像、金玉古玩，以至西洋奇珍，无不具备。不仅寿礼丰盛，庆典隆重（图四），而且乾隆自己还身着彩衣，手捧酒觞，跳舞庆贺。园居期间，乾隆奉皇太后在畅春园和

图四 《崇庆皇太后圣寿庆典图卷》（局部）

圆明园长春仙馆居住，还经常奉迎皇太后在周边园林游赏。皇太后居畅春园期间，乾隆总要不时前来请安、游赏，并乘便在畅春园用膳和理政。根据张恩荫先生的统计，乾隆十七年（1752），皇太后除新正在圆明园度节17天、七月至九月去热河避暑62天外，全年共在畅春园住了213天，这一年乾隆在圆明园住了143天（宿），其间他专程至畅春园向皇太后问安即达50次，平均为3天一次。乾隆二十一年（1756），乾隆在居住圆明园的157天期间，共来畅春园35次，其中向皇太后问安为33次，并在园内进早膳和办事、引见官员21次。乾隆曾说："每岁冬，朕自圆明园进宫，圣母以风景清胜尚留园居，至节近万寿进京，朕间数日赴畅春园问安，率驻御园（圆明园）信宿，以便再修定省，凡来往三四次遂恭奉慈驾还宫。"

乾隆四十二年（1777）正月初八日，乾隆奉皇太后到圆明园。皇太后驻跸圆明园期间，几乎都住在长春仙馆，因为这里距皇帝处理政务的正大光明殿和皇帝的寝宫九州清晏都很近，便于皇帝给皇太后问安侍膳。正月初九日，乾隆陪着皇太后在九州清晏一边进膳，一边观看节日的灯火，妃嫔和皇子、皇孙们也都陪侍在旁，五世同堂，其乐融融。乾隆见皇太后"慈颜康豫，不减常年"，非常高兴。他还畅想皇太后90岁大寿时，自己也是71岁的老人了。那时一定要为皇太后更隆重地庆祝一番。正月十四日，皇太后身体不豫，乾隆赶到长春仙馆看望，并于当天晚上陪皇太后在同乐园进晚膳。经过治疗后，皇太后病情大有好转。几天后，病情出现反复，较之前严重。皇太后不想把病情转重的事让皇帝知道，所以在皇帝问安时，故意谈笑如常。正月二十二日，皇太后病情已十分严重，这一天乾隆看望了母亲两次，深夜，皇太后进入弥留状态，乾隆守候在旁。次日凌晨皇太后病逝，终年86岁，谥号定为"孝圣慈宣康惠敦和诚徽仁穆敬天光圣宪皇后"（简称孝圣宪皇后）。皇太后去世后，停灵于九经三事殿。乾隆当即剪发，穿白绸孝服，痛摧肺腑，以无逸斋为倚庐，不思茶饭，十分悲痛。乾隆《仲夏清晖阁》诗云："高阁清晖卧室西，思量灯夕益心悽。园居已切怀惭矣，景问那能志畅兮。"诗注曰："清晖阁在九州清晏之西。此处为每年灯夕奉圣母家宴之处。……昔值皇考大事常居养心殿。二十七月后始居御园。前岁经圣母大事以安奉畅春园九经三事殿，本欲以无逸斋为倚庐，而王大臣敦请以居御园之九州清晏，与养心殿无异，因从之。百日内居于是，遂不拘初元之制，而心中究抱歉也。"

## 三、"怀念"与"拜谒"

国之大事，在祀与戎。祭祀既是重要的国家礼仪，也是对逝去亲人表达哀思的主要方式，同时也是中国孝文化的重要体现形式。中国古代非常重视孝道，"孝"是儒家思想的核心内容，孔子云："君子务本，本立而道生。孝悌也者，其为仁之本焉。"孝为人伦之本，是为一切伦理道德的根本。孝的意义不仅在于维持家族的和睦，更延伸体现于社会风化和国家政治之中，所谓"其为人也孝悌，而好犯上者鲜矣"。历代清帝均标榜以仁孝治天下，康熙就强调："凡人尽孝道，欲得父母之欢心，不在衣食奉养也，惟持善心，行合道路，以慰父母，而得其欢心，斯可谓真孝者矣。"康熙还将孝延伸至以孝治国。他说："朕孝治天下，思以表率臣民，垂则后裔。"康熙的孝悌言行树立了标准，后代清帝在"孝道"方面可谓是一以贯之。如长春仙馆是乾隆生母在圆明园的寝宫，位于正大光明殿以西、皇帝寝宫九州清晏以南，距离皇帝日常活动的主要场所都不远，只要皇太后驻跸圆明园，乾隆必要躬亲行礼，从不遣人代往，由此可见其孝心。为了鼓吹"敬天法祖"，圆明园还建有皇家祖祠安佑宫，而且规制甚隆，供奉过康熙、雍正、乾隆、嘉庆、道光五位皇帝的神位，儒家恪尽孝道的价值观在此也得到了淋漓展现。而道光侍奉孝和皇太后，并因祭奠皇太后而一病不起，也体现了清帝以孝齐家治国的家庭亲情和政治伦理。恩慕寺、恩佑寺更是直接见证了雍、乾二帝的忠孝理念与实践。

雍正即位后，"畅春园逐渐被作为纪念先皇之处，其居住、办公等实用性目的在逐渐消失"，他本人将圆明园作为长年园居理政的御园。《清世宗实录》记载，雍正三年（1725）四月乙酉："上孝思纯笃，追慕圣祖仁皇帝。敬建恩佑寺告成，亲诣行礼。"据《清朝通典》记载，雍正三年，以日月合璧、五星联珠为祥瑞，告祭康熙景陵。（雍正）四年（1726）三月恭奉圣祖仁皇帝御容于恩佑寺，自后月必展拜，或两诣三诣焉。从此，康熙的御容（画像）就被供奉于此。雍正兴建恩佑寺，奉佛以报慈恩，并经常前往瞻拜父皇御容。雍正四年三月十五日，雍正诣恩佑寺行礼，三日后再次行礼，并谕："本日系圣祖仁皇帝诞辰，一日不办事，翌日系皇太后诞辰，亦应一日不办事。"生母的诞辰和忌辰，也经常引起雍正对母亲的怀念，尽管他们之间的亲情有些淡薄。在《御制母后三周年讳辰诗》中，雍正写道："鞠我恩深重，违颜梦渺茫。三年成逝水，百感对流光。"雍正五年（1727）闰三月二十一日，建圣祖仁皇帝圣德神功碑于景陵。《清世宗实录》记载，雍正五年七月乙丑："上以阴雨连绵，在圆明园斋戒虔祷。雨中步行数里，诣恩佑寺。祷于圣祖仁皇帝御容前。是日，雨势稍止，夜分而霁。翌日大晴。"雍正八年（1730），雍正亲自辑成《庭训格言》一书，该书汇集了康熙训子的话。从雍正四年至十三年近十年间，雍正至少亲诣恩佑寺行礼64次。雍正十三年（1735）四月乙巳："颁圣祖仁皇帝御制全集，赐诸王大臣翰詹官员等。随具折恭谢。得上谕，俱著往恩佑寺谢恩。"

与父亲一样，乾隆对祖父康熙也怀有深厚的感恩之情。乾隆在《题澹宁堂》诗注中说："予十二岁时，皇祖养育宫中，于畅春园赐住之处即名曰澹宁居。"《纪恩堂记》中说："若今纪恩堂之题额，实因纪皇祖之恩，纪皇祖之恩必有差，所谓不负皇祖之恩者，是不易言也。我皇考迓皇祖，承色笑者，每一再举行，至予小子之恭承皇祖恩，养育宫中，则在康熙壬寅春，即驾临之日，而觐于斯堂之内云。斯堂在圆明园寝殿之左，旧谓之牡丹台，即四十景内所称镂月开云者。向于诗中亦经言及，惟时皇考奉皇祖观花燕喜之次，以予名奏闻，遂蒙眷顾，育之禁廷，日侍慈颜，而承教诲。即雍正十三年诏，尚以是为言。"这里的"雍正十三年诏"即是《雍正遗诏》，诏曰："宝亲王皇四子弘历，秉性仁慈，居心孝友，圣祖皇考于诸孙之中，最为钟爱，抚养宫中，恩逾常格。"因此也就不难理解，乾隆即位后为何一再信誓旦旦地说在位时间绝不超过皇祖，以示崇敬了。正如乾隆自己初即位时所说："若蒙眷佑，得在位六十年，即当传位嗣子，不敢上同皇祖纪元六十一载之数。"他希望自己能长寿，但即使长寿也不敢打破祖父康熙统治国家六十一年的纪录，事实上，乾隆也确实是在临朝六十年后禅位于皇十五子颙琰（嘉庆皇帝），而自己当了三年多太上皇的。乾隆时期，皇帝一般是给皇太后请安或接送皇太后时，乘便往恩佑寺行礼。乾隆四年（1739）九月十三日，乾隆奉皇太后自圆明园启銮诣东陵前，诣恩佑寺行礼。乾隆八年（1743），将原供奉于畅春园恩佑寺的圣祖御容移至圆明园安佑宫中室，与东室的世宗御容一并供奉，"于是苑中瞻仰圣容，始专礼于安佑宫"。但是，常规性的拜谒恩佑寺仍照旧举行，较为正式的行礼，则一般是与安佑宫行礼前后同时安排。乾隆还对恩佑寺进行过修葺，他在《御制清溪书屋》诗注中说："畅春园中是处为皇祖宴寝之所。我皇考改建恩佑寺以奉御容。乾隆癸亥奉移于安佑宫，逮今四十余年，有司以修葺告成，敬诣瞻仰。"

母亲去世后，乾隆十分怀念，为表达哀思，乾隆修建颇具规模的泰东陵安葬太后，还命人制作金塔一座，供奉太后的头发。乾隆甚至还为子孙确立规矩，以明确畅春园为皇太后专属的奉养之地。他在乾隆四十二年正月二十九日召见大学士舒赫德和阿桂、富隆安、丰升额等朝臣时降谕："若畅春园则距圆明园甚近，事奉东朝，问安传膳，莫便于此。我子孙亦当世守勿改。著将此旨录写，封贮存尚书房、军机处各一份，传示子孙，以志勿忘。"在《恩慕寺瞻礼六韵》诗注中，乾隆阐述了恩慕寺的修建初衷："南苑永慕寺，皇祖为太皇太后祝釐所建；畅春园恩佑寺，皇考为圣祖荐福所建；今为圣母敬启梵宫，即于恩佑寺侧，名兼恩慕，亦志绍承家法之意云。"乾隆四十二年（1777）五月至四十四年（1779）二月，乾隆仅于恩慕寺行礼。其后直到嘉庆三年（1798）十月乾隆作为太上皇病重期间，大多是去恩慕寺与恩佑寺一并行礼。嘉庆前往恩慕寺和恩佑寺行礼拈香累计达34次。道光三年（1823）至十九年（1839），道光在每年正月的孝圣宪皇后忌辰之日，都准时前往恩慕寺、恩佑寺行礼，共计17次。咸丰前往恩慕寺、恩佑寺行礼是在咸丰七年（1857）之前，共进行了4次，咸丰朝最后三年未见行礼，或许是与太平天国战乱、英法联军入侵所导致的内忧外患局势有关。

需要指出的是，恩佑寺、恩慕寺不同于太庙，因太庙更偏重于封建王朝国家礼仪方面的祭祀，群体祭祀的色彩更为浓厚，甚至有的功臣神位亦得以供奉其间。恩佑寺、恩慕寺是特定皇帝为纪念特定人物而开辟的专属祭祀场所，只不过这种祭祀又在后世皇帝中得以延续，本质上其个人色彩相对浓厚。也正由于后世皇帝对恩佑寺、恩慕寺纪念与祭祀功能的坚守，使之具有了皇家祭祖家庙的特点，这一点雷同于景山寿皇殿与圆明园安佑宫。

寿皇殿位于紫禁城后景山正北面，乾隆初期被规定作为奉祀"神御"（皇帝御容画像）的殿堂，有正殿、左右山殿、东西配殿，以及神厨、神库、碑亭、井亭等附属建筑。垣墙呈方形，坐北朝南。原供奉康熙神御，后作为供奉清代历朝皇帝神像的处所。寿皇殿在清代时内部靠后分有隔间，常年悬挂、供奉着自康熙起始的历代皇帝肖像，以康熙的隔间居中，其余皇帝隔间依照昭穆在其左右，同堂异室。隔间内除有肖像外，还陈列有神龛、牌位、皇帝生前的小部分服饰、珍宝器玩、玺印和佛塔等物。安佑宫位于圆明园西北部，亦称鸿慈永祜，为御园皇家祖祠，循寿皇殿"敬奉神御"之义而建，乾隆八年（1743）建成，是年即供奉康熙、雍正御容于殿内。凡皇帝从宫内迁来御园和迁回宫内之日，外出巡游离园和返园之日，上元日、中元日、清明，皇帝本人生日及先皇诞辰、忌日等，清帝皆至安佑宫叩拜行礼。按清代定制，景山寿皇殿除供奉列祖列宗御容外，每于除夕、元旦还要供奉列后神御一同瞻拜。但安佑宫，则惟供清帝御容，"未及列后"。安佑宫规模宏大，格局严谨，从南到北贯穿着一条300多米的中轴线，以节奏鲜明的建筑空间序列渲染了祭祀建筑的庄重气氛。正殿为黄色琉璃瓦重檐歇山顶，是园中最为壮丽的殿堂，规格甚至高于御园正殿正大光明的灰瓦卷棚歇山顶。这组建筑尽管在"中轴对称、红墙黄琉璃瓦、大木大式的斗拱结构、崇基石栏、出陛御路、金水河、金水桥"等方面，体现了礼制建筑的规制，但所处仍属自然山水环境，四外有岗阜相拥、河渠环护，体现了乾隆所说"周垣乔松偃盖，郁翠干霄，望之起敬起爱"的氛围。

## 四、现状与展望

现在的恩佑寺和恩慕寺，各仅存一座孤零零的山门。两座山门南北相距50米，1981年被定为海淀区文物保护单位，并于1985年进行了修缮。它们与北京大学校园西校门隔路相对，共同构成一道独特的人文景观，成为海淀历史文化积淀的重要组成部分，吸引着众多游客和市民前来观摩、瞻仰。

随着经济社会的发展，文化遗产与周边社会完全可以和谐相融，文物古迹不是社会发展的负累，相反倒是文明的载体、区域文化的亮点和当地居民的精神家园。恩佑寺、恩慕寺同样也有这种时代价值和意义。有关文物部门及管理使用单位有必要更加重视对恩佑寺、恩慕寺的保护、利用，逐步探索科学的保护方式与合理的使用方向。保护是利用的前提，保护是传承的基础，简单封闭式的保护会略显消极，加强研究、统筹规划、主动保护才会有利于文物与周边社会的和谐共生。

恩慕寺、恩佑寺见证了雍、乾父子的忠孝情结与实践，见证了一代名园畅春园的盛衰（图五），见证了海淀地区的沧桑巨变，同时也是北京大学校园环境不可或缺的独特景观，历史价值和文物价值较大，在有效保护的基础上，赋予其新的时代内涵也不是不可能。笔者认为，对恩佑寺、恩慕寺两座山门进行积极、主动保护的条件已逐渐成熟，如下几方面或许可以纳入研究及工作思路。第一，要加强保护，切实保护好文物本体，同时预留缓冲空间，结合非首都功能疏解，腾退周边房屋，并在腾退后进行系统规划，确保两座

图五　清畅春园界碑

历史文化，使其与南侧新建的畅春新园连成一体（图六），共同构成"三山五园"历史文化景区的重要景观节点和组成部分。第三，从中长期来看，我们可从北京大学校园及周边环境建设角度出发，尝试探索恩佑寺、恩慕寺的复原展示。复原展示是指通过科学处理和艺术加工，使已经消失或局部被破坏的文物、标本或文化遗迹再现的一种博物馆陈列形式。复原展示不是艺术创作，复原对象必须具有真实性。复原展示是有效地进行宣传教育的陈列方式之一。对于恩佑寺与恩慕寺来说，可按照"修旧如旧"的原则，增强两座山门与拟修复建筑的可识别性，待修复完成后，文物本体适宜单纯原状展示，仿古建筑空间则可以复原部分历史陈设，或用作展览展示场所。

图六　畅春新园石碑

山门成为规划的重心。第二，可以两座山门为依托，西侧及南北规划、建设部分辅助展陈空间，重点展示相关历史人物的生平事迹及当时的宫廷人文生态，当然也可以集中展示畅春园及其前身明代清华园的

（作者单位：海淀区档案馆）

# 清代永定河河防工程人事管理制度论略

李士一

清初永定河河防工程主要是指永定河出山后，沿石景山麓至卢沟桥南，继承了金、元、明时期的土石堤工程。康熙七年（1668）七月上谕："命工部侍郎罗多等筑卢沟桥决口"，是清朝永定河河防工程之始①。

此时，下游河道尚无修防。下游河防工程始于康熙三十一年（1692），据康熙三十一年二月上谕："浑河堤岸久未修筑，各处冲决，河道渐次北移。永清、霸州、固安、文安等处，时被水灾，为民生之忧。可详加勘察，估计工程，动正项钱粮修筑。不但民生之忧，永远有益，贫民借此工值，亦足以赡养家口。"②康熙三十七年（1698）皇帝命令左都御史于成龙，"南岸自良乡县之老君堂村起，至永清县之郭家务止，北岸自良乡之张庙场起，至永清县之卢家庄止，筑堤百八十里，挑河长百四十余里。至永清县朱家庄，会安澜城河，由淀达津归海"③。此为有清大规模治理永定河的开始。

历经康、雍、乾三朝，永定河治理形成了规模，建立起包括人事安排、财政经费、工程技术、灾区灾民赈济、水利兴修等在内的较为完善的河防工程管理制度。本文拟就清代永定河河防工程的人事管理制度进行初步探讨。

**一、永定河河防工程管理机构的设置**

河防水利工程作为国家公共管理职能的一项重要内容，历代统治者都十分重视。永定河地处京畿重地，下游贴近大运河，其水患直接危害京、津粮食运输通道的安全，乃至千万人民生计和性命，关乎国家安全。明朝成化七年（1471）皇帝命王恕为工部侍郎、总理河道。其后明常以都御史总督河道。清承明制，于顺治元年（1644）设立河道总督（省称总河）辖直隶、山东、河南、江南、浙江等处河务。河道总督驻扎济宁州（今山东济宁）。康熙十六年（1677）移驻清江浦（今江苏淮安），二十七年（1688）还驻济宁。三十七年设立永定河南、北两岸分司（厅），隶属直隶省总督（或巡抚）和河道总督双重管辖。分司设同知或笔帖式管理河防事务。雍正元年（1723）裁南岸分司，以北岸分司兼管南岸分司事务。二年（1724）置河道副总督，驻武陟（今属河南）专管北河（指直隶河道）。四年（1726）设永定河道，起初下设南岸同知一员，其文职属员有州判、县丞、主簿、吏目等共十六员；武职属员有千总二员、把总二员。雍正九年（1731）添设直隶省河道水利总督和副总督，驻扎天津府，专管直隶河道和水利（省称北河）。乾隆元年（1736），裁撤直隶河道水利副总督，十四年（1749），裁撤直隶河道水利总督，直隶河务归直隶总督兼管④。雍正四年，怡亲王允祥和大学士朱轼合词奏《为请设河道官员以专责成》一折，提出永定河道专管永定河河务，原大名道改为清河道，和天津道、通永道一样，除其他行政监察事务外，还兼管河务，奏议获准⑤。而三道所兼管的均系直隶海河水系各大支流。故直隶河道水利总督所辖四道河防官员，构成了以永定河为主的直隶河防水利管理体系。该管理体系同时受直隶总督节制，直隶省重大河防事务均由直隶总督和直隶河道水利总督会商处理。前引折原注说："本年直隶总督李维钧奏准：永定河一河一局，涿、霸二州各设州判一员、吏目一员。宛平、良乡、固安、东安、永清、武清各设县丞一员，主簿一员。共十六员。"至此，永定河河道河防工程管理机构基本确立。而在永定河河道设立前，所设的南岸、北岸分司系厅级行政建制。按，厅本为清廷在新开发地区设立的行政建制，又分为直隶厅和散厅，前者与府或直隶州同级，隶属于省；后者与散州、县平行，隶属于府。永定河南、北两岸分司，相当于直隶厅。康熙四十三年（1704）四月二十一日上谕："……皂保以主事品级补授永定河分司"⑥，故知分司品级当与同知平级⑦，分司设同知（原为知府之佐官，分掌粮盐督捕、江海防务、河工水利等事务）和笔帖式。康熙朝各部院派出的笔帖式多达数十人，担任汛员。至雍正朝永定河工笔帖式逐渐裁撤，以后不再派出。两岸分司受直隶总督或巡抚节制。永定河河道设立后，分司归属河道直接管辖。清代的道原本为省属布政司和按察司的派出机构，原非一级独立行政建制，如《清史稿·职官志三·道员》所说："粮道、河道、海关道……分守道、分巡道、兵备道。各掌分守、分巡，及河、粮、盐、茶，或兼水利、驿传，或兼关务、屯田；并佐藩、臬核官吏，课农桑，兴贤能，励风俗，简军实，固封守以帅所属而严察其政治……皆因地建制，不备设。"乾隆十八年（1753），正式定道员为正四品，与布政使、按察使同为督抚属员。嗣后分守、分巡等道的界限也渐趋泯灭，遂成介于省府之间的一级行政建制。永定河河道官员为"请旨简放缺，专司河务，无民社事，初兼按察使副使或佥事衔"，乾隆十六年（1751）罢兼衔⑧，为管理永定河河防及水利事务的专业机构。嘉庆年间（1796—1820）最终形成了以直隶总督辖下，一道——永定河河道，四厅——石景山同知、南岸同知、北岸同知、三角淀通判，二十余汛的管理架构。

永定河河道辖有文职、武职两个官员系列。现分述如下。

1. 文职系列

厅，如前所述，是由原来分司改设而来，计有：石景山同知，雍正八年（1730）设；南岸同知，康熙四十三年设；北岸同知，康熙四十三年设；三角淀通判，雍正十二年（1734）设⑨。

汛，此处是指汛地，即河防工段。汛原指明清军队驻防地，因讯问盘查往来商旅行人，故称"讯地"，后讯假借为汛，讯地遂称汛地；又，清朝常调派绿营兵中下级武官督率河兵参与河防工程，抢险守护，其驻地也称汛地。而驻防汛地的文职官员通称汛员。汛员多由原地方州、县的佐官充任。如州（同）知（从六品）、州（通）判（从七品）、县丞（正八品）、主簿（正九品）、吏目（府、州属吏，从九品）等在清代文献中通称为佐贰或丞倅。清朝前期，永定河河工多有沿河州县正印官参与协防，通常派出分管农田水利的佐贰官员常驻河工，故《永定河志》职官表所列各汛汛员，后虽调任河工，列入永定河道文官系列，但仍冠原地方州县官衔。而协防的州县正印官仅在《（乾隆）永定河志》的职官表中有所记载，而《（嘉庆）永定河志》及《（光绪）永定河续志》的职官表未再详列。

2. 武职（河营）系列

清朝自康熙三十七年开始大规模治理永定河，经常调派绿营兵赴河工担任守护堤防、疏浚河道、汛期抢险等重任。后专设河营兵,归河道总督和永定河河道节制。河营兵制据《清史稿》云,与漕营兵制略同,常设最高官职最初为守备,乾隆四年(1739)设,后于嘉庆六年(1801)增设都司(位在游击之下,正四品),其下为守备(正五品)、协备⑩、千总(正六品)、把总(正七品)、外委把总(又有经制外委和额外外委之分,前者指经兵部核准的额外委派的武职,后者指核编之外的外委),均为八品以下低级武官。以上通称河营武弁,分别配属各汛,统归直隶总督、河道总督和永定河河道节制。外委把总有的留在总督或河督行辕办差,称"随营差委"。

此外河工汛员中还有巡检司巡检一职,原本为州县正印官节制下的"掌捕盗贼,诘奸宄。凡州县关津险要则置。隶州厅者专司河防"的从九品官员。还派驻河工,管理附堤十里村庄民夫雇募、协调河工与地方关系及社会治安等项事务。乾隆十五年(1750)工部议复江南河道总督高斌、直隶总督方观承奏议,奏准"各汛汛员具令兼巡检衔"⑪,以便利调派管束民夫,并使其成为定例。

这一管理机构延续至晚清,永定河道虽屡次改迁,工汛也随之调整,但嘉庆年间的二十余汛的管理格局基本未变。

## 二、永定河河防工程的决策体制及其运行

自康熙三十七年(1698)大规模治理永定河伊始,清朝已逐步建立起较为完备的河防工程决策体制,它以皇帝为"最高决策"层次,包括以六部、九卿、大学士、军机大臣在内的行政中枢为主的"决策复议"层次,以地方督抚、河督、河道为主的"决策动议"层次,而河道所属厅、汛员弁则为"既定决策的实施执行"层次。

任何一项河防工程的兴修,都要先经过决策动议层次据实提出修治方案。方案的内容包括汛情水势、河道堤防的完好或损坏程度、工程丈尺、土石方量、所需料物和器材耗费量、运输里程及运脚费用、拟用人工数量等。以上各项折合钱粮总额,以及钱粮的筹措来源、技术实施方案制订、工程实施期限等项内容,都要经过实地踏勘、详细筹划后,明细造册,并绘制施工地图,附以文字说明⑫。方案一般先由永定河道员拟就,呈报督抚或河督审议复核,经督抚、总河审议修订后,咨报工部稽核备案,请旨实施。

河防工程修治方案经督抚、总河题奏呈报通政司,经内阁或军机处递送至御前,皇帝或直接批复,或交工部议奏,而重大河工须经六部九卿乃大学士及议政王大臣会议议奏,其过程称"议复"。议复的结论可能有几种:其一为"议准",即同意督抚、总河题奏的方案,正式行文为"部议奏准""应如所奏办理"等;其二为"议驳",包括部分或全部不同意督抚、总河题奏的方案,例如河防工程的经费拨款不予全额核准,称"部复驳减";其三,若全部不予核准则称"勿庸议"或"议复不准行";其四,有时某些议题已有结论,不再审议也称"勿庸议";此外,若题奏内容资料不全,奏本发回补充,本次暂不审议则称"暂勿庸议"。这些议复结论都须形成正式奏章呈送皇帝最后裁决。皇帝通常以谕旨(口头或书面)、朱批做出最终决策,然后交部院、督抚、总河付诸执行。

上述决策程序严谨而周密,形成的河防工程实施方案必须严格执行,河道厅汛官员不得妄加更改,即便汛情变化也得请旨定夺,偶遇特殊紧急情况当可临机处置,但事后亦须在奏议中明缘由。为保证河防工程的实施方案正确可靠,上至督抚、总河,下至厅汛员弁都需循河道反复踏勘,深思熟筹。乃至最高决策层次的皇帝,也亲临河工勘察,如康熙皇帝多次视察黄河和永定河河工,指示整治机宜。《(光绪)永定河续志》收录康熙三十八年(1699)十月上谕载:康熙帝曾经亲临永清县郭家务村南大堤河工现场,以豹尾

枪立表于冰上亲用仪器测验，该处河内淤垫较河外略高，冰冻直至堤边，判定河流走势，下口淤高必甚，现场指示整治办法。乾隆皇帝更是多次巡视河工，听取河道官员对河道治理的见解和建议，例如永定河道员陈琮在其任内多次被召见，听其汇报河道工程情况，征询其永定河治理对策。乾隆皇帝亲自查看永定河道变迁情势，提出一系列切合实际的方针和措施，如沿堤种植防护柳林；为保护堤防禁止近河堤防堤外挖土；河道内民居妨碍行洪，施行搬迁安置并给以补偿政策，刊刻石碑明令禁止河身内添盖房屋；禁止围垦淀泊，以便保障蓄洪分洪；金门闸、坝、减河设置，分减洪流水势，以及汛期过后立即清淤疏浚，等等，都是切合实际行之有效的河防修治措施。

虽然这一决策体制还谈不上是近现代意义上的"科学民主决策"体制，但客观地说，这一决策体制起初还是顺畅有效的。封建时代的帝王能够深入到河工基层，亲临巡视，指示机宜，甚至亲手操作，实在是难能可贵，历史上亦属罕见。清前期几代皇帝对永定河河工决策基本是有贡献的。当然也有决策失宜、出现重大失误的教训，如乾隆五年（1740），偏听直隶总督孙家淦的提议，批准了"开永定南岸，复浑河故道"，结果"浑河下注，漫溢田庐。旋于辛酉春堵塞。""中亭河受永定金门闸盛涨分泄之水，消纳无多。及至玉带河，则已成清水。孙家淦误听人言，于金门闸之上开放南岸，水由牤牛诸河下注中亭，至不能容，遂趋洼地，村民受潦。因命即堵决口，方不为患。今亲临阅视，益知孙家淦前议之谬。"这段引文是乾隆三十二年（1767）乾隆帝诗作《中亭河记事》的自注文，乾隆、嘉庆《永定河志》卷首均有收录。所记之事已过二十六年，乾隆帝尚耿耿于怀，在此前后也曾多次提及此事，颇多自责，并无推诿偏听之责。然而河防工程决策有时因自然的不可抗拒力（即《永定河志》常说的"人力难施"）也难免失误，重要的是汲取教训。随时间推移，清朝朝政渐趋腐败，决策体制的效能也渐趋削弱。

## 三、永定河河防官员的任免及考黜

康熙年间，永定河河工官员设南、北两岸分司时多由部院调派郎中以下司官和笔帖式出任，而后主要由沿河州县补任。部院官员及大学士在汛期情势紧急或有重大修防工程的情况下，会临时被派往永定河工，多为督导或协办，事毕即撤回。永定河道员以上官员"为请旨简放缺"，所谓"请旨简放"，其程序是：由督抚拣选，提名推荐，文职吏部引见，武职兵部引见，皇帝下特旨任命。赴任前须"陛见请训"，皇帝指授方略后，离京赴任。一般受命官员往往是历任直隶地方官职，或久任河工、熟谙河防工程的人员。如《（乾隆）永定河志》编撰人陈琮，是从汛、厅职任逐级提拔上来的。

陈琮，四川南部县人，乾隆二十二年（1757）乡试副榜（备取，按清制，中乡试副榜的生员虽不能参加本年会试，但仍可参加下年乡试，或直接入国子监读书），陈琮遂肄业于国子监，乾隆二十八年（1763）应直隶河工缺员，赴永定河河工，补永清县丞，分管南岸五工。乾隆三十四年（1769）升任固安知县。四十年（1775）丁（祖父）忧回籍治丧，次年起复后，补直隶河工。四十二年（1777）补南岸同知。四十六年（1781）再次丁（祖母）忧后起复，赴直隶候补，四十七年（1782）补务关同知。四十八年（1783）升任永定河道道员。五十四年（1789）离任（病逝）。

又如《（嘉庆）永定河志》编撰人李逢亨，陕西平利县（今安康市）人，拔贡出生，嘉庆四年（1799）由霸州通判升任永定河三角淀通判，六年（1801），升任永定河南岸同知，十四年（1809）末至十五年（1810）末升任河间府知府，后回任永定河河工，旋升任永定河道道员，并一度任东河河道总督。从以上所述陈琮和李逢亨的简历可知，永定河河工道员以下的官员，来源于沿河地方府、州、县，永定河河工厅汛官员一旦出缺，即由直隶永定河沿河地方州县佐贰补任，或由地方州府正印官调任；升任道员前也往往调任地方府、州、县任职。三部《永定河志》的职官表不乏此类事例，不仅仅是陈、李二人个案事例。

永定河河工官员的来源和途径，与清朝其他官员任职路径大体相同，也是多种多样。各类国学、官学、府、州、县学生员经乡试、会试等科举考试层层选拔的举人、进士、监生、贡生等，此即所谓入仕之"正途"；还有通过铨选、保举、大挑、捐纳、议叙等"异途"入仕。

1. 铨选，如《清史稿·选举志五》云："官吏升转论俸，惟外官视年劳差，异于京秩。在外有边（指边疆）俸（禄），有腹（指内地）俸（禄）。腹俸之道、府、州、县佐贰、首领官，五年无过失，例得迁擢。边俸异是……"其中"烟瘴缺、苗疆缺""俱三年俸满，有政绩、无差忒者，例即升用"。又"直隶良乡、通州等十二州、县……为沿河缺。历俸升擢，与边俸同"。也就是说，永定河河工厅汛官员比照烟瘴、苗疆缺位历任三年即可升转。然而河工连续三年无溃堤决口等重大责任事故实非易事。每每前一年甫报三汛安澜，次年即水势异涨，漫堤溃口，此时追究汛员责任，重者革职或革职留工效力，轻者摘去顶戴花翎、降级、交部议处等处分接踵而来。

在职官员例行三年考绩，能获"卓异"考语者，有望升迁。由于有定额上限：道、府、厅、州、县十五而一，佐杂……百三十而一，河工官员因此而升迁者实属寥寥。虽说如此，但也非升迁别无他途，以下种种途径又为河工官员升转大开方便之门。

2. 保举，据《清史稿·选举志四》载：康熙二十年（1681），时任直隶巡抚的于成龙调任两江总督，"濒行疏荐……通州知州（小）于成龙……并堪大用。会江宁知府缺，诏即以通州知州于成龙擢补。不数年擢直隶巡抚"。于成龙于康熙三十七年（1698）在右副都御使、直隶巡抚任上，主持浑河排浚与堤防加固工程，是为大规模治理永定河的开端；后出任河道总督，此即永定河河工高级官员保举任职的一例。嗣后，每届"恭报三汛安澜"，督抚例行具题奏折保举道、厅、汛的员弁，或嘉奖或升迁。

3. 大挑，指会试三科未中的举人，由礼部分省造册，咨送吏部。"大挑六年一举行，三科以上举人与焉。钦派王大臣司其事，十取其五。一等二人试用知县，二等三人任用为学正、教谕。而任用为知县者得借补府经历，直隶州州同，州判，县丞……用为学正、教谕者得借补训导"[13]。这也是永定河河工官员来源之一。

4. 捐纳。自秦汉以来，历代都有以授予官爵（包括虚衔和实职），或赎罪，取得捐款，用于筹饷、赈灾、兴办河工等项经费，谓之捐纳。清朝自乾隆七年（1742）时始有经常性捐纳，乾隆七年上下江水灾，命刑部侍郎周学健、直督高斌，往同督抚办理。寻合疏言赈务、水利需费浩繁请仿乐善好施例，出资效力者，量多寡叙职，诏以……外官同知、通判以下，无碍正途，如所请行[14]。《（嘉庆）永定河志》卷十七载嘉庆六年户部为《遵旨议奏事》一折："乾隆十一年江南黄运湖河盛涨，其时两江总督尹继善等奏请开捐，则有'江赈例'；二十六年，河南黄、沁、漳、卫诸河并涨，其时大学士刘统勋等奏请开捐，则有'豫工例'，均经部议准行。"鸦片战争以后，广开捐例，京官自郎中以下、外官自道员以下，均可捐纳得官。三部永定河志书不乏此类记载。如《（光绪）永定河续志》编纂人朱其诏即是由监生纳赀为知县，累至道员。

5. 议叙与议处。清制官员有功或有过交吏部核议，决定功赏或处罚之等级。

有功谓之议叙，功多者称从优议叙。方法有：记录、加级、赏顶戴花翎、授予官衔（包括虚衔和实职）等。因议叙而得任官职，称议叙某官，如"议叙知县"等；有过者吏部核议谓之议处，处罚方法有记过、降级、摘去顶戴花翎、罚俸、革职留任、革职勒令休致（退休）等。过失轻微者则称"察议"。议叙、议处的实例：李逢亨嘉庆十八年（1813）因"秋汛安澜，赏戴花翎"[15]；又如永定河道王念孙嘉庆六年内因"两岸漫工，革职逮问"，经嘉庆帝"弃瑕录用，复调补今职……十五年两次漫口，均系王念孙任内之事。可见王念孙不称河道之职，且年力衰老，难期振作……着交部严加议处，先行革去顶戴，留工效力，听候部议"[16]，最终退休离任。

清代负责河工的武职官员多为行伍出身，由绿营兵低下级军官调派，后设河营兵，最高官职不过都司。正如李逢亨所说："（直隶）省例，向来武弁缺出，由永定、天津、通永三道输补。往往永定河熟悉之弁正资重用，忽调升外道之缺。而外道工程不明者，忽调升永定河缺。每至差池工程无济。"并提出道内外武弁互相借补的办法，保证熟悉永定河河工的武弁留任而不会外流，所谓"本河工程熟手，即可由外委、把总、千总递升协备、守备、都司"[17]。但因最高官衔不过都司，仍不能激发较高职位的武弁安心效力河工，故《（光绪）永定河续志》屡有奏议，提议都司可特许升迁游击衔。各级武弁加升虚衔者比比皆是。

乾嘉以后清朝吏治日趋腐败，逮至晚清保举、推升、卷纳、议叙等入仕之途也日趋冒滥，乃至不可收拾。而永定河河工官员腐败无能，永定河河工工程质量更是每况愈下了。

## 四、永定河河防工程绩效评估和问责制度

绩效评估和问责制度是人事管理的重要内容之一。没有对河防工程的绩效客观、严格而准确的评估，就不能保证河防工程质量的安全和可靠，它关乎"运道民生"的安危，清廷极为重视对河防工程的评估并将绩效严加稽核。河防工程竣工提请核销前，地方督抚、总河将河防工程的工程丈尺、用过的人工、物料银两，以及工程质量逐项查验，确实评估造册，并绘图贴说，报工部稽查复核。经工部复核无误，方可奏准报销。稽查极为细致严厉，银两计量到毫厘丝忽，成千上万乃至百万两工程款项，即便是百十两银子的"浮冒"都要驳减扣除，用工用料严格按照部颁《工程则例》标准执行，如《挑河土方工价则例》《筑堤土方、夯硪工价、分别远近丈尺则例》《岁抢修、埽镶需用各项工夫料价则例》《建修闸坝、桥座需用各项夫料工价值则例》……共计几十种，在此不一一列举，其中有的是专属永定河的《永定河则例》，有的是其他河道的工程则例适用于永定河。厅汛员弁施工时不得擅自超出标准，否则不准核销，超出的人工、料物及银两自负，以杜绝厅汛官员借河防工程贪渎、中饱私囊的现象。尽管稽查如此严厉，仍不能完全保证工程质量安全可靠，故河防工程的绩效也不高。正如乾隆四年三月上谕所述："各省营缮修筑之类，其中弊端甚多，难以悉数：或胥役侵渔，或土棍包揽，或昏庸之吏限于不知，或不轨之员从中染指，且有夫头克扣之弊，处处皆然。即如挑浚河道一事，民夫例得银八分者，则公然扣除二分；应做土方一丈者，则暗中增加二尺；或分就工程用夫一千名者，实在止有八九百人。以国家惠养百姓之金钱，饱贪官污吏、奸棍豪强之欲壑，其情甚属可恶。是不可听其积弊相沿，而不加意厘剔者。嗣后凡有兴作之举，着该督抚转饬该管官员，实力稽查，务使工价全给民夫，无丝毫克扣侵蚀之弊。"此类情况虽一再严申惩治禁令，也难以杜绝，而此种种弊端自嘉庆、道光、咸丰以来愈演愈烈。

清朝初期，河防工程问责制度逐步形成，在治理黄河、运河的河防工程中已建立堤坝等工程保固制度，黄河堤坝保固期为二年，运河堤坝保固期为三年。康熙年间曾派遣所谓富户出资承修永定河工程（此实为河工经费出自捐纳之始），并使之负责保守堤防。康熙四十年（1701）六月工部为《请旨保守直隶河堤，以期永久事》一折，提及直隶巡抚李光地奏疏请示："永定河及大城、静海等处堤工告竣，经修人员令其保守三年捐银。诸督抚应否令其一例保守之处，伏乞圣裁。"上谕答复："这河工捐银全完，及经修完工人员，免其限年保守。"可知捐资承修的河防工程，尚有保守之责，但可请旨减免。其后令"将此等人员所承修工程交与各该地方官防守"[18]。这是河防问责制的雏形。

康熙四十二年（1703）吏部为《请汰河工冗员等事》一折议复直隶巡抚李光地奏疏时，提出："定例，官员奉修冲决地方，雇夫不发，或将柳埽、桩木等物不行速买、解送，以致迟误，降一级调用……沿河州县官，雇备采买物料怠玩，推诿贻误者，分司揭报，该抚题参到部，降一级，罚俸一年。"议复奏准。

雍正三年（1725）八月，工部为《遵旨秉公回奏事》一折，议复直隶总督李维钧奏疏时，提出："防守修过堤岸，乃分管官员之专责。如鼠洞冲决，即着该管官限日赔修。如限内不完，及修过工程不坚，即将该管官即行参革，仍令赔修。至分司、同知有监察之责，倘有指旧作新捏报情弊，即将该管官参革赔修，仍令失察分司、同知公同分赔修理。议复奏准。"至此，主管官员"公同分赔"办法提出[19]。

到嘉庆年间，实行主管官员和直接承建官员按比例分赔政策。汛期出现溃堤毁坝情形，工程主管督抚、直接承建的厅汛员弁承担保固责任，按比例分摊赔偿工程经费。例行"销六赔四"比例，工程经费只准报销60%，余下40%由总督、河道、厅、汛员弁按不同比例分摊赔偿。例如，嘉庆七年（1802）六月，大学士庆桂等为《遵旨议奏事》一折引上年七月上谕："河工定例，土堤漫口系'销六赔四'着落各员分赔。至堵筑石堤及挑挖淤塞，向无应赔之例，现在永定河河工各堤，决口多至三千数百余丈，皆因下淤高仰所致。历任各员因循玩误，不肯随时培修，是贻误各员转得置身事外，不足以昭平允。除修筑土堤，仍照例着落各员摊赔四成外，其堵筑石堤及挑挖淤仰各费，着那彦宝等估计用银确数，查明自乾隆三十八年起至嘉庆五年止，历任直隶总督、永定河道暨厅汛各员，分别止任，署任年月久暂，开单具奏，酌令摊赔，以示惩儆。"[20]责任追诉期限达二十七年。

各级官员分赔比例大体是：总督、河道占应赔总额的各三成，厅、汛一成五，其余由低级武弁分赔。

上引资料反映了问责制的发展概况。

清代河工官员因汛期出现溃堤漫口等重大责任事故，就立即启动责任追究程序——"题参"，主管工程的河道道员及厅汛员弁立即交部议处，或革职、革职留工效力、勒令休致、降级、罚俸、摘顶戴花翎等处分降临。督抚大员也自请议处。责任追诉不只限于本人任期，即或已离职或已亡故，责任追及亲属。例如历任直隶河道总督、总督、漕督等职的顾琮在乾隆三年（1738）任内发生溃堤漫口事故时，按例承担分赔工料银一万五千五百四十两，人已离职十余年且已亡故两年，"现经工部奏准，于伊子知府顾世衡名下分限扣赔"[21]。

更有甚者，乾隆十八年（1753）八月，时任南河总督高斌和协办南河总督张师载，因江苏铜山河工失误被解职，不久革职，九月"谕将贻误河工之同知李焞、守备张宾斩于铜山工次，命策楞等缚高斌、张师载令目睹行刑讫释放"[22]。此种做法表明清代问责制度的严酷，高斌、张师载已位至"封疆大吏"，仍被绑缚法场陪刑，但仍不能杜绝河工官员的贪渎、玩忽职守。

以上，本文就永定河河工管理机构的设置、决策体制及其运行、任免与考黜等方面进行了粗浅的分析、论述。文中不足之处，愿就教于方家。

---

① 《（光绪）永定河续志·卷首》。

② 《（嘉庆）永定河志·卷首》。

③ 《（乾隆）永定河志·卷首》及《（嘉庆）永定河志·卷首》。

④ 以上河督设置沿革均见钱实甫：《清代职官年表》，中华书局，1980年；《清史稿·疆臣年表》、乾隆及嘉庆《永定河志·职官表》。

⑤ 《（嘉庆）永定河志》卷十六。

⑥ 《（乾隆）永定河志》卷首。

⑦ 据《清史稿·职官志三》为正五品。

⑧ 《（光绪）永定河续志》卷四《职官官署》。

⑨ 以上据《（嘉庆）永定河志》卷十三《职官表·厅员》。

⑩ 品级当略低于守备，按《清史稿·职官志》无协备一职衔，而永定河的三部河志均有此职衔，谓乾隆五十六年新设立，称协办守备，专管南岸，从五品。

⑪ 《（嘉庆）永定河志》卷二十二。

⑫ 《永定河志》奏议称作"绘图贴说"。

⑬⑭《清史稿·选举志五》。

⑮ 《（嘉庆）永定河志》卷十四《职官表三》。

⑯ 见《（嘉庆）永定河志》卷首"嘉庆十五年七月初九上谕"。

⑰ 《（嘉庆）永定河志》附录李逢亨著《治河摘要》。

⑱⑲⑳《（嘉庆）永定河志》卷十五。

㉑ 《（乾隆）永定河志》卷十六奏议，收录乾隆二十一年五月二十九日工部《为遵旨议奏事》一折载。

㉒《清史稿·高宗本纪二》。

(作者单位：北京市矿务局党校)

# 西山永定河文化中的线性文化遗产

安全山

西山永定河河谷这一古人类迁移的天然通道两侧，分布着一些古代道路，即京西古道。京西古道又串联着很多古遗址、古村落等，在黄土高原、内蒙草原的接合部位，与有着三千多年建城史、八百多年建都史的北京城之间，形成一道绚丽多彩的文化长廊。近年来，京西古道因有大量实物遗存已引起社会各界广泛关注，声名远播。尤其对门头沟区而言，似乎是印有煤业标记的名片换成了印有永定河文化与京西古道、古村落群标记的名片。不分男女老幼，慕名到京西山区走古道的人成群结队。这些都与京西古道的大量实物遗存、丰富的文化内涵并与自然山水相结合有关。就文化层面而言，其是西山永定河文化中的线性文化遗产。

## 一、京西古道符合线性文化及文化线路遗产的定义

国际古迹遗址理事会第15届大会暨科学研讨会通过的《文化线路宪章（草案）》及其《操作指南》，将"一种陆地道路、水道或者混合类型的通道，其形态特征的定型和形成基于它自身具体的历史的动态发展和功能演变；代表人们的迁徙和流动，代表一定时间内国家、地区内部或国家、地区之间人们的交往，代表多维度的商品、思想、知识和价值的互惠和不断的交流，并代表因此产生的文化在时间和空间上的交流与相互滋养，这些滋养长期以来通过物质和非物质遗产不断得到体现"定义为文化线路[①]，由此衍生并拓展出来的"线性文化遗产"，主要是指在拥有特殊文化资源集合的线形或带状区域内的物质和非物质的文化遗产族群。因此可以说京西古道是蜿蜒在北京西山，以永定河流域为主线的或者说是在永定河天然通道基础上产生和发展起来的线性文化及其文化线路遗产。

在北京的"母亲河"——永定河和北京西山源远流长、博大精深的文化中，无论在时间上还是在空间上，其交通功能或者说文化不但从未中断，而且一直在不断发展和伸延。大体上经历了三个阶段，即：古人类移动的天然通道、世世代代人们修筑和利用的古道、利用河谷平缓地形不断发展和伸延的近现代公路与铁路。

### （一）古人类移动的天然通道

永定河流域分布着三个古人类遗址群。一是泥河湾遗址群，二是周口店"北京人"遗址，三是"门头沟遗址群"。这三个遗址群之间，"虽有关山阻隔，但仍能通过永定河——桑干河河谷这条天然走廊联系起来。在更新世时期，这条走廊既是动物迁徙的通道，也是人类移动的路线"[②]。

### （二）世代人们修筑和利用的古道

据《史记·五帝本记》记载，轩辕"与炎帝战于阪泉之野。三战，然后得其志。蚩尤作乱，不用帝命。于是黄帝乃征师诸侯，与蚩尤战于涿鹿之野，遂禽（擒）杀蚩尤。而诸侯咸尊轩辕为天子，代神农氏，是为黄帝。天下有不顺者，黄帝从而征之，平者去之，披山通道，未尝宁居。"宋代罗泌所著《路史》中也有黄

帝命"竖亥通道路"的记载。阪泉之野、涿鹿之野，在永定河怀来、涿鹿盆地，即北京西山——门头沟区东灵山至笔架山一线的北面，除永定河河谷外，还有大地沟、东灵山、韭菜山、黄草梁、龙门沟、石岩沟、狮子沟、永定河谷、芦子水、大村等多条越岭古道与之相通。这些古道历史均较久远。至少，西龙门涧曾出土商代贝币，大村至东灵山一线有自燕国以来长城（北齐长城遗迹尚存），晋、隋以来的寺庙，辽金以来的村落，以及大量物质和非物质文化遗产等均与道路有关。古道既有商旅道、军用道，亦有进香道；永定河本身还曾有过航运。

**（三）近现代铁路、公路利用西山河谷地形发展延伸**

西山永定河河谷及其支流沟谷，是大自然为人类交通道路发展提供的天然地形，被人们一直利用着。除古道外，1927年至1931年，东接京门支线铁路、西达斋堂川的门斋铁路修通；1941年，侵华日军摊派劳工大修其所谓"警备路"，自卢沟桥至官厅、沙城可通汽车；1943年起，日本人沿永定河修筑大同至塘沽的"同塘铁路"；中华人民共和国成立以来，丰沙铁路及东接京门公路，西达兰州、拉萨的109国道相继修通。就是说，虽然永定河水发生了断流，但河谷通道不仅从未中断，且一再地向远方延伸。

## 二、京西古道作为线性文化及文化线路遗产已陆续得到部分专家学者的认同

单霁翔先生在《关注新型文化遗产——文化线路遗产的保护》一文中，在列举大运河、丝绸之路、秦直道及古代邮驿之后，接着讲道："北京门头沟区文化线路遗产资源丰富。西山大路，自古以来就是京西山区通往京师的重要交通干线。这条古驿道历经金、元、明、清、民国，长达800多年，特别是明代以来古驿道的修建，成为联系山西、内蒙古草原的主要道路。同时，由于商贸、宗教、军事等各方面的需要，门头沟地区逐渐发展形成一条条重要的交通干线和枢纽。在商贸方面，由于门头沟山区蕴藏着优质煤炭，辽代以后一直是北京城的煤炭供应基地，早期以驴、骡等牲畜运输为主，昼夜不断，逐渐形成商道。同时山里的干鲜果品、土特产也通过商道外运，城里的食盐、布匹以及各种日用物品则通过商道运进。在宗教方面，门头沟区的寺庙众多，尤以潭柘寺、戒台寺、妙峰山娘娘庙等最为著名，到寺庙进香的民众常年不断，庙会期间香客更是数以万计，从而形成以寺庙为中心的香道。在军事方面，沿河城作为古代北京西部重要的军事隘口，明代有重兵把守，清代设守备负责沿线敌台的防务。斋堂城则是军事防御后方基地，当时所有军事物资、建筑材料的运输，以及敌台之间联络等，均依靠斋堂至沿河城的古道通行。"③

已故专家罗哲文先生，于2011年11月12日在门头沟"古村落保护、古村落文化抢救座谈会"上讲："我看到一篇文章（指《文化线路遗产——京西古道》），是说线性文化遗产的保护。这个写得很好。线性文化遗产，这是个新词。大的文化线路，比如丝绸之路，弄了二十多年了，现在又提出海上丝绸之路，国际上也参与了。原来在泉州弄，人家说那仅仅是一个点，现在宁波、东南亚、日本都要参加，还有大运河，也是一个线性文化。这是国际上提出的。最近又提出一个巴蜀古道，从西安到广元，到成都，又到云南贵州，有的也叫'茶马古道'。门头沟也有很多的古道，把这些古村落串联起来。古村落必须要有道，道路又发展了古村落，发展了沿途的物质与非物质文化。我想现在要开发它，千万不要把古道破坏了。将来的深厚体验，还是在古道上。"中国文物学会专家委员会委员田村也讲："旅游要重视科学的规划，不仅要有'点'的规

划,还有更重要的是'线'的规划。"

北京市水务局研究室原主任冉连起先生,根据线性遗产定义,在《线性文化遗产与京西古道保护的若干问题》一文中讲道:"以这个定义回观京西古道,可以认定其囊括了定义中所有要素。在远古时期,京西古道已成为古人类迁徙的通道,在人类发祥成长中发挥了重要作用,泥河湾、周口店、许家窑、东胡林等古人类遗址即是证明。在中华文明史上,京西古道也占有重要地位,无论是炎黄会盟,还是中原农耕文明与蒙古高原游牧文明的融和碰撞,多演绎在京西古道之间。京西古道还有一个鲜明的特点是同永定河流域文明相互伴生,丰沛的水资源创造了流域内人类生产生活的基础条件,发展河谷交通、陆路交通,促进这一地区的经济与文化发展,古道所承载和联络的是完善的经济社会系统,它存续着无比丰富的物质文化遗产与非物质文化遗产。可以说,京西古道是军事通道、经济通道、文化通道,它在形成人类文明和中华文明发挥了极为重要的作用。在上百万年的人类史上,在近万年的人类文明史上,它具有时空上的独特性、唯一性、不可替代性。尤其重要的是,产生在京西古道的人类文明具有持续性,是一百多万年从未间断的历史长卷。"④

## 三、坚持贯彻"十六字方针",保护和利用京西古道这一线性文化遗产

门头沟区受山区地理条件等因素的影响,经济社会发展相对缓慢,部分古道、古村落得以保存。近年来,为了落实首都西部生态涵养发展带这一区域功能定位,陆续将千百年来一直在开采的煤矿和非煤矿山予以关停,调整经济及产业结构势在必行。因此,古道和古村落遗存作为具有文化文物价值、可资开发利用的旅游资源陆续引起社会各界的重视,政府切实采取了一些包括挖掘及宣传历史文化等方面的利用及保护性措施,也由此引起了社会上的广泛关注,但是还不够,还应该进一步提高认识,落实文物工作"保护为主、抢救第一、合理利用、加强管理"十六字方针。

首先,在认识上要注意避免以下几种倾向。

1. 由于缺乏文化意识,认为古道、古村落遗存是落后或者是破落的形象,要想"旧貌换新颜",在"新面貌"上创政绩,就得"破"字当头,因而拿文物当废物予以清除,使宝贵的文化遗产受到毁灭性的破坏。

2. 由于认识上的片面性,或者只重视古道而不重视古村,或者只重视古村而不重视古道,都没有将古道、古村及其他自然与人文景观或现象视为文化线路的整体组成部分,因而顾此失彼,在保护这个的同时破坏那个。

3. 对于古道,有的只看到它的利用价值,加以开发利用,甚至将古道视为本村的一己之私而加以封闭、设卡卖钱;对于古村,有的只看到它的土地价值,实施企业式运作,先买下来再拆旧盖新,使文化遗产得不到合理的开发利用或者有效保护。

4. 由于没有弄清"点"和"线"的关系,或者重"点"轻"线",将古道视为古村的附属物。但是像门头沟圈门至大寒岭这条文物众多且十分经典、重要的古道,由于一路上没有挂名的古村落,所以虽有大量旅客野游,却很少有部门、单位问津。

5. 由于只看到文物遗存及旅游看点多的古村落,而忽略文化线路上其他具有历史文化的古村落,所以很多在古道线路上搬迁的,或者新房多、老房少的古村被排除在"古村"之外。

6. 由于存在对文物只能保护而不能开发利用的观点,认为开发必定破坏,从而不重视甚至限制古道等人文景观的开发

工作。其实在某种意义上讲，没有开发利用，就没有有效保护。即是说，为了促进村落资源开发和永续利用，必须加强保护，这样才能从机制上为保护提供动力。

关于这一点，罗哲文先生在门头沟"古村落保护、古村落文化抢救座谈会"上的发言中，有一段话讲得非常好，他说："过去我们保护文物都不讲利用，还有人反对利用。保护当然重要，但是如果不利用，不让它发挥作用，是不好的，那领导、群众，是通不过的。因为文物要发挥作用，没有作用，保护就没有必要了。过去吕（济民）局长他们几任领导都强调这一点，现在单霁翔局长也很重视。如果不利用，就得不到老百姓的支持。利用还要让老百姓受益、受惠，特别是古村落中古民居的保护。对老百姓没有好处，老百姓不会支持你。因此，要把'十六字'方针作为文物工作的指导思想。"其实，古道遗存的保护与利用同样如此。门头沟区石佛村、水峪嘴村、韭园村、石古岩村、马各庄村等，在古道保护与开发相结合上都做得很不错。

其次，既要加强宣传，也要切实保护。

对于京西古道文化的挖掘和宣传工作，已经做了较长一段时间，可以说是"隔着门缝吹喇叭——名声在外"了。但是，这还不够。一是还有很多人（包括本地人）不知道，或者是不清楚它的文化、文物价值；二是要把它提升到文化线路的层面上加以宣传和引导；三是要让人们知道如何体验它和保护它。

对京西古道线性文化遗产的利用和保护，已经有了开端，但还有很大的空间。要在进一步深入调查研究的基础上，有选择地确定一些路线或线段，进行重点研究、宣传、保护、利用；以"有序开发、永续利用"为目标，进行"统筹规划、分类指导、用保结合、创惠于民"。

所谓统筹规划，即站在全区的高度，以永定河和京西古道为藤，以古村落、古寺庙及其他人文、自然景观为叶、为花、为果，按照文化线路的理念，统筹考虑，作出规划。

所谓分类指导，即区别不同情况，采取不同的、有可操作性的开发利用与加强保护管理的对策和措施。例如，对于圈门至大寒岭这段古道，只能按照一条线、分三段的办法实施开发和保护；即古道线路是一条线，分为龙泉、北岭（永定）、大台三段，而不宜具体放在某一村。而灵水村北白墙、西白墙两段较为典型的、景观效果较好的古道，可由灵水村自己开发利用和保护。

所谓用保结合和创惠于民，必须注意防止出现前面提到的将人类文化遗产当作一己之私的情况，否则将会给全区文化线路遗产的开发与保护带来不良影响。

总之，我们要将先辈开创的线性文化加以传承和发扬光大，将线性文化遗产加以保护和利用，在新的时代赋予其新的内涵。

---

① 单霁翔：《关注新型文化遗产——文化线路遗产的保护（一）》，《北京人文地理》2009年增刊。

② 贾兰坡、黄慰文：《周口店发掘记》，天津科学技术出版社，1984年，第211页。

③ 单霁翔：《关注新型文化遗产——文化线路遗产的保护（一）》，《北京人文地理》2009年增刊。

④ 政协北京市门头沟区学习与文史委员会、北京西古道文化发展协会：《京西古道文化研讨文集（二）》，中国博雅出版社，2009年。

（作者单位：北京京西古道文化发展协会）